学与教的"双一流"

本科生优质学习的教学生成机制

徐国兴 著

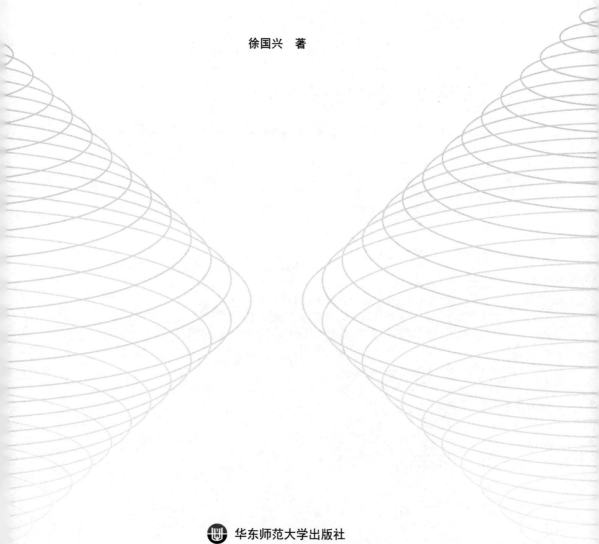

华东师范大学出版社
·上海·

图书在版编目(CIP)数据

学与教的"双一流"：本科生优质学习的教学生成机制/徐国兴著. —上海：华东师范大学出版社，2021
ISBN 978-7-5760-2142-4

Ⅰ.①学… Ⅱ.①徐… Ⅲ.①本科—教育质量—研究—中国 Ⅳ.①G649.21

中国版本图书馆 CIP 数据核字(2021)第 187701 号

2017 年度教育部人文社会科学研究规划基金一般项目"农村资优生入学后跟踪支持体系优化策略的理论和实证研究"(17YJA880082)、2017 年度国家自然科学基金面上项目"过程视阈下的优质高等教育机会城乡差异及矫正措施的实证和政策研究"(71774056)的研究成果。

学与教的"双一流"：本科生优质学习的教学生成机制

著　　者	徐国兴
责任编辑	孙　娟
特约审读	秦一鸣
责任校对	张亦驰　时东明
装帧设计	刘怡霖

出版发行　华东师范大学出版社
社　　址　上海市中山北路 3663 号　邮编 200062
网　　址　www.ecnupress.com.cn
电　　话　021-60821666　行政传真 021-62572105
客服电话　021-62865537　门市(邮购)电话 021-62869887
地　　址　上海市中山北路 3663 号华东师范大学校内先锋路口
网　　店　http://hdsdcbs.tmall.com/

印 刷 者　上海展强印刷有限公司
开　　本　787×1092　16 开
印　　张　17
字　　数　255 千字
版　　次　2021 年 11 月第 1 版
印　　次　2021 年 11 月第 1 次
书　　号　ISBN 978-7-5760-2142-4
定　　价　52.00 元

出版人　王　焰

(如发现本版图书有印订质量问题，请寄回本社客服中心调换或电话 021-62865537 联系)

目录

第一章
绪　论 /001
第一节　研究背景 /002
第二节　研究内容 /006

第 一 部 分

第二章
学习质量的基本特征 /019
第一节　学习质量的观察视角与内涵界定 /020
第二节　学习参与的基本特征 /024
第三节　学习方式的基本特征 /029
第四节　学习成果的基本特征 /035
第五节　学习参与、学习方式与学习成果的相关性 /045
第六节　小结 /049

第三章
入学类型和学习质量的差异 /051
第一节　入学类型与学习参与的差异 /053

第二节　入学类型与学习方式的差异 /061

第三节　入学类型与知识获得的差异 /069

第四节　入学类型与能力提升的差异 /076

第五节　入学类型与资格考取的差异 /083

第六节　入学类型与学习满意度的差异 /091

第七节　小结 /097

第四章
个体属性对学习质量的影响 /101

第一节　统计分析的基本设计与程序 /103

第二节　个体属性对学习参与的影响的统计分析 /109

第三节　个体属性对学习方式的影响的统计分析 /112

第四节　个体属性对学业成绩的影响的统计分析 /115

第五节　个体属性对资格考取的影响的统计分析 /117

第六节　个体属性对学习满意度的影响的统计分析 /120

第七节　小结 /122

第 二 部 分

第五章
教学质量的现实特征 /133

第一节　教学质量的观察视角和内涵界定 /134

第二节　专业课堂教学的基本特征 /137

第三节　专业学习支持的基本特征 /143

第四节　专业课堂教学与专业学习支持的相关性 /147

第五节　小结 /150

第六章
结构因素和教学质量差异 /153

第一节　高校类型和教学质量差异 /155

第二节　专业类型和教学质量差异 /162

第三节　高校类型和专业类型对教学质量的交互影响 /169

第四节　小结 /172

第七章
教学质量的个体差异性 /175

第一节　教学质量个体差异性的来源及认识价值 /177

第二节　指标确定和分析程序选择 /179

第三节　专业课堂教学质量的个体差异性 /185

第四节　专业学习支持质量的个体差异性 /188

第五节　小结 /189

第 三 部 分

第八章
教学质量对学习质量的影响 /197

第一节　理论分析框架、指标界定和统计程序选择 /198

第二节　教学质量对学习参与的影响 /203

第三节　教学质量对学习方式的影响 /207

第四节　教学质量对学业成绩的影响 /211

第五节　教学质量对资格考取的影响 /216

第六节　教学质量对学习满意度的影响 /219

第七节　小结 /224

第九章

结语 /229

第一节 主要结果 /230

第二节 基本结论和相关政策建议 /239

第三节 补充议题 /241

附录

样本本科生的基本统计特征 /247

参考文献 /252

图表目录

图 1-1　奥斯汀"IEO"模型概念图 /009

图 1-2　修订后的"IEO"模型概念图 /010

图 2-1　知识获得的指标分类 /036

图 2-2　三种学习满意度之间的关系概念图 /037

图 8-1　教学质量和学习质量的关系图 /199

表 2-1　学习参与的描述统计 /028

表 2-2　学习参与的整体、分类得分之间的相关系数 /029

表 2-3　本科生学习方式的描述统计 /033

表 2-4　学习方式的整体、分类得分之间的相关系数 /034

表 2-5　知识获得的描述统计 /038

表 2-6　能力提升的描述统计 /039

表 2-7　资格考取的描述统计 /040

表 2-8　资格考取指标之间的相关 /041

表 2-9　专业学习满意度的描述统计 /042

表 2-10　不同类型学习成果间的相关系数 /043

表 2-11　学习参与、学习方式与学习成果的相关系数 /048

表 3-1　学习参与的入学类型差异的统计结果 /058

表 3-2　学习方式的类型差异的统计结果 /066

表 3-3　知识获得的类型差异的统计结果 /073

表3-4 能力提升的类型差异的统计结果 /080

表3-5 资格考取的类型差异的统计结果 /087

表3-6 学习满意度的类型差异的统计结果 /094

表4-1 个体属性对学习参与的统计影响 /109

表4-2 个体属性对学习方式的统计影响 /113

表4-3 个体属性对学业成绩的统计影响 /115

表4-4 个体属性对资格考取的统计影响 /118

表4-5 个体属性对学习满意度的统计影响 /120

表4-6 本章的分析结果总结 /124

表4-7 本研究结果与一般常识认识的对比 /126

表5-1 专业课堂教学的描述统计 /141

表5-2 专业课堂教学的整体、分类得分之间的相关系数 /142

表5-3 学习支持的描述统计 /146

表5-4 学习支持的整体、分项之间的相关系数 /147

表5-5 专业课堂教学与学习支持之间的相关系数 /149

表6-1 高校类型和专业课堂教学质量差异 /158

表6-2 高校类型和专业学习支持质量差异 /161

表6-3 专业类型和专业课堂教学质量差异 /165

表6-4 专业类型和专业学习支持质量差异 /168

表6-5 高校类型和专业类型对专业课堂教学质量的交互影响 /171

表6-6 高校类型和专业类型对专业学习支持质量的交互影响 /171

表7-1 专业课堂教学质量个体差异的统计分析结果 /182

表7-2 专业学习支持个体差异的统计分析结果 /183

表7-3 个体属性对本科教学质量影响的分析结果总结 /190

表 8-1　学习参与整体的影响因素分析　/205

表 8-2　课堂学习参与的影响因素的统计分析　/206

表 8-3　深层学习方式的影响因素的统计分析　/208

表 8-4　表层学习方式的影响因素的统计分析　/210

表 8-5　"挂科"数量的影响因素的统计分析　/213

表 8-6　GPA 的影响因素的统计分析　/215

表 8-7　英语资格考取的影响因素的统计分析　/216

表 8-8　职业资格考试的影响因素的统计分析　/218

表 8-9　专业整体满意度的影响因素的统计分析　/220

表 8-10　专业课程满意度的影响因素的统计分析　/223

表 8-11　教学质量整体及不同维度对学习质量的影响比较　/225

◆ 第一章
绪 论

绪论包括两个部分。第一,研究背景;第二,研究内容。

第一节 研 究 背 景

当前,以达到世界一流水平为核心追求的"双一流"高校建设和"双万计划"成绩卓然。随着"双一流"高校建设工作的深入开展和"双万计划"实施范围的进一步扩大,"双一流"建设高校本科"学"与"教"的质量提升也必将走向追求卓越之路。这就要求必须尽快准确地把握二者特征,深入理解其关系。

一、"双一流":我国高水平大学的卓越追求之路

"双一流"高校建设的整体建设方案于 2015 年 11 月出台,具体的高校和学科名单于 2017 年 9 月公布。根据规划,2022 年将结束第一周期的建设工作,并进入下一个周期建设之中。在我国当前的高等教育现实中,可能再也没有比"双一流"这个词更为家喻户晓的了。从字面意义而言,"双一流"就是可以比肩世界水平的一流大学和一流学科的简称。但在不同的语境中,"双一流"这个词实际上却有着不尽相同且更为本质的内在含义。对普通大众而言,"双一流"不过是两类不同性质的高水平大学的总称,而且前者的综合水平高于后者。仅此而已,别无他意。不同高校对"双一流"内涵的解读也千差万别。[①] 对中央政府而言,"双一流"就远远不仅是高等学校类型了。"双一流"是国家重大发展的战略决策,是为实现从大

---

① 访谈调查的综合结果表明,对不同的高等学校而言,"双一流"具有明显不同的意义和价值。比如,"双一流"建设高校和"非双"高校对"双一流"的看法,在"双一流"建设高校内一流大学和"一流学科"建设高校对"双一流"的看法,在一流大学内学科排名较高高校和排名较低高校对"双一流"的看法,差异明显。但这些与本专著无关,故略而不论。

国到强国的历史性跨越的政策方案,①"双一流"肩负着强国和民族复兴的重任。

如果仅从国家宏观决策的角度,并置入高等教育发展的历史进程来审视,当前的"双一流"高校建设不过是长期以来我国高水平大学建设战略的一个新阶段而已。② 近 30 年来,我国中央政府一直把达到世界最高水平作为高等教育发展的核心政策目标之一。在国家层面上,迄今为止,经历了三个不同的高水平大学建设的时代。从"211"工程到"985"工程,再从"985"工程到现在的"双一流"高校建设。其实,建设高水平大学的国家念想的历史源头还可以追溯得更远一些。新中国成立后,我国曾数次遴选重点大学。③ 这些均是历史进程上不可或缺的一环,不同阶段的高水平大学建设决策均大致对应了当时的历史需要。

但是,"双一流"高校建设与过去的诸多相关决策还是有着多方面的明显差异。虽然这些相关政策的核心目标完全相同,都是指向于建设世界一流水平的大学,但是在政策的具体实施方法上,"双一流"政策完全不同。其最大的区别是,在"211"工程及"985"工程的相关政策中,中央政策是以整体高校作为高水平大学建设的基本单元,相应的政府财政拨款也针对整个高校,故"双工程"可以说是高校组织建设上的"双一流";而目前的"双一流"高校建设其实是选定具体学科,以其作为基本单元。"一流大学"建设高校与"一流学科"建设高校的差距仅在于被选中的一流学科的数量不同而已。学科是我国研究生培养和科研活动的基本组织单元,以学科为单位就意味着中央政策的重点在于提高科研水平。④

---

① 国务院.国务院关于印发统筹推进世界一流大学和一流学科建设总体方案的通知(国发〔2015〕64 号)[EB/OL].(2015-10-24)[2021-05-29]. http://www.gov.cn/zhengce/content/2015-11/05/content_10269.htm.
② 刘海峰."双一流"建设的继承、创新与推进[J].高等教育研究,2021(1):1-7.
③ 洪玉管,谢冬平.我国高等教育重点建设政策的历程与省思[J].中国教育科学.2020(3):95-105.
④ 调查表明,我国社会大众和学术界很少意识到"双一流"高校建设政策与之前的诸多一流工程的本质区别,常常认为二者不过是同一政策目标在高等教育制度的不同发展时代的简单翻版而已。实际上,与以前的"211"工程和"985"工程相比,当下的"双一流"高校建设不仅仅是政策指向的高校范围的缩小和明确化,其实施过程中的项目制和绩效工具化的现实特征也非常明显。这是因为,与高等教育整体功能或人才培养的教育功能相比,高校内的以科研水平提升为核心的学科建设的成效评价极为容易。

不过，尽管从"211"工程和"985"工程到"双一流"高校建设，政策划定的高水平大学建设的基本单元明显缩小，资源投资的集中性和指向性大为增强，但是，政策指向的目标核心都相同，均是整个高校或作为其基本单元的学科里的科研领域，①并未过多地涉及"双一流"建设高校的本科生培养，这不能不说是该政策在客观上的一个缺陷，或者说历史局限。

二、"双万计划"：本科专业课程建设的"双一流"

为此，比"双一流"政策出台稍晚一些，我国中央政府还推出了"双万计划"。"双万计划"实质上也是"一流"指向，但与上述系列政策目标的"一流"指向的性质和内涵明显不同。"双万计划"指向于全面提升本科生教育质量，尽快构建和发展世界水平的本科生培养体系。

教育部于2019年4月发文称，为了推动新工科、新医科、新农科、新文科建设，做强一流本科、建设一流专业、培养一流人才，全面振兴本科教育，提高高校人才培养能力，实现高等教育内涵式发展，决定启动一流本科专业建设，即"双万计划"。"双万计划"的具体任务是在2019—2021年的3年间，建设10 000个左右国家级一流本科专业点和10 000个左右省级一流本科专业点。② 该政策规定，其中的国家级一流本科专业点主要由部委属高校实施。但在具体实施中，国家级一流本科专业点也针对地方高校，省级一流本科专业点也从部委属高校中选出。从该文件的核心内容来看，"双万计划"显然脱胎于长期以来的拔尖人才培养计划这一中央政策系列。目前还无法断定其在制定过程中，与"双一流"高校建设政策之间的渊源、联系及是否具有高度互补关系。尽管如此，从该政策的实际功能上看，

---

① "211"工程和"985"工程的相关政策并未明确表示，该政策专门针对高校科研水平提升。但是，在政策的实际执行过程中，毫无疑问，大部分高校还是以指标相对容易衡量的科研水平提升为工作的中心。
② 中华人民共和国教育部.教育部办公厅关于实施一流本科专业建设"双万计划"的通知[EB/OL].(2019-04-04)[2021-05-29].http://www.moe.gov.cn/srcsite/A08/s7056/201904/t20190409_377216.html.

"双万计划"明显与"双一流"高校建设之间互补。这是因为它恰巧针对"双一流"政策中没有充分重视的本科教育。因此,"双万计划"实质上就是高水平大学本科教育改革上的"双一流"政策。

三、未来发展趋势:学与教的"双一流"

总之,从"双一流"学科到"双一流"本科专业,不仅是中央政策的重点范围的大幅度缩小,更是中央政策的重点目标的实质性转变。前者侧重于高水平大学的科研水平和研究生培养质量的提升,而后者侧重于高水平大学本科人才培养质量的提升。但是,二者仍有本质上的共同之处。

究其核心而言,"双万计划"的目标是提升本科专业点的"点"的整体质量。[①] 但这个"点"仍然是基层组织单位。从这一点而言,"双万计划"与"双工程"及"双一流"类似,本质上都是高校中的组织建设,差异仅是指定的组织的层次和范围大小不同而已。若从这个"点"与本科"教"与"学"的质量的关系来看,这些政策主要针对本科专业设置标准和课程体系完善方面,尤其是后者。本科课程体系完善其实包括了范围比较广泛和内容异常复杂的本科人才培养的资源配置和所有活动的方方面面。与此同时,把广泛而复杂的本科生培养工作仅仅视作一个"点",也意味着该政策仍然是从外部来审视"双一流"高校的本科培养质量,尽管研究者一般均认为"双万计划"应以促进高等教育内涵式发展为目标。[②] 当然,客观上,除此之外,中央政府似乎也无法设计出更有效的针对内部培养活动的政策手段。

毫无疑问,本科专业的专业课程上的"学"与"教"两个侧面应该是本科教育的核心。如果没有"学"与"教"的"双一流",任何"双一流"本科专业建设的美好政策设计最终均将流于空谈。也就是说,中央政府和省级政府在本科专业建设上财力

[①] 王建华.关于一流本科专业建设的思考——兼评"双万计划"[J].重庆高教研究,2019(4):122-128.
[②] 马廷奇."双万计划"与高等教育内涵式发展[J].江苏高教,2019(9):15-20.

和物力投入再多,可能对真正提升"双一流"建设高校的本科教育质量也没有任何明显的促进作用。从这个角度来观察和思考,"双一流"建设高校本科阶段的学与教的"双一流"建设应该是下一个国家"双一流"政策的主攻方向。当然,前提是"双一流"的相关政策的基本理念和具体实施继续存在。

从过去的经验看,下一阶段的政府政策的核心理念都会在上一阶段里有所孕育。因此,作为高等教育政策研究者,我们目前至少应该在本科专业将"学"与"教"两方面有机地植入当前的"双一流"高校建设中,并做些系统的前瞻性分析工作。比如,我国"双一流"高校本科专业的"学"与"教"的现状特征如何?其间又存在哪些急需解决的主要问题?如何有效地针对这些问题进行实质性改进?本专著就是沿着这样思路的一个学术尝试。

第二节 研究内容

本节介绍专著研究的核心目的和基本问题、研究设计与方法论以及整体结构框架。

一、核心目的和基本问题

本专著的核心研究目的是,在对问卷调查和访谈调查的结果进行综合分析的基础上,定量地把握我国"双一流"建设高校中本科的"学"与"教"及二者互动的基本现状特征;从现状特征出发,在国际比较的基础上,探索提升我国"双一流"建设高校本科教学质量的针对性策略。

在"双一流"建设高校本科"学"与"教"的基本现状特征的把握上,设定以下三组研究问题。第一,本科生学习质量的现状特征是什么?入学类型差异是否会带来学习质量的差异?第二,本科教学质量的现状特征是什么?本科教学质量是否会因高校和专业的类型而有所不同?第三,在排除了其他因素的可能影响后,本科教学质量如何影响本科生学习质量？本科教学的不同侧面对学习质量的不同侧面是否存在影响差异？第三组问题是研究核心。

在质量提升策略探析上，既分别探索提升学习质量和教学质量的有效策略，同时在综合分析本科学习质量的影响因素及其发生机制的基础上，试图分析本科"教"对"学"的影响机制和优质教学对学习质量提升的促进路径。所以，这一部分需要回答的基本问题有三个：提升本科学习质量的有效策略是什么？提升本科教学质量的有效策略是什么？如何通过提升本科教学的质量而最大化地促进本科学习质量提升？一切为了促进优质学习是现代本科教学的核心理念。[1] 从此观点出发，显然提升本科教学质量仅仅是工具与手段，提升本科生的学习质量才是最终目的。总之，第三个问题是本专著的研究核心。

二、研究设计与方法论

（一）实证分析的理论框架

现代高等教育的政策和实践高度复杂化，对其进行科学观察与研究必须在一定的系统理论指导下才能顺利完成。如前所述，本专著探索本科学习质量及其影响因素，尤其关注本科教学质量对学习质量的影响。这样的研究典型地属于本科生发展的高校影响（College Impact）这一研究领域。从国际视角来看，本科生发展的高校影响的实证研究源远流长，故对应的学术流派众多。本专著无意于辨析各流派的历史发展及其间的理论差异，而直接采取与本研究关系最密切的奥斯汀（Astin）的 IEO 模型作为实证分析的基本理论框架。[2] 同时，本文还吸收了佩斯

---

[1] John Biggs. Teaching for quality learning at university: what the student does (4th Ed)[M]. Buckingham[England]: Society for Research into Higher Education & Open University Press, 2011: 16-33; [澳]迈克尔·普洛瑟,[澳]基思·特里格维尔.如何提高学生学习质量[M].潘红,陈锵明,译.北京：北京大学出版社,2013：1-31.

[2] Astin A W. Student involvement: A developmental theory for higher education[J]. Journal of College Student Development, 1984, 25(4): 297-308.

(Pace,C. R.)的学习努力理论①和丁托(Tinto)的文化统合理论②的相关理论要素。学习努力理论强调在学期间的努力程度是影响本科生学习质量的重要因素。文化统合理论最初主要针对高等教育辍学者,认为他们辍学的重要原因是没有能够高度内化和认同高校及教师的价值和信仰,从而无法对就读高校和专业产生组织忠诚。文化统合理论现在被广泛应用于解释高校中的各种学业失败或成功。IEO模型的后期发展借鉴了上述理论的核心观点。

自1984年面世以来③,奥斯汀的IEO模型就被不同研究者反复验证过。在IEO模型中,"I"是英文单词"input"的首字母大写,其本意为"输入"。它实质是指本科生带入大学校园中的能够影响其后的学习质量的个体资源,主要包括本科生入学时所具有的人口统计学特征、学业准备和较为稳定的个性特质三个侧面,不同侧面各有不同的具体操作指标。在同一侧面上,不同学者在实证研究时所采取的操作指标也不尽相同。"O"是英文单词"outcome"的首字母大写,其本意为"输出"。它实质是指在学生身上出现的因高校就学而产生的多样化结果,主要体现在态度、才能和行为等侧面,现在常常翻译为"学习成果"。"E"是英文单词"environment"的首字母大写,其本意为"环境"。它实质是指能够带给学生影响的外部因素,能够给予本科生影响的外部环境因素很多,其中,主要是指高校有意识或无意识提供的教育环境因素。有意识创设的教育环境因素包括专业课程体系、专业教学活动和各种有学分的课内外学习活动等,无意识的教育环境因素有高校

---

① Pace, C R. Measuring the quality of student effort[J]. Current Issues in Higher Education, 1980, 2(1): 10 - 16; Pace, C R. Achievement and the quality of student effort[M]. Washington, DC: National Commission on Excellence in Education. 1982.
② Tinto, V. Dropouts from higher education: A theoretical synthesis of the recent literature[J]. Review of Educational Research, 1975, 45(1): 89 - 125; Tinto, V. Leaving college: Rethinking the causes and cures of student attrition(2nd ed.)[M]. Chicago: University of Chicago Press, 1993.
③ IEO模型的出现时间更早。研究者一般认为,源自奥斯汀的两篇经典论文"The methodology of research on college(Ⅰ). sociology of Education, 1970, 43(3): 223 - 254"和"The methodology of research on college(Ⅱ). sociology of Education, 1970, 43(4): 437 - 450"。但是,大部分研究者也一致认为,其理论的核心部分在上述1984年发表的论文中才基本定型。而且,其后,该理论也有若干侧面的细微变动。

的组织文化和风气等。但是,很多时候,在现实中很难判断教育环境影响因素是否具有明确的教育目的。毫无疑问,"I"的性质或质量会直接或间接影响"O"的性质或质量。① 与此同时,教育环境因素"E"的性质或质量也会不同程度地直接或间接影响"O"的性质或质量。当然,教育环境因素对学习成果的影响程度常常因学生个体资源差异而不同。欧内斯特·帕斯卡雷拉(Ernest T. Pascarella)等研究者把具有这种特征的高校对学生的影响称为条件效果(conditional effect)。② 在IEO模型中(见图1-1),箭头表示影响方向。模型中的箭头线的"实"与"虚"也有重要的理论意义,这一点常常为我国借鉴该模型的研究者所忽视。实线指前者对后者的影响程度很高而且研究者对这种影响的理解较为充分和一致,虚线表示前者对后者的影响程度相对不确定而且研究者对这种影响的理解不充分和不一致,即对该影响的大小与方向存在着理论争论。正因为如此,本科生发展的高校影响的学术研究才有必要持续和深入开展。

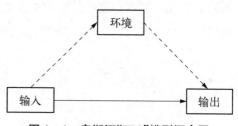

图1-1 奥斯汀"IEO"模型概念图

而且,本专著在使用IEO模型时,也根据我国实际情况和本文的核心研究目的对该理论模型进行了一定程度的理论修正。③ 修正主要体现在细化和进一步具体分类教育环境因素上,即,把原来比较笼统的教育环境因素的内涵扩展并详细区分为宏观、中观和微观三类因素:社会结构、高校结构和本科教学。在原来的IEO模型中,环境主要指高校的物理边界内的教育环境。这与美国高校组织相对于社会(以政府为代表)的独立程度较高有很大关系。同时,这也是因为其研究目

---

① 英语的"quality"可以对应中文的"性质"或"质量"。但是,中文的"性质"或"质量"的褒贬色彩不同。与"性质"一词的中性相比,"质量"一词就具有更多的褒义。所以,作者在这里把二者并举。
② Matthew J. Mayhew, Alyssa N. Rockenbach, Nicholas A. Bowman, et al. How college affects students (Vol. 3), 21st century evidence that higher education works [M]. San Francisco CA: Jossey-Bass, 2016: 1-22.
③ 汉语的"修正"一词具有较强的褒贬色彩。但是,本文在这里使用"修正"一词,不包含任何褒贬之意。

的主要是探索高校就学(相对于"非就学")对本科生个体发展的独立影响。① 总之,该理论蕴含着独特的外部社会环境影响的印痕。

与美国相比,我国高等教育机构所处的外部社会环境明显不同。我国高校以公立为主,其组织特征体现为中央和省市自治区两级政府的外围组织——事业单位或脱胎于事业单位,这个高校组织特征就让我国大多数高校无需过多费力来自证存在的社会经济价值。但是,另一方面,这个特质就会让我国高校自身的存在和发展相应地受到来自宏观的社会结构的较多制约。即,在研究中必须高度关注社会结构——尤其是相应的政策因素对高校内的教育活动的影响。与此同时,高校组织既然无须担心自身的生存和发展,则就需要更多地关注微观层次的教与学的质量和提升策略。这也是影响本专著把研究中心放在"双一流"建设高校的本科教与学的重要因素之一。修订后的"IEO"模型概念图如图 1-2 所示。②

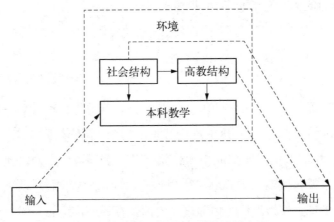

图 1-2 修订后的"IEO"模型概念图

---

① 本质是实证分析高等教育的社会价值和功能,以表明高校花费大量社会资源的必要性。
② 严密地说,在本专著中,社会结构和高教结构的操作指标并非严格意义上的社会结构和高教结构的指标,而是结构与个体互动的结果的指标。这是因为,社会结构和高教结构的概念的操作指标均是通过本科生个体的调查数据的汇集而成。从数据性质的角度来看,数据表达的与其说是社会结构和高教结构的独立属性,不如更准确地说是本科生个体与结构之间互动结果的属性。从这一点而言,在研究程序中的某些步骤上,本研究中的概念建构与操作建构之间并非完全一致。在专著的不同在章节里,出于分析和行文的客观需要,采取两种不同的处理方式:有时把社会结构和高教指标单列,有时并入个体属性之中。

(二) 变量界定和操作指标选择

把上述界定的本专著的研究目的显示在图1-2中的理论分析框架中,就是分析其中的"本科教学"这一因素对"输入"或者叫做本科生学习结果这一因素的影响。但是,在图1-2中存在的因素并不仅仅只有这两个。所以,在实际进行具体分析之前,还需要进一步明确界定在图1-2中的诸多因素中,哪些因素是自变量,哪些因素是因变量,哪些因素是控制变量。

首先,界定自变量。本科教学是自变量。与既有研究对本科教学的概念内涵的界定略有不同,本专著集中于专业课程教学上。所以,这里的教学概念仅仅指本科专业教学。但是,在本科专业教学上,本专著的本科教学的概念内涵又不仅限于专业课堂教学上,它还包括课外的专业学习支持。具体而言,专业课堂教学根据其功能及其与本科生学习的关系,分为知能传授、学程调控和动机唤醒三类。专业学习支持则依据学习支持的内在性质的差异,分为专业学习资源丰富性、专业学习支持体系完善性和专业学习共同体建设三个侧面。

其次,界定因变量。本科生的学习是因变量。与本科教学的概念定义相对应,本专著中的本科生学习限定为专业课程学习。这个定义也与既有研究略有不同。对本科生的专业课程学习,本专著从学习参与、学习方式和学习结果三个角度来把握。学习参与包括课堂学习、课外学习、寻求帮助和信息利用四个侧面。学习方式包括深层学习方式和表层学习方式。学习结果分为四个侧面:知识获得、能力提升、资格考取和学习满意度。知识获得通过GPA、"挂科"数量、专业成绩年级排名和奖学金获得四个指标来考察;能力提升则进一步划分为认知能力、操作能力、问题解决能力、分析能力、团队合作能力、专业判断能力、书面沟通能力和规划能力等八类;资格考取进一步分为英语等级资格考取(又具体分为四级和六级)和职业资格考取(又具体分为与专业有关职业资格和与专业无关职业资格)。当然,在最终的多元回归分析中(第八章),本专著仅仅选择性地分析了本科教学对其中的八个学习质量指标的统计影响。

最后,界定控制变量。在图1-2中,作为"输出"的学习成果显然不仅是本科教学这一因素单独影响的结果,而且它应该是本科教学与输入、社会结构和高教组织结构等因素共同影响的结果。所以,为了更精确地把握本科教学对本科生学习的影响,对其他可能影响学习成果的因素也必须同时加以分析。由于这些因素的影响与研究的核心目的无关,本专著视之为控制变量。① 但在具体统计分析时,控制变量与自变量一并进行统计处理。

"输入"变量指影响学习成果的本科生的个体属性,在迄今为止的相关研究中,被用作个体属性的相关指标很多。本研究选用以下几类指标:性别(男/女)、家庭背景和入学前学业准备。家庭背景具体选择三个指标:父亲职业(专业技术管理/非专业技术管理)、父亲学历(高等教育/非高等教育)和家庭居住地(城市/乡镇·村)。入学前学业准备选取两个指标:就读高中类型(重点/非重点)和高考分数(百分制),高考分数以外的指标均为分类变量。

高教结构使用三个指标:高校类型(一流大学/一流学科高校)、专业类型(理·工·农·医/人文·社会)和年级(一/二/三/四),以上指标均为分类变量。

社会结构使用入学类型和家庭居住地所在地区两个指标。入学类型有两类:统招生和专项生。统招生根据户籍分为城市统招生和农村统招生;根据专项政策的性质,专项生分为国家专项生、地方专项生和高校专项生,该类型因国家政策而成,故视之为社会结构指标。家庭居住地所在地区分为东部、中部和西部。东中西部的划分依据中央政府的官方分类。以上指标均为分类变量。

(三)研究方法设计

这里的研究方法主要指数据收集方法和数据分析方法。

数据收集方法包括问卷调查和访谈调查,问卷调查为主,访谈调查为辅。访谈调查主要用来深化理解问卷调查的数据分析的结果,问卷的核心项目是关于上述的自变量、因变量和控制变量的调查项目。调查样本采取分层随机抽样方法获取,调查在9所"双一流"建设高校中实施。其中,4所"一流大学",5所"一流学科"建设高校。问卷调查使用网络问卷,于2018年4—5月间实施。问卷采取付费

---

① 因此,这里的"控制变量"与一般统计学的"控制变量"的含义不同。

调查方式，人均在 50—100 元之间。最终获取样本 5 812 份，去除其中的非 1—4 年级 20 份，共获得有效样本 5 792 份。对调查数据根据研究目的加以整理。整理后的输入、高教结构和社会结构的各变量的数量特征参见附录 1。

数据分析方法包括统计描述和统计推断两种。选用的具体统计方法参见专著中的各章节。但是，这里需要说明的一点是，本专著有意识地使用了较多的篇幅对自变量、因变量和统计推断中的因果关系的基本属性进行统计描述。[1] 这种数据呈现方式的基本目的是，把描述、分析与因果推断、解释尽可能地结合起来，[2] 而且，争取尽可能更多地描述和分析，而较少进行因果推断和解释，这与既有的定量研究对统计方法的使用习惯略有不同。本专著这样做的基本目的有以下两个：第一，通过这种方式来说明，与定性研究一样，定量研究也可以进行细致而有力的客观现象的描述。第二，对变量基本性质的描述与分析是进行合理的统计分析的前提与基础。对于一个意在寻找提升本科教学质量的有效路径的学术研究来说，如果现实中的本科教学在质量上不存在任何需要改进的明显问题，那么这个研究不管所用的方法如何精致，研究本身肯定没有任何理论和现实意义。所以，为了寻找本科教学质量的影响因素的定量分析必须从解析本科教学质量的基本属性开始。

三、专著的篇章结构

绪论和结语之外，本专著的主体分为三部分。

---

[1] 本专著对统计描述的改进受到现象描述学的启发。欧洲有些研究者把哲学意味浓厚的现象学适当改进，应用于高等教育实证研究中，并取得了相当显著的成功。对于现象描述学及其在教育研究的改进性应用的介绍，请参见下列文献：Martin E, Prosser M, Trigwell K, et al. Using phenomenography and metaphor to explore academics' understanding of subject matter and teaching[A]. In Rust, C.(ed.), Improving Student Learning: Improving student learning strategically[C]. Oxford: Oxford Centre for Staff Development, 200: 325 - 336; Marton, F. Phenomenography [A]. In T. Huśen, T. N. Postlethwaite (eds), The International Encyclopedia of Education, 2ndedn[C], Vol 8, Oxford: Pergamon, 1994: 4424 -4429.

[2] Prosser Michael, Trigwell Keith. Understanding learning and teaching: the experience in higher education[M]. Buckingham: SRHE & Open University Press, 2001: 172 - 173.

第一部分,分析"双一流"建设高校的本科生学习质量的特征及影响因素。这部分包括三章,从第二章至第四章。第二章分析"双一流"高校本科生学习质量的基本特征,具体分析从学习参与、学习方式和学习成果三个侧面入手。每一侧面又进一步具体化为几个更细小的侧面。在每一具体侧面上,首先,根据既有研究成果,分析概念的基本内涵;其次,综合考虑我国的现实情况,来设定不同侧面的操作性指标;最后,依据调查数据,概括在学习的不同侧面上,我国9所"双一流"高校的样本本科生的学习质量的统计特征。第三章统计对比统招生和专项生,城市统招生、农村统招生和专项生,高校专项生、国家专项生和地方专项生等不同入学类型本科生的学习质量的差异。第四章分析本科生的个体属性对其学习质量不同侧面的影响程度和路径。长期以来,在西方既有的相关经典理论中,个体属性对本科生学习质量的影响是核心研究领域之一。因此,本章的实证分析既是对这些经典理论的再次检证,也可以是这些经典理论在中国高等教育制度情景中的适用性的实证检验。从研究内容与分析的理论框架的关系而言,第一部分是实证图1-2中的"输入"→"输出"的关系路径。

第二部分,分析"双一流"建设高校的本科教学质量的特征及影响因素。这部分包括三章,从第五章至第七章。第五章分析"双一流"高校本科教学质量的现实特征,具体分析从专业课堂教学和专业学习支持两个侧面入手。每一侧面又进一步具体化为三个更为细小的侧面。在每一个具体侧面上,首先,根据既有研究成果,分析概念的基本内涵;其次,综合考虑我国的现实情况,来设定不同侧面的操作性指标;最后,在调查数据的基础上,从本科教学的不同侧面,概括我国9所"双一流"高校的本科教学质量的基本统计特征。第六章分析高校类型、专业类型以及二者交互作用对本科教学质量的影响。第七章分析和解释本科生的不同个体属性对本科教学质量的统计影响。从研究内容与分析的理论框架的关系而言,第二部分是实证图1-2中的"输入"→"本科教学"的关系路径。

第三部分,分析"双一流"建设高校的本科教学质量对本科生学习质量的影响。这部分只有第八章。该章首先根据前几章的研究结果,进一步对奥斯汀IEO修正模型(见图1-2)进行修订。然后,以再次修正后的奥斯汀IEO模型作为理论分析框架，选择适合数据特征的统计分析方法，具体是采用分层多元回归程序来分析教学质量对学习质量的影响。从研究内容与分析的理论框架的关系而言，第三部分是控制了实证图1-2中的"输入""环境"中"社会结构"和"高教结构"、实证图1-2中的"本科教学"→"输出"的关系路径。

第 一 部 分

第一部分包括第二章至第四章,分析"双一流"建设高校本科生学习质量的特征及影响因素。

第二章分析"双一流"高校本科生学习质量的基本特征。具体分析从学习参与、学习方式和学习成果三个侧面入手,每一侧面又进一步具体化为几个更细小的侧面。在每一具体侧面上,首先,根据既有研究成果,分析概念的基本内涵;其次,综合考虑我国的现实情况,来设定不同侧面的操作性指标;最后,概括在学习的不同侧面上,我国"双一流"高校的样本本科生的学习质量的统计特征。第三章统计对比统招生和专项生,城市统招生、农村统招生和专项生,高校专项生、国家专项生和地方专项生等不同入学类型本科生的学习质量的差异。第四章分析本科生的个体属性对其学习质量不同侧面的影响程度和路径。

◆ 第二章
学习质量的基本特征

本章分析"双一流"高校本科生学习质量的基本特征。具体分析从学习参与、学习方式和学习成果三个侧面入手。每一侧面又进一步具体化为几个更为细小的侧面。在每一细小侧面,首先,根据既有研究成果,分析概念的基本内涵;然后,综合考虑我国的现实情况,来设定不同侧面上的操作性指标;最后,选取9所"双一流"高校进行抽样调查,通过对调查数据的统计分析,概括在学习的不同侧面上,我国"双一流"高校本科生的学习质量的基本统计特征。

对于不同侧面上的本科生学习质量的操作性指标的统计分析,沿着以下三个基本程序进行:描述基本统计量、计算不同指标间的相关系数和分析性别差异。在此基础上,进一步观察本科生学习参与、学习方式和学习成果三个侧面上的核心指标之间的统计相关。

第一节 学习质量的观察视角与内涵界定

欲精确地分析本科生的学习质量,必先要界定合适的观察视角。学习质量观察的视角多种多样,从不同角度进行的科学观察,所得出的研究结果自然有所不同。本章计划从本科生学习的内容范围、过程和结果三个角度来观察和界定本科生的学习质量。

一、学习内容的广泛性和限定性

学习内容即本科生学习的对象,它的范围有广狭之分。

首先,本科生的学习内容的范围无比广泛。这可以从以下三个层次来理解:第一,理所当然,它指专业课程学习。第二,它还包括专业课程之外的各种知识技能的学习。第三,它甚至还可以扩展到本科阶段的所有校内和校外的各种经历与体验。这是因为,校园内外的各种有意或无意的体现和经历都能带给本科生在身体、个性、社会性和认知方面的不同影响,因而都可以被认为是学习的多样化的表现形式。三个层次虽然界限相对分明,但存在着交叉。比如,根据课程规定的校外实习既是专业课程学习,同时也能带给学生广泛的社会体验。[①] 而且,不同内容的学习之间也互相影响。当然,影响的方向可能不同,体现为或促进或阻碍。

其次,本专著的本科生学习限定为专业课程学习。这样限定的主要原因是,充分而深入的专业课程学习才是促进本科生全面发展的最重要途径。[②] 从个体本科生的角度而言,专业课程学习必然体现为某种行为或活动。[③] 既然是个体行为就必然存在着适于该行为展开的地理空间与时间次序。从专业课程学习发生的时空与课堂(classroom)教或学之间的关系来说,学习行为从内向外依次分为:课堂学习、课外专业学习、积极寻求帮助和信息利用四种。这里的课外学习(out-classroom learning)与研究者通常所说的课外活动(ex-curricular activities)有所不同,课外活动指专业课程学习之外的其他类型的校园活动,如体育运动或以兴趣为主的社团活动等,而课外专业学习指的是课堂上进行的专业课程学习的必要补充和适当延伸,如课前预习和课后复习等。积极寻求帮助本来也有多种含义,本文则主要指本科生为了解决在专业课程学习中遇到的学业上的困难而寻求帮助。寻求帮助这一行为指向的对象主要是指同课程学习(范围最多扩展至同届同学)和学习问题所在的相应课程的任课教师,寻求帮助是高校中的生生互动和生师互动的基本形式。信息利用中的信息也主要是指与专业课程学习有关的信息。与信息类型相关,信息利用存在两种基本的类型:传统的图书馆储藏的书籍和杂

[①] 孙沩睿,丁小浩.大学生课外参与投入的适度性研究[J].大学教育科学,2010(6): 53-61.
[②] 很多研究发现,专业课程学习远远没有课外活动对学生发展的影响大。甚至有研究认为,整个学校教育就对学生没有多少显著的影响。但是,即使上述这些研究的结果为真,也不能就此而否定专业课程学习对学生个体发展的核心功能。这是因为,在学校教育的现实中,专业课程学习的现实影响之弱有可能是来源于其固有功能没有被充分地发挥。而且影响之弱的证据本身的效度与信度也值得商榷。
[③] 行为(action)与活动(activity)的根本区别是,后者涉及行为者之间的互动和互相影响。然而,在现实社会中,对别人没有影响或不接受别人行为的影响的行为几乎不存在,故本文对二者不加区分。

志等学习信息的利用和网络上的开放学习资源等学习信息的利用。当然,随着我国高校图书馆藏书信息的电子化和网络化,二者实际上呈现出不断融合的趋势。

与本科生的其他类型的学习行为比较而言,专业课程学习尤其是课堂学习发生在高校和教师不同程度地设计好的相对结构化的教育教学活动和环境之中。即这是一种参与性行为,需要本科生的努力和投入。但是,不同本科生在专业课程学习的过程中,对学校提供的教育教学环境中的学习资源的利用程度和对教师主导的教学活动的投入程度不同,学习参与的方式即参与的动机和策略也各不相同,因而最终收获的学习结果也必然千差万别。

二、学习行为的过程性和动态性

一方面,专业课程学习行为的完成和实现是一个长期过程,这种长期性是由学校教育制度所规定的。与世界上大多数国家类似,我国大部分本科专业都是学制四年,医学专业和其他少数专业5年或5年以上。另一方面,专业课程学习的长期过程复杂而艰辛,具有动态变化性,而非完全线性的一直正向发展。比如,中外研究者均发现"大二低谷现象"。[1] 而且,学习过程的曲折和复杂在弱势群体本科生身上的表现则更为明显。[2] 撇开学习者个人属性的差异,仅就学习过程本身而言,任何专业知识获得和技能掌握都不可能是一蹴而就,而都需要学习者经过相对较长时期的不同形式的学习和反复练习。本科阶段的专业课程学习内容实际上有相当难度,要求学习者必须付出一定程度的努力,才有可能实现学习目的。

对于本科生的专业课程学习过程,传统上往往从学习准备(readiness)的角度来观察。学习准备一般指本科生入学前的积累的一些学习资源,比如从家庭背景中孕育而出的经济资本、社会资本和文化资本,尤其是大学入学前的学业准备的质量。这些资源都是本科生在大学入学前既定的,入学后,高校对之无能为力,无法改变其

---

[1] 郑雅君,李晓,牛新春."大二低谷"现象探究[J].高教发展与评估,2018(5):46-59.
[2] 徐国兴.跟跑也不易:"双一流"高校专项生学业表现与发展研究[J].教育发展研究,2019(19):8-17.

一丝一毫。所以,高校越来越关心本科生专业课程学习过程和结果的类型与性质。而学习结果的质与量在很大程度上从属于学习过程的质与量,没有优质的学习过程,自然就不可能有高质量的学习成果。当前研究发展的基本趋势是,国内外的高校更关注本科生的专业课程学习过程的特点,期冀通过对学习过程的积极而有效的介入而提高学习质量。对专业课程学习过程,本文重点关注学习参与和学习方式,学习参与和学习方式各有不同的具体操作指标,对此会在以下各节详述。

三、学习结果的多样性和归一性

本科生专业课程学习的结果本身具有多侧面性和多层次性。即使对于同一层次的同一侧面,如果观察角度不同,得出的结果也会大不相同,有时候甚至截然相反。研究者认为,把本科生学习结果质量与预设学习目标即官方的教育教学目标相比较是最重要的观察角度之一。[1]

然而,本科教育的官方目标并非单一明了,而且随外部环境条件的变化而变化。传统上,本科教育的基本目标是促进本科生的知识获得。很多研究者认为,单纯的知识获得还远远不够,所以又在基本目标中增加了各种基本能力提升的内容。20世纪初期,杜威实用主义教育哲学兴起。从杜威流派的哲学思想来看,体验、生活和成长本身也是学习的重要组成部分。这样一来,学习满意度也就当仁不让地成为学习质量的重要衡量指标之一。当然,近期高等教育中的学习满意度与最初的学习满意度有着某种本质上的差异。20世纪中期,尤其是第二次世界大战结束后,以高等教育为核心的学校教育成为各国提高劳动力素质的工具,于是与未来职业相关的知识和能力即劳动能力的培养逐渐成为本科教育的重要目标。[2]而且,随着高等教育大众化发展和新兴科技的日新月异,在高等教育中,职业教育目标变得越来越重要。

---

[1] [美]布雷恩·J.麦克维.日本高等教育的奇迹与反思[M].徐国兴,译.上海:华东师范大学出版社,2020.

[2] Cleary J L, Kerrigan M R, Van Noy M. Towards a new understanding of labor market alignment[A]. M.B. Paulsen(ed.), Higher education: Handbook of theory and research(32)[C]. Cham: Springer International Publishing, 2017: 577-629.

在一定程度上,该目标已经掩盖或者说削弱了其他教育目标的客观存在。对应上述四个主要的高等教育目标,本文在分析本科生学习结果时,重点关注专业知识获得、各种基本能力提升、考取的各种资格证书和学习满意度四个方面。

第二节 学习参与的基本特征

当前,学习参与被认为是最重要的衡量本科生学习过程质量的指标之一。但是,不同研究者使用的"学习参与"一词所指的核心内涵未必完全相同,大部分的既有研究对本科生学习参与的内涵界定过于宽泛。当然,宽泛定义有利于该学术概念运用于不同的本科生学习的场景之中。但是,宽泛定义却不利于研究者和实践者以学习参与为指标精确地测量和把握本科生的学习质量,这必然会进一步削弱相应的研究结论的效度和信度及其实际应用的价值。为此,本节从既有相关研究对"学习参与"的概念定义出发,本着删繁就简的原则,界定适合本研究目的的学习参与的概念定义,然后据此对调查数据进行统计分析。

一、学习参与的概念与操作化指标

迄今为止,在高等教育领域中,像本科生学习参与(student engagement)这一概念如此受到学术界和实践工作者双方共同高度关注的概念并不多见。从词源学的角度而言,学生参与这一词汇作为学术概念而在研究中普遍使用早已有之。最初,它主要为一些教育心理学家所使用,并且其核心是以高中生的课堂学习作为研究对象。[①] 当然,

---

① "学生参与"(student engagement)的相关研究最初源于美国。其中的"student"和"engagement"组合成为专指本科生学习词汇经历了一个演化历史。在美国,"student"一词即可指高中生,也可指本专科生,"pupil"则多指义务教育阶段学生,研究生则使用"graduate"一词。尽管现在普遍使用"undergraduate"来指本科生,但是在本科生学习参与这一概念上,仍然使用"student engagement"。本来,本科生的"engagement"也有多种内涵。但是随着NSSE的流行,现在的学术文献中的"engagement"就几乎与中文的学习参与(academic engagement)相当。

其研究成果也没有如此广泛的理论和实践的影响力。作为后生事物,本科生学习参与一词在理论内涵上可能或多或少会受到上述高中生学习参与研究成果的不同程度的影响。但在本质上,除去概念借用这一事实确凿无异,无可辩解之外,以本科生为对象的学习参与研究与上述以高中生为对象的学习参与研究之间并无多少明显可以溯源的理论瓜葛。本科生的学习参与研究广泛撷取和受到了诸多社会科学理论的综合影响,如心理学、社会学、认知发展理论、学习理论和院校影响理论等。但最为明显的理论影响则来自于高等教育领域的三个相关理论,它们分别是佩斯(Pace)的学生努力理论、奥斯汀(Astin)的学生卷入理论和丁托(Tinto)的学术·社会统合理论。[1]

但是,本科生学习参与一词作为理论概念的影响力远不如它作为实践概念的影响力。作为具有超级影响力的实践概念,本科生学习参与和目前美国盛行的全国大学生学习参与调查(national survey of student engagement,NSSE)密不可分。在某种程度上甚至可以说,正是 NSSE 的调查实践界定了本科生学习参与作为理论概念的真正内涵,尽管 NSSE 的大部分调查项目最初来自于(Pace)研制的大学生学习体验问卷(CSEQ)。[2] 更为有趣的是,本科生学习参与研究与其说是相关理论发展的自然成熟的结果,不如说是实践需求推动的直接结果。[3] 一方面,它是学术界和教育实践工作者响应美国联邦政府对学校教育成果衡量的过程指标的官方追求。另一方面,它是学术界为了对抗《美国新闻与世界报道》(*U.S. News & World Report*)杂志等发行的大学教育质量排行榜。[4] 这些主要由市场力量推动的教学质量排行榜完全以高校的财政收入和新

---

[1] Alexander C. McCormick, Jillian Kinzie, Robert M. Gonyea. Student Engagement: Bridging Research and Practice to Improve the Quality of Undergraduate Education[A]. M.B. Paulsen (ed.), Higher education: Handbook of theory and research(28)[C]. Cham: Springer International Publishing, 2013: 47 - 92.
[2] Pace, C R. Measuring the quality of college student experiences. An account of the development and use of the College Student Experiences Questionnaire[M]. Los Angeles: Higher Education Research Institute, 1984.
[3] 这其实也反映了当代高等教育学术研究发展的一个共同的基本特征。
[4] 《美国新闻与世界报道》(*U.S. News & World Report*)发布的大学排行榜类型很多。

生质量作为主要指标,来进行大学教学质量的评估和排行,却完全忽视教育过程的内在质量的相关指标。尽管NSSE在世界各地的实际影响很大,但它起自2000年,至今也不过有20年光景。在这个意义上,本科生学习参与作为学术概念还是一个相对崭新的词汇,其精确内涵尚处于学术争议和不断完善之中。确实,其自身也一直持续地进行自我反思和微调,以应对来自学术界的批评和教学实践的需要。

最新的NSSE调查把学生参与定义为"学生参与概念揭示了大学教育质量的两个关键特征:第一个特征是学生投入学习和其他有教育目的的活动中的努力的程度和时间的数量。第二个特征是高校如何配置资源、组织课程和其他学习资源以使学生参与到某些活动之中。最近几十年的研究已经显示出这些活动与学生的学习质量密切相关"。① NSSE首先把学习参与划分为学术挑战(Academic Challenge)、同伴学习(Learning with Peers)、从师经验(Experiences with Faculty)和校园环境(Campus Environment)四个主题。其次,在每一主题上设定不同的参与指标(Engagement Indicators):学术挑战的指标是高阶学习(Higher-Order Learning)、反思和综合学习(Reflective & Integrative Learning)、学习策略(Learning Strategies)和量化推理(Quantitative Reasoning);同伴学习的指标是合作学习(Collaborative Learning)和与多样化他人进行讨论(Discussions with Diverse Others);从师经验的具体指标是生师互动(Student-Faculty Interaction)和有效教学实践(Effective Teaching Practices);校园环境的指标是互动质量(Quality of Interactions)和支持性环境(Supportive Environment)。NSSE对其中的每一个指标都进行了比较严密的学术定义和设定了用于具体测量的量表工具。② 由此不难看出,NSSE所界定的学习参与的范围比较广泛,甚至可以说内涵因过于广泛而显得有些模糊不清,这个意义上的学习参与实际上等同

---

① NSSE. What is student engagement? [EB/OL]. [2020-05-17]. https://nsse.indiana.edu/html/about.cfm.
② NSSE. Engagement Indicators[EB/OL]. [2020-05-17]. https://nsse.indiana.edu/html/engagement_indicators.cfm.

于学习体验。当然,NSSE 的学习参与定义与其大规模现状把握调查的实践指向目的密切相关。

为此,在充分认识到广泛的学习参与的重要性的基础上,研究中需要把学习参与的范围加以适当缩小和明确,本文主要关注本科生对专业课程学习参与(以下分析中仍然简称为学习参与)的状况。如前所述,本文设定的本科生学习包括课堂学习、课外专业学习、积极寻求帮助和信息利用四个主题。若把本文的定义与 NSSE 对学习参与的定义相比较,就可看出本文的学习参与 NSSE 有两点明显不同:第一,把本科生学习行为限定在与专业知识技能相关的专业课程学习上;第二,在本研究的定义中,没有考虑高校一侧如何激发本科生学习参与的活动与措施,即仅仅侧重于本科生作为学习主体一方的学习参与行为。在学习行为四个方面的测量量表的设计上,本文不仅参考了 NSSE,还参考了国际和国内的诸多相关研究的成果。以下是依据本研究的调查数据,对本科生的学习参与这四个方面的基本特征的统计描述分析。

二、学习参与的统计特征

表 2-1 表明,在满分为 5 的专业课程学习参与上,全体样本均值为 3.192。若化为百分制,则为 62.84,这个分值刚刚跨过及格线。相对于理想状态(满分),这样的现实得分确实比较低,这似乎表明样本本科生学习参与度整体上比较低。从此而言,下结论说本科生基本上不会积极地进行专业课程学习并不为过。当然,我国本科生学习参与程度较低也不是今日才有之事,"六十分万岁"的观念在我国高校本科生群体中普及已经很久了。[①] 当然,鉴于学习参与的标准差为 0.675,可见本科生个体间的差异非常明显。即仍然有一部分本科生在专业课程学习上呈现出比较积极参与的状态,这是学习成绩分化的重要影

---

① 雷洪波,刘卫华."六十分万岁"的原因及行为表现的调查报告[J].青年研究,1992(1):15-21.

响因素。

表 2-1 学习参与的描述统计

	专业课程学习			课堂学习			课外专业学习			积极求助			信息利用		
	M	SD	N	M	SD	N	M	SD	N	M	SD	N	M	SD	N
全体	3.192	.675	5 792	3.354	.697	5 792	2.952	.772	5 792	2.777	.998	5 792	3.687	.812	5 792
男	3.193	.731	2 443	3.288	.745	2 443	3.045	.833	2 443	2.812	1.046	2 443	3.628	.842	2 443
女	3.192	.630	3 349	3.402	.655	3 349	2.884	.717	3 349	2.751	.961	3 349	3.730	.787	3 349
F	.009			37.882			61.911			5.281			22.108		
显著性				****			****			*			****		

注：*<.1，**<.05，***<.01，****<.001。以下各章各表同。

而且，在不同类型的学习参与上，本科生的表现也差异明显。表 2-1 表明，课外专业学习比课堂学习低 0.402；积极求助行为更低，低于课堂学习 0.577。在理想状态下的本科课程学习中，课堂学习仅仅是提供学习的入门引导，重要的是本科生自己应在课后认真积极学习。由此可见，不同类型的差异也反映了本科生学习中现实存在的问题。但是，信息利用行为却比课堂学习高 0.333，这说明本科生越来越倾向于使用图书馆或网络资料进行专业课程学习。不过，对信息利用行为的特征及利弊，不同研究者之间观点分歧比较大。①

表 2-2 显示了本科生学习参与的总体和各具体分类之间的两两相关。具体分类与总体的相关系数可以粗略地体现各具体分类对总体的贡献度，而各具体分类之间的相关系数则体现了各类型间的亲疏程度。由此可见，学习参与的各具体行为类型对总体的贡献度从大至小依次为：课外专业学习、积极求助、课堂学习和信息利用。与课堂学习的亲密度从高至低依次为：课外专业学习、积极求助和信息利用。另外，积极求助与课外专业学习的相关度也比较高。

---

① 祝方林,王文兵.大学生利用图书馆资源的信息行为[J].当代青年研究,2016(3)：109-113；陆溯.大学生网络信息搜索行为实证研究——基于搜索引擎的利用[J].图书馆理论与实践,2018(1)79-82.

表 2-2　学习参与的整体、分类得分之间的相关系数

		专业课程学习	课堂学习	课外专业学习	积极求助	信息利用
全体	专业课程学习	—				
	课堂学习	.823****	—			
	课外专业学习	.858****	.642****	—		
	积极求助	.830****	.562****	.628****	—	
	信息利用	.781****	.574****	.579****	.450****	—
男	专业课程学习	—				
	课堂学习	.853****	—			
	课外专业学习	.882****	.706****	—		
	积极求助	.842****	.625****	.647****	—	
	信息利用	.801****	.606****	.646****	.491****	—
女	专业课程学习	—				
	课堂学习	.799****	—			
	课外专业学习	.844****	.607****	—		
	积极求助	.821****	.515****	.612****	—	
	信息利用	.767****	.543****	.540****	.420****	—

学习参与的总体得分和各个分项得分虽然存在着统计上的性别差异（F 值具有统计显著性），但这个统计差异似乎不具有实际意义。[①] 同时,分别计算男性与女性的学习参与的总体和分项得分的相关系数,发现尽管二者之间的同类相关系数存在差异,但是该性别差异并不明显。而且,其系数大小顺序与全体样本较为一致,故以下略去对性别差异的统计分析。

第三节　学习方式的基本特征

本节拟完成三个研究任务。首先,从本科生的学习方式、学习参与的概念和

[①] 各个统计差异的 Eta 平方远远小于 0.05。如果 Eta 平方小于 0.05 则可以认为该具有统计显著性的统计值缺少实际的意义（具体解释参见杜智敏.抽样调查与 SPSS 应用[M].北京：电子工业出版社,2010：530-545）。

测量的比较出发,揭示学习方式研究的独有的理论和实践价值;其次,以澳大利亚教育学者约翰·比格斯(John Biggs)的理论框架为核心来界定本文的学习方式的基本内涵和测量工具;最后,依据调查数据,分析我国9所"双一流"高校的样本本科生的学习方式的统计特征。

一、学习方式的概念与操作化指标

从对高等教育教学实践的影响程度来看,学习方式(student approaches to studying[①])是除学习参与之外的又一个重要概念。但是,与学习参与相比,学习方式有关的概念和理论独具特色。其特征主要有以下几个方面:第一,学习方式的概念和理论起源于瑞典,成熟和量化于英国和澳大利亚,即其为欧陆理论。与此相比,学习参与理论主要起源和盛行于北美大陆,即其为北美理论,不同的源产地会决定孕育理论的文化和制度背景。第二,学习方式是理论驱动(theory-based)的理论体系,学习参与是实践驱动(practice-based)的理论体系。所谓理论驱动,就是理论的形成与发展是严格沿着"既有理论基础上的理论假设→系统实证→既有理论的抛弃、修改或完善"的经典路径。如此产生的理论被称为"自上而下(top-down)"的理论,具有演绎性。所谓实践驱动,就是理论的形成与发展是大致沿着"实践需要→既有理论整合→服务实践"的实用主义路径。如此产生的理论被称为"自下而上(bottom-up)"的理论,具有归纳性。尽管作为学习方式理论的集大成者,约翰·比格斯经常宣称他的学习方式理论是面向高校教学实践的,但是比格斯本人是接受过系统心理学训练的教育心理学者,而且他在这里所谓的实践其

---

① 笔者以为这里的"approach"应该翻译为"取向"或"策略性取向"更能够贴近该概念的原意。但是,长期以来,我国学者一直把"approaches to studying"翻译为学习方式。本文遵从其约定俗成的翻译。从该词第一次被明确提出的那一天起,"approaches to studying"就有专指大学生(尤其是本科生)学习方式的倾向性含义在内。至于高中生的学习方式,另有一词"approaches to learning"来指代。但在一些综述性文献中,两者有时候混用,哪怕仅仅是研究大学生的学习方式。而且,使用"student approaches to learning"的时候更多一些,简称为SAL。

实是该理论成熟后指向或服务的最终目的,而不是促进理论产生的原初驱动力。当然,也有一些严格的理论驱动范式的研究者,尤其是以自律学习理论(self-regulated learning, SRL①)为主的研究者经常指责学习方式理论缺乏坚实而严密的理论基础。② 第三,在实践运用上,学习方式理论指向于微观的教与学活动,学习参与理论服务于院校层次或外部管理者对教与学水平整体把握的需要。第四,两者在中国的流变路径不同。接受学习参与的理论和研究范式,并根据国内需要进行本土化发展的是清华大学和北京大学的研究团队。而接受学习方式的理论和研究范式,并在国内加以研究和推广应用的则是西安交通大学和厦门大学的研究团队。虽然这两种理论在中国大陆的不同受容范围和传播路径具有一定的偶然性,但两种理论内蕴的宏观视角与微观视角的本质差异也是路径差异的重要原因及其具有的必然性,这本身其实也昭示出二者对高校实践的价值定位明显有所不同。第五,学习方式是完完全全的大学生学习理论,其最初就产生于高等教育领域,且理论源远流长。然而如上所述,学习参与理论则完全不同。但是,两个概念和理论的共同之处也很多,最明显的两点简述如下:第一,学习参与和学习方式这两个概念都是指向于本科生学习过程的质量指标。第二,核心内涵近似。深层学习是理想的学习方式,它类似于学习参与中的经过努力后达到的学习者个体与环境之间的统合状态。

从理论内容和实证研究的方法论来看,学习方式研究本身也存在很多理论模式,不同模式所关注的理论重心略有不同。比格斯认为学习方式理论大致可分为四种模式:个人风格模式、信息加工模式、现象描述学模式和系统模式。③ 除去

---

① 国内一般把"self-regulated learning"(自律学习)翻译为自主学习(参见庞维国.自主学习:学与教的原理与策略[M].上海:华东师范大学出版社,2003)。但是,自主学习也许对译为"active learning"更为合适。与学习参与概念的历史发展过程相类,自律学习理论本来主要针对基础教育阶段,尤其是高中阶段的学生。但后来也有很多学者把自律学习理论引进高等教育的实证研究之中。
② Akane Zusho. Toward an Integrated Model of Student Learning in the College Classroom. Education[J]. Psychology Review, 2017 29(2): 301-324.
③ [瑞典] T.胡森,[德] T.N.波斯尔韦特.教育大百科全书:教育研究方法(上)[M].石中英,译.重庆:西南师范大学出版社, 2011: 102-106.

现象描述学模式之外，其他三种理论模式都建立在利用量表测量和量化分析的基础之上。本文采取系统模式，这是因为，系统模式认为学习方式并非本科生个体内在的相对稳定的个人属性，而是个体与学习环境互动的产物，随着学习环境的变化而不断变化。系统模式的代表人物是比格斯。其实，在中国真正有影响的本科生学习方式理论也只是比格斯的系统模式。① 比格斯把学习方式定义为"学生完成学习任务的方法的总称，学习方式影响学习结果的质量"。② 从1987年开始，比格斯的学习方式理论经历了漫长的发展历程。在理论的初期形成阶段，基于实证，他提炼出了三种学习方式：深层学习、表层学习和学业成功追求。③ 并开发出各自的测量量表。后来，他经过系统的实证研究之后，认为学业成功追求并不代表一种独立的学习方式，深层学习和表层学习之中都包含学业成功追求的要素。为此，他在2001年进一步凝练，把三种方式凝聚为两种：深层学习和表层学习，简称为双因素学习方式理论④。现在，这种理论广为研究者所采用，本文也采取这种理论来具体统计分析我国本科生的学习方式。

双因素学习方式理论认为，深层学习具有以下特点：把学习内容与既有的知识和经验联系起来，寻找知识背后的整体图式和基本原理，仔细核对证据并把它与结论关联起来，审慎和批判性地检查逻辑和论证过程，记忆有助于理解的核心内容，监控学习中的理解过程。与此相对，浅层学习具有以下特点：把课程内容视作无关的知识碎片，机械地记忆事实和任务完成的程序，集中于教学大纲所要求

---

① 本专著选用比格斯的学习方式概念作为实证分析的理论基础，有三个主要原因。第一，可以使本研究的结果与既有研究的结果相对照。在国内已经有不少同类研究。第二，比格斯的理论建构更符合本研究的分析目的。第三，相对而言，比格斯的理论建构具有较高的简洁性。
② [瑞典] T.胡森，[德] T.N.波斯尔斯韦特.教育大百科全书：教育研究方法(上)[M].石中英，译.重庆：西南师范大学出版社，2011：102-106.
③ Biggs J B. The Study Process Questionnaire (SPQ)：Manual [M]. Hawthorn, Vic.：Australian Council for Educational Research, 1987.
④ Biggs J B, David Kember, Doris Y. P. Leung. The revised two-factor Study Process Questionnaire：R-SPQ-2F[J]. British Journal of Educational Psychology, 2001, 71(1)：133-149.

的最低学习标准,几乎看不出课程内容或学习任务中存在任何价值或意义,学习过程中对学习目标或学习策略缺乏反思。两种学习方式各有不同的学习动机和策略,而且不同的动机与策略具有一一对应关系,即深层学习动机与深层学习策略紧密相连,反之亦然。但是,不同学习方式的动机和策略之间明显对立,即深层学习动机与表层学习策略,表层学习动机与深层学习策略之间的关联度较低。[1] 当然,这些理论观点大都是基于西方研究者对本科生学习的实证研究,至于我国本科生是否如此尚不得而知。

二、学习方式的统计特征

表 2-3 表明,在满分为 5 的深层学习方式上,全体样本均值为 3.250,仅比学习参与得分略高。该得分若化为百分制,则为 65,也是刚刚跨过人们所认可的及格线。相对于满分的理想状态,同样可说比较低。这似乎表明样本本科生缺乏深层学习。其中,深层动机得分 3.233,深层策略得分 3.267,二者相差无几。表层学习得分则明显更低,总体仅为 2.863,比深层学习得分低 0.387。其中,表层动机和表层策略的得分均为 2.863。

表 2-3 本科生学习方式的描述统计

	深层学习			深层动机			深层策略			表层学习			表层动机			表层策略		
	M	SD	N	M	SD	N	M	SD	N	M	SD	N	M	SD	N	M	SD	N
全体	3.250	.800	5 792	3.233	.873	5 792	3.267	.797	5 792	2.863	.755	5 792	2.863	.781	5 792	2.863	.814	5 792
男	3.311	.829	2 443	3.289	.899	2 443	3.333	.823	2 443	2.946	.798	2 443	2.966	.823	2 443	2.925	.857	2 443
女	3.205	.776	3 349	3.192	.852	3 349	3.219	.774	3 349	2.803	.716	3 349	2.788	.740	3 349	2.818	.779	3 349
F	24.649			17.526			28.994			51.015			74.301			24.767		
显著性	****			****			****			****			****			****		

---

[1] Jennifer M. Case, Della Marshall. Approaches to learning[A]. Tight Malcolm, Ka Ho Mok, Jeroen Huisman, Christopher C. Morphew(ed). The Routledge international handbook of higher education[C]. New York: Routledge, 2009: 9-22.

表 2-4 显示了学习方式的总体和各具体分类之间的两两相关。该表毫无疑义地表明,深层学习方式与浅层学习方式的总体得分的相关较低。但是,值得深思的是,二者的相关系数竟然为 0.338。这属于低度正相关,而根据既有理论推测,二者之间应该呈现统计负相关。这似乎表明本科生的深层学习与表层学习之间存在着某种共通之处,至少就样本本科生来说如此。深层动机和深层策略均与深层学习高度正相关,表层动机和表层策略均与表层学习有高度正相关。另一方面,深层动机、深层策略和表层动机、表层策略之间仅存在低度正相关。

表 2-4 学习方式的整体、分类得分之间的相关系数

		深层学习	深层动机	深层策略	表层学习	表层动机	表层策略
全体	深层学习	—					
	深层动机	.962****	—				
	深层策略	.954****	.837****	—			
	表层学习	.338****	.298****	.352****	—		
	表层动机	.332****	.296****	.342****	.944****	—	
	表层策略	.308****	.267****	.325****	.948****	.790****	—
男	深层学习	—					
	深层动机	.966****	—				
	深层策略	.959****	.853****	—			
	表层学习	.379****	.344****	.388****	—		
	表层动机	.363****	.334****	.367****	.948****	—	
	表层策略	.357****	.320****	.369****	.952****	.805****	—
女	深层学习	—					
	深层动机	.959****	—				
	深层策略	.950****	.823****	—			
	表层学习	.294****	.251****	.314****	—		
	表层动机	.296****	.257****	.310****	.939****	—	
	表层策略	.260****	.218****	.282****	.945****	.776****	—

在性别差异上,学习方式与学习参与相类似。即虽然深层学习和表层学习的总体得分和分项得分存在着统计上的性别差异,但这个统计差异似乎并不具有实际意义。同时分别计算男性与女性的学习方式的总体和分项得分的相关系数,其与总体相关系数的差异也并不明显,尤其是系数大小顺序与全体样本系数的大小

顺序基本相同,故略去对性别差异详细分析。

第四节 学习成果的基本特征

在国际高等教育界,从实践角度来看,选择学习参与和学习方式这两种过程指标作为学习质量的衡量指标多少有些属于无奈之举。因为在现实中,长期缺乏对本科生学习的最终成果进行准确衡量的有效手段和指标。当然,随着学习成果评估的理论和实践研究的不断深入,这种局面正在逐渐改观。但是,与外国相比,我国的现实情况明显有所不同。首先,我国高校层面对本科生专业课程学习过程的监测和管控的力度相对较强,因而现实中已经存在着不少可资利用的本科生学习成果的数据和指标。其次,我国在本科教育阶段存在很多国家层次的资格考试和水平考试,这些国家考试的结果正是本科生学习成果某些侧面的重要指标。本节首先分析这些指标的制度和理论内涵,然后根据调查数据分析学习成果的各指标的统计特征。

一、学习成果的概念与操作化指标

长期以来,世界各国的各类高校都秉承大学传统理念,强调全人教育。[①] 所以,非常忌讳提及"教育教学成果"——体现在学生的专业课程学习上,就是"学习成果"——这个词。似乎一提到"成果"就会让高等教育顿时丧失了崇高感一样。不管学习成果评估的支持者如何辩解,事实上,学习成果都是对人——更准确地说是对正在不断发展的人——的价值的一种外在衡量。这明显与人类尊严及"人"之无价的社会潜意识相悖。然而,随着政府对高校问责的要求不断强化,学习成果导向(learning outcome-based)的教育教学改革已经成为世界各国高校进行本科教学改革

---

① 李湘萍.回归"人"的教育:论本科教育的使命与核心任务[J].高教探索,2021(4): 48-54.

的基本要求,[1]我国也是如此。[2] 但是,对于本科生学习成果究竟为何物,不同研究者之间的认识并不完全一致。[3] 在综合和借鉴既有研究成果的基础上,同时考虑到我国高校实情,本文为本科生专业课程学习成果设定知识获得、能力提升、资格考取和学习满意度四个侧面,每一侧面各有数量不等的成果指标,具体分述如下。

在知识获得方面,设定了GPA、"挂科"数量、专业成绩年级排名和奖学金获得四个评价指标。对这四个指标的内在性质,可以从评价的参照标准和评价对象两个角度来分类。从参照标准的角度来看,以学生所在群体为参照标准的是相对评价,以既定的达成度标准为参照标准的是绝对评价。从评价对象角度来看,以学生全体为对象的是全体评价,以某一部分学生为对象的是特殊群体评价。四类指标之间的关系如图2-1所示。

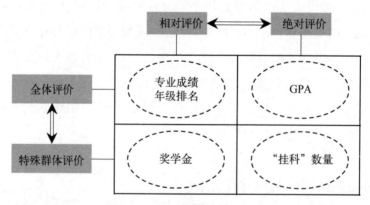

图 2-1 知识获得的指标分类

在能力提升方面,设定了八个指标,本科生个体的能力具有多样性和多侧面性。能力内涵的复杂性使很多教育研究者对之望而却步,故本文不在能力内涵上兜圈子,而直接采取詹姆斯·R·戴维斯(James R. Davis)的理论,[4]把本科生的基

---

[1] 常桐善.美国大学本科教育:学习成果评估[M].北京:科学出版社,2020:1-99.
[2] 李 薇,黑新宏,王磊.学习成果监控与评价机制的探索与实践[J].高等工程教育研究,2020(2):169-176.
[3] 应一也.学习成果的内涵:嬗变与启示[J].开放教育研究,2019(5):57-63.
[4] [美]詹姆斯·R·戴维斯,[美]布里奇特·D·阿伦德.高效能教学的七种方法[M].陈定刚,译.广州:华南理工大学出版社,2014:33-200.

本能力分为：认知能力、操作能力、问题解决能力、分析能力、团队合作能力、专业判断能力和书面沟通能力七个方面。另外，实证研究发现，由于我国本科生在大学入学前均被周到地扶持而成长，相应地自我规划和自我控制的能力就比较欠缺。① 鉴于此，本文增加了对本科生的规划能力的调查。

在资格考取方面，设定了全国大学英语四级考试、全国大学英语六级考试、全国计算机等级考试、普通话水平测试和职业资格证书考试。其中，职业资格证书又分为两种：与专业课程知识相关的证书和与专业课程知识无关的证书②。

在学习满意度方面，设定学习环境满意度、专业课程学习满意度和专业整体满意度三个具体指标。三个满意度指标的内涵之间的关系如图 2-2 所示。

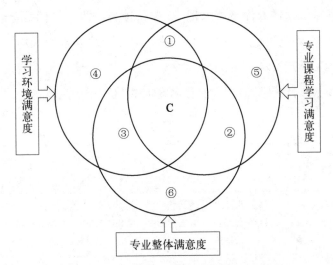

图 2-2　三种学习满意度之间的关系概念图

---

① 张俊超，刘茹.不同类型大学生自主学习能力差异及其影响机制——基于 H 大学本科生学习与发展调查[J].大学教育科学，2020(5)：58-65.
② 全国计算机等级考试分为四个等级。由于受调查高校所在地接收外地籍学生入户的最低标准是全国计算机等级考试 2 级，所以，本文以 2 级及以上为合格，1 级为不合格。普通话水平测试的结果分为三级六等。我国的专门职业都对应聘者的普通话水平有不同的明确要求。一般说来，中小学及幼儿园、校外教育单位的教师，公共服务行业的特定岗位人员普通话水平不低于二级，高等学校的教师、国家公务员普通话水平不低于三级甲等。播音和主持等职业对普通话水平的要求更高。因此，本文以考试结果三级甲等及以上为合格，三级乙等为不合格。

二、学习成果的统计特征

（一）知识获得的统计特征

从样本全体来看，"挂科"数量人均为 0.129，并不算太高。但是，"挂科"数量的标准差竟高达 0.448，说明不同本科生个体之间在这个指标上的差距很大，即有一部分本科生的"挂科"数量较多。GPA 均分为 6.089（满分为 7），化为常用的 5 分制，则为 4.349。样本整体上 GPA 比较高。排名均值为 4.144（最高为 7，最低为 1），可以说 GPA 处于不高不低的中间状态，这其实也从一个侧面印证了样本对这几所大学的本科生的代表性。如果把 GPA 和排名这两个指标结合起来，就能约略看出，样本的 GPA 确实有点过高了。但是，由于奖学金获得人均 0.772 件，故也不能完全排除受调查本科生的整体学业成绩较高的可能性。在我国的各类大学排行榜上，受调查的这几所高校都是排名靠前的"双一流"建设高校。

表 2-5 知识获得的描述统计

	挂科数量			GPA			排名			奖学金获得		
	M	SD	N	M	SD	N	M	SD	N	M	SD	N
全体	.129	.448	5 792	6.089	1.011	5 792	4.144	1.961	5 792	.772	.820	5 792
男	.167	.514	2 443	5.938	1.073	2 443	3.986	1.955	2 443	.751	.858	2 443
女	.101	.391	3 349	6.199	0.949	3 349	4.260	1.958	3 349	.788	.792	3 349
F	30.486			95.132			27.720			2.809		
显著性	****			****			****			*		

"挂科"数量与 GPA、排名和奖学金获得之间均呈有统计意义的负相关。其中，"挂科"数量与 GPA 的负相关程度最高，相关系数为负 0.497。GPA、排名和奖学金获得三者之间呈现有统计意义的正相关。其中，排名与奖学金获得之间的相关程度最高，相关系数为 0.623。这再次印证了我国高校奖学金以相对的学业成绩为标准的内在性质。[1]

---

[1] 徐国兴.国家奖助学金政策和高等教育机会均等[J].现代大学教育,2008(4): 86-92.

在性别差异上，知识获得与学习方式、学习参与相类似。即虽然知识获得的各项指标存在着统计上的性别差异，但这个统计差异并不具有明显的实际意义。分别计算男性与女性的知识获得指标的相关系数，其与样本总体的知识获得指标间的相关系数的差异并不明显。故以下略去对性别差异的详细分析。

（二）能力提升的统计特征

从样本全体来看，各项能力提升之间非常接近。如表2-6所示，各项能力提升的自我评价的得分从大至小依次如下：分析能力4.064，团队合作能力4.052，问题解决能力4.033，书面沟通能力3.991，规划能力3.978，认知能力得分3.966，专业判断能力3.932，操作能力得分3.852。尽管不同能力的提升之间存在着差异，但是这个差异非常细小，几乎可以忽略不计。然而，仅就此能力提升的得分而言，我们可以看出，调查结果与日常认识之间还是存在一些明显差距。比如，既有研究发现我国本科生团队合作能力比较差。[①] 实际上，长期以来，我国社会大众一般也都如此认为。但是，本研究的分析结果却表明，与其他能力相比，我国高校对本科生的团队合作能力的培养未必就比较差。

表2-6 能力提升的描述统计

	认知能力			操作能力			问题解决能力			分析能力			团队合作能力			专业判断能力			书面沟通能力			规划能力		
	M	SD	N	M	SD	N	M	SD	N	M	SD	N	M	SD	N	M	SD	N	M	SD	N	M	SD	N
全体	3.966	.825	5792	3.852	.902	5792	4.033	.795	5792	4.064	.780	5792	4.052	.812	5792	3.932	.848	5792	3.991	.808	5792	3.978	.817	5792
男	3.992	.841	2443	3.874	.920	2443	4.047	.820	2443	4.063	.824	2443	4.029	.854	2443	3.946	.869	2443	3.975	.857	2443	3.977	.852	2443
女	3.946	.813	3349	3.835	.889	3349	4.023	.777	3349	4.065	.747	3349	4.069	.780	3349	3.922	.832	3349	4.002	.770	3349	3.979	.791	3349
F	4.385			2.567			1.373			.006			3.294			1.190			1.621			.005		
显著性	**												*											

如表2-6所示，八种能力提升之间的相关系数均在0.6—0.8之间，呈现为中等偏高的统计相关。只有分析能力与问题解决能力之间的相关系数是0.850，为

---

① 段桂江,徐世新.基于专业课程设计平台提升学生团队协作能力[J].高等工程教育研究,2012(1): 132-137.

高度相关。这说明,各种能力之间的内在联系较为紧密,但确实在某些侧面有所不同,并非同类的能力。

在性别差异上,能力提升与知识获得的指标有所不同。认知能力除外,能力提升的各项指标的差异均不具有统计显著性,自然更谈不上任何实际意义。分别计算男性与女性的能力提升指标的相关系数,其与样本总体的知识提升指标间的相关系数的差异并不明显。故以下略去对性别差异的详细分析。

(三)资格考取的统计特征

与上述的各变量的性质有所不同,资格考取为二分变量:考取(合格)和未考取(不合格),故表 2-7 统计六类资格考试结果的频次(N)和频率(%)。

表 2-7 资格考取的描述统计

	英语四级考试		英语六级考试		全国计算机等级考试		普通话水平考试		与专业相关职业资格		与专业无关职业资格	
	N	%	N	%	N	%	N	%	N	%	N	%
全体	3 807	.657	2 301	.397	939	.162	2 162	.373	806	.139	575	.099
男	1 813	.742	1 150	.471	258	.106	1 058	.433	251	.103	237	.097
女	1 994	.595	1 151	.344	681	.203	1 104	.330	555	.166	338	.101
χ^2	134.988		95.222		99.335		64.587		46.77		.242	
显著性	****		****		****		****		****			

表 2-7 表明,整体来看,英语四级考试合格率为 0.657,特别高,这可能与我国大部分高校都把英语四级通过作为本科毕业或获得学位的基本要件有关。英语六级考试合格率为 0.397,尽管没有四级考试合格率高,也比其他四个考试的合格率要高,这个数字本身还意味着英语六级考试的参考学生数很多。这可能受到以下三个因素的影响:高校对本科生英语重视程度较高;外地生源在高校所在地就业,获得户口时有对英语六级水平的要求;研究生英语考试很难,与六级相当,参加六级考试可以提高英语水平。全国计算机等级考试的合格率为 0.162。对于外地籍本科生来说,全国计算机等级考试的社会功用(入户功能)与英语六级考试基

本相同,同时还有利于就业。普通话水平考试的合格率为0.373,普通话达到一定水平是我国很多专门职业(尤其是大中小学教师)的基本资格要求。然而,与专业相关的职业资格考试的通过率仅为0.103,与专业无关的职业资格考试的通过率为0.097,这两个考试合格率与上面各个资格考试相比均明显比较低,但这并不能说明本科生不关心就业,而更可能是因为本科生能够参加的我国政府承认的职业资格考试本来比较少,且这些资格考试的社会认可度不高,对顺利和优质就业并无明显促进作用。

表2-8表明,不同资格考取之间都存在的显著的统计相关(χ^2)。但是,不同资格考试之间的相关程度也存在着明显的差异。相关最大的三对资格考取从大至小依次是:大学英语四级和大学英语六级、普通话水平和英语六级以及普通话水平和英语四级。

表2-8 资格考取指标之间的相关

		1	2	3	4	5	6
全体	1 英语四级考试	—					
	2 英语六级考试	1 822.6****	—				
	3 全国计算机等级考试	85.099****	80.257****	—			
	4 普通话水平考试	1 187.13****	1 790.1****	182.937****	—		
	5 与专业相关的职业资格	156.16****	119.324****	197.203****	370.229****	—	
	6 与专业无关的职业资格	87.542****	75.197****	180.797****	233.966****	428.156****	—
男	1 英语四级考试	—					
	2 英语六级考试	729.787****	—				
	3 全国计算机等级考试	17.166****	6.649*	—			
	4 普通话水平考试	413.389****	558.764****	64.109****	—		
	5 与专业相关的职业资格	27.982****	0.144	84.881****	59.375****	—	
	6 与专业无关的职业资格	19.303****	7.833****	75.132****	69.343****	297.801****	—
女	1 英语四级考试	—					
	2 英语六级考试	1 047.92****	—				
	3 全国计算机等级考试	102.129****	119.544****	—			
	4 普通话水平考试	737.793****	1 237.84****	157.718****	—		
	5 与专业相关的职业资格	162.309****	213.295****	96.65****	379.461****	—	
	6 与专业无关的职业资格	74.307****	86.125****	109.052****	175.556****	175.977****	—

而且，资格考取上的性别差异比较值得关注。除去与专业无关资格的考取上不存在差异外，其他各类资格考取上均存在显著的性别差异，这一点与本科生学习成果的其他指标有所不同。性别差异具体如下：英语四级、英语六级和普通话水平考试一般认为是女生的强项，却反而是男生的合格率比较高。全国计算机等级考试、与专业相关职业资格考试一般认为是男生的强项，却反而是女生的通过率比较高。这个结果是否意味着，在大学期间，不同性别的本科生在各自有意识地弥补自己的弱项？如果确实如此，那么这个结果也成为大学教育的全面发展功能的一个证据。在不同资格考试的相关性上，男女之间不存在显著差异。

（四）学习满意度的统计特征

表 2-9 表明，从全体样本来看，专业整体满意度最高，为 4.346，其次分别是学习环境满意度（4.032）和专业课程满意度（3.939）。虽然专业整体满意度比较高，足以令人欣慰，但是专业课程满意度最低却令人非常不安，毕竟本科教育的核心部分是专业课程的"教"与"学"。

表 2-9 专业学习满意度的描述统计

	学习环境满意度			专业课程满意度			专业整体满意度		
	M	SD	N	M	SD	N	M	SD	N
全体	4.023	0.682	5 792	3.939	.857	5 792	4.346	1.000	5 792
男	4.040	0.712	2 443	3.937	.883	2 443	4.302	1.065	2 443
女	4.011	0.659	3 349	3.941	.837	3 349	4.377	0.948	3 349
F	2.577			.029			8.035		
显著性							***		

而且，表 2-10 表明，三者之间的相关程度的差别比较明显。专业课程满意度与学习环境满意度之间为中度相关，专业整体满意度与专业课程满意度、学习环境与专业整体满意度之间的相关程度却特别低。这个统计结果似乎在暗示，本科生对所在专业的整体满意度更多来自于该专业的学习环境的影响而非专业课程设计的影响。

表 2-10　不同类型学习成果间的相关系数

	1	2	3	4	5	6	7	8	9	10	11	12	13	14	15
全体 1 挂科数量	—														
2 GPA	-.497****	—													
3 奖学金	-.189****	.381****	—												
4 排名	-.311****	.623****	.466****	—											
5 认知能力	-.100***	.136****	.085****	.142****	—										
6 运用能力	-.116****	.159****	.104****	.168****	.759****	—									
7 问题解决能力	-.090****	.144****	.092****	.142****	.657****	.678****	—								
8 分析能力	-.080****	.133****	.078****	.131****	.648****	.664****	.850****	—							
9 团队合作能力	-.061****	.106****	.081****	.077****	.580****	.590****	.706****	.703****	—						
10 专业判断能力	-.085****	.140****	.095****	.141****	.629****	.694****	.758****	.752****	.723****	—					
11 书面沟通能力	-.088****	.146****	.085****	.129****	.613****	.636****	.715****	.720****	.710****	.745****	—				
12 规划能力	-.074****	.125****	.081****	.123****	.607****	.664****	.726****	.745****	.695****	.772****	.775****	—			
13 学习环境满意度	-.021	.030*	.010	.013	.557****	.536****	.565****	.560****	.542****	.548****	.535****	.559****	—		
14 专业课程满意度	-.074****	.115****	.041****	.111****	.706****	.694****	.688****	.670****	.624****	.670****	.662****	.663****	.591****	—	
15 专业整体满意度	-.021	-.014	-.027**	-.036****	.094****	.088****	.056****	.048****	.045****	.051****	.052****	.045****	.045****	.083****	—
男 1 挂科数量	—														
2 GPA	-.527****	—													
3 奖学金	-.190****	.361****	—												
4 排名	-.330****	.617****	.441****	—											
5 认知能力	.086****	-.155****	-.252****	-.139****	—										
6 运用能力	-.101****	.168****	.097****	.158****	-.009	.667****	—								
7 问题解决能力	-.106****	.170****	.091****	.137*	-.037*	.669****	.845****	—							
8 分析能力	-.089****	.146****	.081****	.129****	-.020										

续 表

	1	2	3	4	5	6	7	8	9	10	11	12	13	14	15
9 团队合作能力	−.065***	.130****	.106***	.064***	−.065***	.593****	.704****	.690****	—						
10 专业判断能力	−.075****	.150****	.097****	.120****	−.048**	.677****	.748****	.758****	.715****	—					
11 书面沟通能力	−.085****	.157****	.082***	.114****	−.047**	.617****	.707****	.708****	.698****	.742****	—				
12 规划能力	−.074****	.129****	.091****	.113****	−.022	.663****	.734****	.753****	.680****	.781****	.765****	—			
13 学习环境满意度	−.033	.077***	.039*	.023	.011	.561****	.576****	.575****	.546****	.562****	.531****	.572****	—		
14 专业课程满意度	−.072***	.140****	.037*	.105***	.009	.676****	.685****	.674****	.616****	.656****	.652****	.643****	.585****	—	
15 专业整体满意度	−.002	−.048**	.079***	−.055**	.058**	.050**	.029	.021	.012	.012	.018	.004	.011	.050**	—
女															
1 挂科数量	—														
2 GPA	−.460****	—													
3 奖学金	−.188****	.400****	—												
4 排名	−.293****	.626****	.485****	—											
5 认知能力	.076****	−.189****	.202****	−.174****	—										
6 运用能力	−.136****	.159****	.110****	.179****	−.038**	—									
7 问题解决能力	−.078****	.128****	.093****	.148****	−.024	.686****	—								
8 分析能力	−.072****	.122****	.076***	.134****	−.032	.660****	.855****	—							
9 团队合作能力	−.054***	.080****	.058***	.085****	−.059***	.589****	.709****	.715****	—						
10 专业判断能力	−.098****	.137****	.094****	.160****	−.060***	.707****	.766****	.747****	.732****	—					
11 书面沟通能力	−.089****	.135****	.088****	.140****	−.035*	.653****	.723****	.732****	.720****	.750****	—				
12 规划能力	−.076****	.124****	.073****	.132****	−.035*	.666****	.720****	.738****	.709****	.765****	.786****	—			
13 学习环境满意度	−.013	−.007	.008	.008	.030*	.515****	.556****	.547****	.539****	.537****	.539****	.548****	—		
14 专业课程满意度	−.077****	.095****	.044**	.117****	−.003	.708****	.691****	.667****	.631****	.682****	.671****	.681****	.597****	—	
15 专业整体满意度	−.037**	.008	.017	−.025	.020	.123****	.081****	.071****	.074****	.085****	.081****	.082****	.076****	.113****	—

从性别来看,各个满意度指标上都不存在有实际意义的统计差异。而且,分性别来统计的指标间的相关系数也与根据全样本数据计算的相关系数差距不大。

(五) 不同类型的学习成果之间的关联

同一类型的学习成果的不同下位指标之间的相关已经在上述各小节内分述,如 GPA 与奖学金获得的相关。这里集中分析不同类型学习成果之间的关联,如 GPA 与专业课程满意度之间的相关。理论上,专业课程满意度较高的本科生其 GPA 相应地较高。由于资格考取的数据性质为数形变量,与其他类型的学习成果有本质差异,故这里把资格考取暂时排除在外,而集中分析知识获得、能力提升和学习满意度三类学习成果之间的相关。分析重点集中在以下三个方面:第一,知识获得与能力培养之间的关联;第二,知识获得和能力提升的哪一个方面与满意度的关系更为密切;第三,在上述两个方面上,是否存在明显的性别差异。

表 2-10 表明,从全样本来看,知识获得与能力提升之间确实只有极低的统计相关,二者之间的相关系数均在 0.2 之下。各类知识获得指标与学习环境满意度、专业课程满意度之间仅为低度相关,甚至不相关。能力提升与满意度之间,相关性随指标而变化:能力提升与学习环境满意度、专业课程满意度的之间为中度相关,但与专业整体满意度为低度相关。这个结果对当前的本科教育教学改革具有较大的启发意义,它意味着,知识传授的方法改善和效果提升也许并不能导致学生课程学习满意度的上升。反过来说,学生满意度调查和学生的评教结果可能也不能作为任课教师教学和课程设计的质量和效果的有力证据。

同时,在不同指标的统计相关性上,也未见任何明显的性别差异。

第五节 学习参与、学习方式与学习成果的相关性

本节在综述既有研究的理论成果后,使用调查数据,分别探析学习参与和学习成果之间、学习方式和学习成果之间的相关,顺带分析学习参与和学习方式之

间的相关。

一、相关研究及归因认识

(一) 相关研究的多样化结果

学习参与的研究者和支持者大都认为,本科生的学习参与和最终的学习成果密切相关。迄今为止,尽管有不少研究者致力于寻找学习参与和学习成果之间的关系,也发现了这些关系可能存在的若干证据,但这些证据之间并不完全一致。有些研究的结果表明,学习参与和学习结果高度相关;有些研究的结果表明,二者仅具有中度相关。而且,二者相关具有条件性。对于弱势群体来说,学习参与和学习成果的统计相关并不显著。有些研究甚至发现二者之间仅存在着极为微弱的统计相关。[1] 与此同时,学习方式的研究者和支持者也大都声称,本科生的学习方式,尤其是深度学习方式与学习成果密切相关。但实际上,能够支持该主张的实证研究结果却很少。[2] 另外,对学习参与和学习方式之间的关系的实证探索也很少。总之,并没有多少有力而系统的证据表明三者之间密切关系的客观存在。

(二) 归因的两种模式和三大流派

然而,即使抛却对三者关系的恒常性的理论疑问,而假定三者之间的相关关系客观存在,不同研究者对这种关系的内在逻辑的归因认识也不尽相同。在对本科生学习的过程指标(学习参与和学习方式)和结果指标(学习结果)的关系的认识上,存在两种截然不同的理论模式,即因果模式和互动模式。所谓因果模式即认为学习过

---

[1] Alexander C. McCormick, Jillian Kinzie, Robert M. Gonyea. Student Engagement: Bridging Research and Practice to Improve the Quality of Undergraduate Education[A]. M.B. Paulsen (ed.), Higher education: Handbook of theory and research (28) [C]. Cham: Springer International Publishing, 2013: 47-92.
[2] Jennifer M. Case, Della Marshall. Approaches to learning[A]. Tight Malcolm, Ka Ho Mok, Jeroen Huisman, Christopher C. Morphew(ed). The Routledge international handbook of higher education[C]. New York: Routledge, 2009: 9-22.

程要素为因,学习结果要素为果。因果模式高度符合常识性的观察结果。但是,实际上,学习结果要素也可能为因,而学习过程要素为果。比如,有一位本来专业课程学习成绩较差的本科生在个人不断努力、老师耐心指导和同学热情帮助的共同作用下(学习过程要素),期末考试成绩显著提高(学习结果要素),这个明显进步的专业课程学习成绩无疑会成为该生下一学年进一步努力学习专业课程(学习过程要素)的动因。因此,过程要素和因果要素之间的互动模式可能更符合本科生学习的动态化的客观现实。但是,学习的动态过程需要以较长的时间跨度作为研究周期才能观察出来,而一般的理论研究往往聚焦于某一相对较短的时间截面。当然,从某一时间截面来看,因果归因模式无疑更加具有理论说服力和现实解释力。

不同理论模式在考察变量间关系时,设定的统计分析模型有所不同,这实质上形成了不同的本科生学习的实证研究的理论流派。[①] 对学习参与和学习结果的关系的实证研究,大都以北美为研究据点,基本采取因果关系模式。对学习方式和学习结果的关系的实证研究的研究者之间存在分歧明显。以约翰·比格斯为代表的 SAL 理论及其追随者,基本采取互动关系模式。除此之外的学习方式的研究者,大都采取因果关系模式。本章暂不设定依据何种理论分析模式,而仅仅探索三者间的统计相关。当然,这种统计实质上默认了互动模式。

至于学习参与和学习方式的关系,尽管二者同为学习过程指标,但因来自不同理论流派,故少有研究分析二者之间的关系。本文把学习参与视为学习行为的外在表现的指标,把学习方式视作学习行为的内在机制的指标,理论上,二者之间应该呈现长期的互动关系。

二、不同指标间的相关分析

如上所述,尽管坚信学习的过程和结果高度一致的理论研究者很多,但实际

---

① 本专著综述的既有文献的研究者本人并未说过自己归属于何种理论流派,这是本章根据不同研究的基本特征的推理与归纳。

上却未必完全如此。而且，学习参与、学习方式和学习结果均有很多操作指标，不同操作之间的相关程度也可能不一致。在学习参与的四个指标中，选取课堂学习作为核心指标，选取整体专业课程学习作为综合指标，学习方式仅有深层学习和表层学习两种，均入选。在知识获得、能力提升和满意度三个学习结果的侧面中，选择知识获得来考察。在知识获得中，选择"挂科"数量和 GPA 作为指标。"挂科"数量表示知识获得的达标程度，GPA 表示知识获得的致优程度。

从整体上来看，第一，学习参与和学习成果仅显示出较低程度的相关。具体而言，专业课程学习与"挂科"数量呈负相关（-0.122），与 GPA 呈正相关（0.225）；课堂学习与"挂科"数量呈负相关（-0.152），与 GPA 呈正相关（0.278）。尽管二者相关的基本趋势符合理论预期，但相关程度之低已足以让人怀疑二者相关是否真正存在。还有一点需要注意的是，作为核心指标的课堂学习与学习成果的相关高于整体专业学习与学习参与的相关，这似乎预示着课堂之外的专业课程学习对学习成果并无明显贡献。第二，学习方式和学习成果的相关程度更低。具体而言，深层学习与"挂科"数量呈负相关（-0.099），与 GPA 呈正相关（0.166）；表层学习与"挂科"数量呈正相关（0.015，但无统计显著性），与 GPA 呈负相关（-0.070）。与学习参与和学习结果的相关类似，二者相关程度之低已经无法从中得出任何实质性结论。不过，深层学习与 GPA 的相关为正，与"挂科"数量的相关为负；而表层学习与 GPA 的相关为负，与"挂科"数量的相关为正。这样的统计结果与理论预期基本相同。第三，学习参与和深层学习的相关程度较高。深层学习与专业课程学习呈中度正相关（0.614），与课程学习也呈中度正相关（0.564），这样的统计结果也符合理论预期。不过，学习参与和表层学习的相关度虽低，却是正值。这样的统计结果却不尽不符合理论预期。即使分性别来看，三个要素的两两之间的统计相关也与全体的趋势基本类似。

表 2-11　学习参与、学习方式与学习成果的相关系数

		专业课程学习	课堂学习	深层学习	表层学习	挂科	GPA
全体	专业课程学习	—					
	课堂学习	.823****	—				

续　表

		专业课程学习	课堂学习	深层学习	表层学习	挂科	GPA
	深层学习	.614****	.564****	—			
	表层学习	.177****	.102****	.338****	—		
	挂科	−.122****	−.152****	−.099****	.015	—	
	GPA	.225****	.278****	.166****	−.070****	−.497****	—
男	专业课程学习	—					
	课堂学习	.853****	—				
	深层学习	.634****	.612****	—			
	表层学习	.226****	.186****	.379****	—		
	挂科	−.144****	−.161****	−.140****	−.012	—	
	GPA	.236****	.272****	.190****	−.063***	−.527****	—
女	专业课程学习	—					
	课堂学习	.799****	—				
	深层学习	.598****	.537****	—			
	表层学习	.132****	.041****	.294****	—		
	挂科	−.099****	−.132****	−068****	.031	—	
	GPA	.218****	.270****	.164****	−.055****	−.460****	—

第六节　小　结

本章的主要分析结果如下。①

学习参与的基本特征。学习参与远远低于理想状态（满分），在不同类型的学习参与上，本科生的表现也差异明显。各具体类型对学习参与总体的贡献度从大至小依次为：课外专业学习、积极求助、课堂学习和信息利用。与课堂学习的亲密度从高至低依次为：课外专业学习、积极求助和信息利用。另外，积极求助与课外专业学习之间的相关程度也比较高。

---

① 鉴于在大部分指标上的性别差异不显著，这里仅仅针对全样本的特征进行总结。

学习方式的基本特征。深层学习相对于理想状态(满分)同样不高,深层动机和深层策略类似。表层学习得分明显更低,表层动机和表层策略类似。深层学习与浅层学习相关程度较低,但为正相关。深层动机和深层策略均与深层学习高度正相关,表层动机和表层策略均与表层学习高度正相关。深层动机、深层策略和表层动机、表层策略低度正相关。

学习成果的基本特征。(一)知识获得。"挂科"数量人均较低,且个体差异较大;GPA、排名和奖学金获得的均值都较高。"挂科"数量与 GPA、排名和奖学金获得均为负相关,其他三者之间正相关。(二)能力提升。各项能力提升的均值非常接近,八种能力提升之间的相关系数均在 0.6—0.8 之间,呈现中等偏高的相关。(三)资格考取。资格考取率从高到低依次为:大学英语四级考试、大学英语六级考试、普通话水平等级考试、全国计算机等级水平考试、与专业相关的职业资格考试及与专业无关的职业资格考试。(四)学习满意度。专业整体满意度最高,其次为学习环境满意度,专业课程满意度最低,三者为中度或低度相关。(五)不同类型的学习结果之间的相关。不同指标的相关略有差异。整体而言,知识获得与能力提升为极低相关,知识获得与学习满意度为低相关,能力提升与学习满意度为中偏低相关。

学习参与、学习方式和学习成果间的相关关系的基本特征。专业课程学习与"挂科"数量低度负相关,与 GPA 低度正相关;课堂学习与"挂科"数量低度负相关,与 GPA 低度正相关;深层学习与"挂科"数量低度负相关,与 GPA 低度正相关;表层学习与"挂科"数量无显著的统计相关,与 GPA 低度负相关;深层学习与学习参与中度正相关,表层学习和学习参与低度相关。

总之,我国"双一流"高校本科生在专业学习质量的各个指标上的得分整体上并不高。而且,在学习质量的不同侧面和同一侧面的不同指标上呈现出明显的统计差异性。另外,在有些指标上,统计分析结果与基于既有研究成果的理论预期不尽一致。比如,深层学习得分与表层学习得分之间呈现较低正相关,而不是理论预期的显著负相关,这些都需要进一步深入分析。

◆ 第三章
入学类型和学习质量的差异

从大学入学方式来看,样本本科生可以分为两大类型:统招生和专项生。本章的统招生是指通过参加全国统一高考而进入大学学习的本科生,当然,统招生还可以进一步细分为小类,①本章把统招生根据家庭居住地分为城市统招生与农村统招生两类。专项生指享受了国家专项计划政策优惠而进入大学学习的本科生,国家专项计划优惠政策具体有三类:高校专项计划、国家专项计划和地方专项计划,相应地,专项生就具体分为:高校专项生、国家专项生和地方专项生。高校专项生和地方专项生都来自农村(明确要求考生户籍为农村籍),虽然国家专项生没有规定考生必须为农村籍学生,但实际上其中的农村籍学生仍然占比较多。而且,即使是非农村籍学生,也大多来自老少边穷地区,整体上国家专项生的个人属性与农村籍学生相差无几。对于"双一流"建设高校中的专项生和统招生的学业差异是否存在以及差异的原因,我国学术界非常关注,但目前尚无一致认识,仅仅在二者学业成绩是否存在差异上便争论甚多。② 为此,本章以下分析不同入学类型的本科生学习质量的差异。

---

① 根据教育部管理的"阳光高考平台"(https://gaokao.chsi.com.cn/,2020-08-20)的分类,我国高考招生分为:一般招生和特殊招生两类。这是从招生方式的分类。从考生角度来说,一般招生相当于裸考,特殊招生则相当于各种各样的高校入学途径。特殊招生并没有严格的定义,一般是指普通高校招生中的一些特殊类型或特殊政策。除个别特殊类型招生(如保送生、体育单招等)不需要参加全国统一高考,采取单独的选拔录取方式以外,大多数特殊类型招生仍要求考生参加全国统一高考并按规定程序录取。2020年的特殊招生主要有:强基计划、高校专项计划、保送生、高水平艺术团、高水平运动队、艺术类专业、体育类专业和空军招飞等。本章主要关注通过各种专项计划进入高校学习的本科生的学习状况,意在观察政策的效果。因此,在本章中,除专项生之外的本科生都称为统招生。
② 王小虎等认为专项生与统招生学业成绩在大学期间一直存在明显(王小虎,潘昆峰,吴秋翔.高水平大学农村和贫困地区专项计划学生的学业表现研究——以 A 大学为例[J].国家教育行政学院学报,2017,(5):66-75)。牛新春认为专项生与统招生尽管在入学之学业成绩上存在差距,但经过一段时间后,专项生会逐渐赶上来(牛新春.迎头赶上:来自不同地域学生的大学学业表现的实证案例研究[J].清华大学教育研究,2018,(1):91-102)。徐国兴认为二者的学业成绩差距具有复杂性,不能一概而论(徐国兴.跟跑也不易:"双一流"高校专项生学业表现与发展研究[J].教育发展研究,2019(19):8-17)。

对应上一章对本科生学习质量的整体描述,本章内容依次分为三个部分:首先,比较学习参与的类型差异;其次,比较学习方式的类型差异;第三,比较学习结果的类型差异。每一内容的具体比较则分为三个步骤:首先,比较统招生和专项生的差异;其次,比较城市统招生、农村统招生和专项生的差异;第三,比较三类专项生之间的差异。

对学习参与、学习方式和学习成果中的知识获得、能力提升及学习满意度等连续变量,统招生和专项生的差异比较使用平均差检验;在城市统招生、农村统招生和专项生的差异比较上,整体比较使用单因素方差分析,两两之间的比较同时使用 LSD 和 Tamhanett's T2 检验(以下简称为 T2);对三类专项生的差异分析,与对城市统招生、农村统招生和专项生的差异分析的程序相同。[①] 学习成果中的资格考取为分类变量,所以采取不同的分析程序。统招生和专项生的差异比较使用卡方检验;城市统招生、农村统招生和专项生的差异的整体比较以及三者的两两之间的比较均使用卡方检验,三类专项生的差异分析与此相同。如上章所述,男女之间存在一定程度的学习质量差异。故上述统计分析首先针对全样本,然后再分性别进行。

第一节 入学类型与学习参与的差异

一、专项生与统招生的学习参与的差异

整体上,统招生的均值为 3.208,专项生的均值为 3.103,前者比后者高 3.38%,

---

① LSD 方法假定不同组的方差齐性,T2 不假定不同组方差齐性。前者对检验条件要求较高(方差齐心),而后者的统计检验相对更严格一些。假定方差齐性的本质是认为各组除观察变量——入学类型之外的基本条件相等。这与日常思维近似。不假定方差齐性的本质是承认学习质量不仅受到入学类型的影响,还受到入学类型之外的更多因素的影响。相对而言,不假定方差齐性更符合学术研究分析调查数据的内在客观性。因此,两种检验等于先模拟日常思维,再从学术标准审视不同组别的学习质量是否有差异。具体解释请参见:李志辉,罗平. Statistics 统计分析教程(第三版)[M].电子工业出版社,2010:174-201。

该差异具有统计显著性(p<.001)。在课堂学习上,统招生的均值为3.337,专项生的均值为3.221,前者比后者高3.60%,该差异具有统计显著性(p<.001)。在课外拓展学习上,统招生的均值为2.972,专项生的均值为2.843,前者比后者高4.54%,该差异具有统计显著性(p<.001)。在积极求助上,统招生的均值为2.785,专项生的均值为2.731,前者比后者高1.53%,但该差异没有统计显著性。在信息利用上,统招生的均值为3.700,专项生的均值为3.616,前者比后者高2.32%,该差异具有统计显著性(p<.01)。

在学习参与的四个具体侧面上,均体现出统招生优于专项生的明显趋势,尽管积极求助上的二者差异没有统计显著性。而且,从大到小(括号外为统招生,括号内为专项生)依次为:信息利用(信息利用)>课堂学习(课堂学习)>课外拓展(课外拓展)>积极求助(积极求助)。统招生和专项生二者的学习参与分项数值的大小顺序无差异。[①]

二、城市统招生、农村统招生和专项生的学习参与的差异

(一) 模型差异

整体而言,城市统招生的均值为3.226,农村统招生的均值为3.147,专项生的均值为3.103,该模型差异在p<.001水平上,具有统计显著性。在课堂学习侧面上,城市统招生的均值为3.405,农村统招生的均值为3.284,专项生的均值为3.221,该模型差异在p<.001水平上,具有统计显著性。在课外拓展学习侧面上,城市统招生的均值为3.000,农村统招生的均值为2.876,专项生的均值为2.843,该模型差异在p<.001水平上,具有统计显著性。在积极求助侧面上,城市统招生的均值为2.781,农村统招生的均值为2.798,专项生的均值为2.731,但是,该模型差异不具有统计显著性,农村统招生的均值为最大。在信息利用的侧面上,城市

[①] 还可以通过配对 t 检验分析分项(比如,课堂学习和课外拓展)之间的差异是否具有统计显著性。但这些统计分析与本专著的核心研究目的无甚关联,故具体分析略。

统招生的均值为 3.720,农村统招生的均值为 3.631,专项生的均值为 3.616,该模型差异在 $P<0.01$ 水平上,具有统计显著性。

在四个分项上,除积极求助(城市统招生<农村统招生>专项生)外,均体现出城市统招生>农村统招生>专项生的趋势。城市统招生的均值从大到小(括号内为专项生)依次为:信息利用>课堂学习>课外拓展>积极求助,农村统招生、专项生的分项的大小次序与此无异。

(二) 三者的两两之间的差异

整体上,在城市统招生与农村统招生之间,LSD 检验($P<.001$)和 T2 检验($P<.01$)均表明二者差异具有统计显著性;在城市统招生和专项生之间,LSD 检验($P<.001$)和 T2 检验($P<.001$)均表明二者差异具有统计显著性;在农村统招生和专项生之间,LSD 检验和 T2 检验均表明二者差异不具有统计显著性。在课堂学习上,在城市统招生与农村统招生之间,LSD 检验($P<.001$)和 T2 检验($P<.001$)均表明二者差异具有统计显著性;在城市统招生和专项生之间,LSD 检验($P<.001$)和 T2 检验($P<.001$)均表明二者差异具有统计显著性;在农村统招生和专项生之间,虽然 LSD 检验($P<.05$)表明二者差异具有统计显著性,但 T2 检验表明二者差异不具有统计显著性。在课外拓展学习上,在城市统招生与农村统招生之间,LSD 检验($P<.001$)和 T2 检验($P<.001$)均表明二者差异具有统计显著性;在城市统招生和专项生之间,LSD 检验($P<.001$)和 T2 检验($P<.001$)均表明二者差异具有统计显著性;在农村统招生和专项生之间,LSD 检验和 T2 检验均表明二者差异不具有统计显著性。在积极求助上,在三者的任何两者之间,LSD 检验和 T2 检验均没有发现其差异具有统计显著性。在信息利用上,在城市统招生与农村统招生之间,LSD 检验($P<.01$)和 T2 检验($P<.01$)均表明二者差异具有统计显著性;在城市统招生和专项生之间,LSD 检验($P<.01$)和 T2 检验($P<.01$)均表明二者差异具有统计显著性;在农村统招生和专项生之间,LSD 检验和 T2 检验均表明二者差异不具有统计显著性。

总之,当把统招生再细分为城市统招生和农村统招生之后,就会发现统招生与专项生的统计差异实际上大都是由来自于城市与农村这一出身不同所致。而个别学习参与的指标上出现的农村统招生与专项生之间的统计差异,则有可能是来源于 LSD 分析中的统计标准的过于宽松。当使用更为严格的 T2 方法后,这个统计差异就部分地消失了。

三、三类专项生之间的学习参与的差异

(一) 模型差异

整体而言,高校专项生的均值为 3.143,国家专项生的均值为 3.089,地方专项生的均值为 3.029,该模型差异无统计显著性。在课堂学习侧面上,高校专项生的均值为 3.233,国家专项生的均值为 3.217,地方专项生的均值为 3.203,该模型差异不具有统计显著性。在课外拓展学习侧面上,高校专项生的均值为 2.899,国家专项生的均值为 2.824,地方专项生的均值为 2.739,该模型差异不具有统计显著性。在积极求助侧面上,高校专项生的均值为 2.771,国家专项生的均值为 2.725,地方专项生的均值为 2.731,该模型差异不具有统计显著性。在信息利用侧面上,高校专项生的均值为 3.669,国家专项生的均值为 3.591,地方专项生的均值为 3.595,该模型差异不具有统计显著性。在四个分项侧面上,除积极求助(高校专项生＞地方专项生 ＞国家专项生)外,均呈现高校专项生＞国家专项生＞地方专项生的趋势;国家专项生的均值从大到小依次为:信息利用＞课堂学习＞课外拓展＞积极求助。高校专项生、地方专项生的四个分项均值的大小次序与此相同,即三者的大小次序无差异。

(二) 两两之间的差异

除去课堂学习的 LSD(P＜0.05)检验呈现统计显著性外,不管是在专业课程学习整体上,还是在学习参与的各个侧面上;不管是使用 LSD 检验还是 T2 检验,高校专项生、国家专项生和地方专项生之间的任一两两的差异均无统计显著性。

四、入学类型与学习参与的相关性的性别差异

当按照性别把全样本分为两个子样本(男=2 443,女=3 349),再分别进行上述各种统计分析时,就会发现,在入学类型与学习参与的相关性上,男与女之间还存在一些差异。

(一) 二分类时,二者关系上的性别差异

在男性样本中,除去课堂学习之外,在专业课程学习整体、课外拓展学习、积极求助和信息利用上,统招生和专项生之间均不存在显著统计差异。与此相比,在女性样本中,不仅在专业课程学习整体上,而且在课堂学习、课外拓展学习、积极求助和信息利用的各个具体侧面上,统招生和专项生之间均存在显著统计差异。

(二) 三分类时,三者关系上的性别差异

就模型差异而言,在男性样本中,除去积极求助之外,在专业课程学习整体、课外拓展学习、积极求助和信息利用上,三者的模型差异均存在统计显著性。与此相比,在女性样本中,不仅专业课程学习整体,而且所有具体侧面上,三者之间的模型差异均存在统计显著性。

由于 T2 分析相对更符合学术要求,这里只针对 T2 检验的结果进行说明和解释。[①] 在男性样本中,城市统招生和农村统招生在课堂学习和课外拓展学习的两个侧面上存在显著统计差异;城市统招生和专项生在专业课程学习整体、课堂学习、课外拓展学习和信息利用上存在显著统计差异;农村统招生和专项生在所有学习参与指标上均不存在显著统计差异。与此相比,在女性样本中,城市统招生和农村统招生在专业课程学习整体、课堂学习、课外拓展学习和信息利用上均存

---

① 以下各节,对三分类时的性别差异的统计分析,采取与此处相同的分析程序。

表 3-1 学习参与的入学类型差异的统计结果

			专业课程学习			课堂学习			课外拓展学习			积极求助			信息利用		
			M	SD	N	M	SD	N	M	SD	N	M	SD	N	M	SD	N
全体	二分类	统招生	3.208	.679	4914	3.377	.701	4914	2.972	.776	4914	2.785	1.012	4914	3.700	.813	4914
		专项生	3.103	.675	878	3.221	.660	878	2.843	.743	878	2.731	.915	878	3.616	.802	878
		显著性	****			****			***			***			***		
	三分类	城市统招生	3.226	.682	3792	3.405	.702	3792	3.000	.775	3792	2.781	1.023	3792	3.720	.823	3792
		农村统招生	3.147	.665	1122	3.284	.688	1122	2.876	.771	1122	2.798	.974	1122	3.631	.777	1122
		专项生	3.103	.644	878	3.221	.660	878	2.843	.743	878	2.731	.915	878	3.616	.802	878
		显著性 模型	****			****			****			***			***		
		城市·农村 LSD	****			****			****						***		
		城市·专项 Tamhanett's T2	***			****			****						***		
		城市·专项 LSD	****			****			****						***		
		农村·专项 Tamhanett's T2	****			**											
专项三分类		高校专项生	3.143	.671	280	3.233	.675	280	2.899	.769	280	2.771	.932	280	3.669	.821	280
		国家专项生	3.089	.632	547	3.217	.653	547	2.824	.732	547	2.725	.912	547	3.591	.790	547
		地方专项生	3.029	.624	51	3.203	.668	51	2.739	.698	51	2.582	.838	51	3.595	.823	51
		显著性 模型				**											
		高校·国家 LSD															
		高校·国家 Tamhanett's T2															
		高校·地方 LSD															
		高校·地方 Tamhanett's T2															
		国家·地方 LSD															
		国家·地方 Tamhanett's T2															

续　表

				专业课程学习			课堂学习			课外拓展学习			积极求助			信息利用		
				M	SD	N	M	SD	N	M	SD	N	M	SD	N	M	SD	N
男	二分类		统招生	3.203	.731	2 062	3.300	.744	2 062	3.061	.834	2 062	2.811	1.058	2 062	3.640	.836	2 062
			专项生	3.142	.734	381	3.224	.749	381	2.960	.821	381	2.819	.979	381	3.564	.871	381
		显著性		*			*			**								
	三分类		城市统招生	3.219	.731	1 539	3.330	.740	1 539	3.090	.834	1 539	2.802	1.070	1 539	3.652	.842	1 539
			农村统招生	3.156	.729	523	3.210	.749	523	2.974	.831	523	2.836	1.022	523	3.605	.818	523
			专项生	3.142	.734	381	3.224	.749	381	2.960	.821	381	2.819	.979	381	3.564	.871	381
		显著性	模型				***			***						*		
			城市农村 LSD	*			***			***								
			Tamhanett's T2							**								
			城市·专项 LSD	*			**			**						*		
			Tamhanett's T2							**								
			农村·专项 LSD							*								
			Tamhanett's T2															
	专项三分类		高校专项生	3.184	.773	153	3.209	.776	153	3.023	.861	153	2.852	1.005	153	3.654	.877	153
			国家专项生	3.122	.712	214	3.245	.733	214	2.929	.795	214	2.807	.966	214	3.508	.879	214
			地方专项生	2.979	.649	14	3.071	.718	14	2.750	.742	14	2.643	.938	14	3.452	.594	14
		显著性	模型															
			高校·国家 LSD															
			Tamhanett's T2															
			高校·地方 LSD															
			Tamhanett's T2															
			国家·地方 LSD															
			Tamhanett's T2															

续 表

			专业课程学习			课堂学习			课外拓展学习			积极求助			信息利用		
			M	SD	N	M	SD	N	M	SD	N	M	SD	N	M	SD	N
女	二分类	统招生	3.212	.639	2 852	3.433	.662	2 852	2.907	.724	2 852	2.766	.978	2 852	3.743	.794	2 852
		专项生	3.073	.565	497	3.219	.584	497	2.754	.664	497	2.664	.856	497	3.656	.743	497
		显著性	****			****			**			**			**		
	三分类	城市统招生	3.232	.647	2 253	3.456	.670	2 253	2.938	.726	2 253	2.766	.990	2 253	3.766	.806	2 253
		农村统招生	3.140	.604	599	3.348	.623	599	2.790	.705	599	2.766	.930	599	3.654	.739	599
		专项生	3.073	.565	497	3.219	.584	497	2.754	.664	497	2.664	.856	497	3.656	.743	497
		显著性 模型	****			****			****			*			***		
		LSD 城市农村	***			****			****						***		
		Tamhanett's T2 城市·专项	***			***			****			**			***		
		Tamhanett's T2 农村·专项	****			****						*			*		
		LSD 农村·专项	*			***											
	专项三分类	高校专项生	3.094	.521	127	3.262	.531	127	2.751	.613	127	2.675	.830	127	3.688	.752	127
		国家专项生	3.068	.576	333	3.200	.596	333	2.757	.681	333	2.672	.873	333	3.645	.724	333
		地方专项生	3.048	.622	37	3.252	.651	37	2.734	.691	37	2.559	.809	37	3.649	.896	37
		显著性 模型															
		LSD 高校·国家															
		Tamhanett's T2 高校·地方															
		LSD 国家·地方															

在显著统计差异;城市统招生和专项生在专业课程学习整体、课堂学习、课外拓展学习、积极求助和信息利用上存在显著统计差异;农村统招生和专项生在课堂学习上存在显著统计差异,在其他指标上不存在显著统计差异。

(三) 专项类型与学习参与相关性的性别差异

仅就三类专项生而言,在男性样本中,高校专项生、国家专项生和地方专项生之间,不存在任何有统计显著性的学习参与差异。女性样本的统计分析结果与男性样本的统计分析结果高度近似。

第二节 入学类型与学习方式的差异

一、统招生与专项生的学习方式的差异

(一) 统招生与专项生的深层学习方式的差异

在深层学习方式整体上,统招生的均值为 3.257,专项生的均值为 3.213。前者比后者高 1.37%,该差异无统计显著性。在深层学习动机上,统招生的均值为 3.236,专项生的均值为 3.213。前者比后者高 0.72%,该差异无统计显著性。在深层学习策略上,统招生的均值为 3.277,专项生的均值为 3.213。前者比后者高 1.99%,该差异有统计显著性($p<.05$)。

(二) 统招生与专项生的表层学习方式的差异

在表层学习方式整体上,统招生均值为 2.872,专项生均值为 2.813。前者比后者高 2.10%,该差异有统计显著性($p<.05$)。在表层学习动机上,统招生均值为 2.871,专项生均值为 2.818。前者比后者高 1.88%,该差异具有统计显著性($p<.1$)。在表层学习策略上,统招生的均值为 2.873,专项生的均值为 2.809。前者比后者高 2.28%,该差异具有统计显著性($p<.05$)。

比较而言,专项生在学习方式相关的所有指标上,均低于统招生,但二者在深层学习方式上的差距明显小于在表层学习方式上的差距,这些差异特征非常耐人寻味。按照既有理论演绎,深层学习方式是理想的学习方式,而表层学习方式是应该摒弃的学习方式,资优生往往首先选择深层学习方式。那么,统招生的深层学习方式得分应该明显高于专项生,而表层学习得分应该低于专项生。但如上所述,调查结果却表明,实际上远非如此。

二、农村统招生、城市统招生和专项生的学习方式的差异

把统招生分为农村统招生和城市统招生之后,然后再比较三者之间的差异。比较过程分为两个步骤:首先观察模型差异是否存在显著性,然后寻找该差异来自三者之间的何处。

(一)模型差异

在深层学习方式的整体上,城市统招生的均值为3.256,农村统招生的均值为3.258,专项生的均值为3.213,模型差异不具有统计显著性。在深层学习动机上,城市统招生的均值为3.229,农村统招生的均值为3.260,专项生的均值为3.213,模型差异不具有统计显著性。在深层学习策略上,城市统招生的均值为3.283,农村统招生的均值为3.256,专项生的均值为3.213,模型差异不具有统计显著性。

在表层学习方式的整体上,城市统招生的均值为2.873,农村统招生的均值为2.868,专项生的均值为2.813,模型差异不具有统计显著性。在表层学习动机上,城市统招生的均值为2.870,农村统招生的均值为2.876,专项生的均值为2.818,模型差异不具有统计显著性。在表层学习策略上,城市统招生的均值为2.876,农村统招生的均值为2.860,专项生的均值为2.809,模型差异不具有统计显著性。

(二)两两之间的差异

在深层学习方式整体上,在城市统招生与农村统招生、城市统招生和专项生、

农村统招生和专项生之间，LSD 检验和 T2 检验均表明二者差异不具有统计显著性。在深层学习动机上，统计检验的结果与深层学习方式整体高度类似。在深层学习策略上，在城市统招生与农村统招生之间，LSD 检验和 T2 检验均表明二者差异不具有统计显著性；在城市统招生和专项生之间，LSD 检验（P＜.05）和 T2 检验（P＜.05）均表明二者差异具有统计显著性；在农村统招生和专项生之间，LSD 检验和 T2 检验均表明二者差异不具有统计显著性。

在表层学习方式整体上，在城市统招生与农村统招生之间，LSD 检验和 T2 检验均表明二者差异不具有统计显著性；在城市统招生和专项生之间，LSD 检验（P＜.05）和 T2 检验（P＜.05）均表明二者差异具有统计显著性；在农村统招生和专项生之间，LSD 检验和 T2 检验均表明二者差异不具有统计显著性。在表层学习动机上，在城市统招生与农村统招生之间，LSD 检验和 T2 检验均表明二者差异不具有统计显著性；在城市统招生和专项生之间，LSD 检验（P＜.1）表明二者差异具有统计显著性，但 T2 检验表明二者差异不具有统计显著性；在农村统招生和专项生之间，LSD 检验和 T2 检验均表明二者差异不具有统计显著性。在表层学习策略上，在城市统招生与农村统招生之间，LSD 检验和 T2 检验均表明二者差异不具有统计显著性；在城市统招生和专项生之间，LSD 检验（P＜.05）和 T2 检验（P＜.05）均表明二者差异具有统计显著性；在农村统招生和专项生之间，LSD 检验和 T2 检验均表明二者差异不具有统计显著性。

总之，当把统招生进一步再细分为城市统招生和农村统招生之后，就会发现在学习方式上，统招生与专项生的统计差异实际上大都是由来自于城乡出身所致。而且，个别指标上存在的农村统招生与专项生之间的差异则是来源于统计标准的过于宽松。当使用更为严格的方法后，这个统计差异大都消失了。这一点在学习方式上，比在学习参与上体现得更为明显。

三、三类专项生之间的学习方式的差异

（一）模型差异

在深层学习方式整体上，高校专项生的均值为 3.288，国家专项生的均值为

3.184，地方专项生的均值为3.108，模型差异不具有统计显著性。在深层学习动机上，高校专项生的均值为3.298，国家专项生的均值为3.179，地方专项生的均值为3.110，模型差异具有统计显著性（$P<.1$）。在深层学习策略上，高校专项生的均值为3.279，国家专项生的均值为3.190，地方专项生的均值为3.106，模型差异不具有统计显著性。

在表层学习方式整体上，高校专项生的均值为2.833，国家专项生的均值为2.813，地方专项生的均值为2.714，模型差异不具有统计显著性。在表层学习动机上，高校专项生的均值为2.842，国家专项生的均值为2.812，地方专项生的均值为2.749，模型差异不具有统计显著性。在表层学习策略上，高校专项生的均值为2.824，国家专项生的均值为2.814，地方专项生的均值为2.678，模型差异不具有统计显著性。

（二）两两之间的差异

在深层学习方式整体上，在高校专项生与国家专项生之间，LSD检验（$P<.1$）表明二者差异具有统计显著性，但T2检验表明二者差异不具有统计显著性；在高校专项生和地方专项生、国家专项生和地方专项生之间，LSD检验和T2检验均表明二者差异不具有统计显著性。在深层学习动机上，统计检验结果与深层学习方式整体高度类似。在深层学习策略上，在高校专项生与国家专项生之间，LSD检验和T2检验均表明二者差异无统计显著性；在高校专项生和地方专项生之间，LSD检验（$P<.05$）和T2检验（$P<.05$）均表明二者差异具有统计显著性；在国家专项生和地方专项生之间，LSD检验和T2检验均表明二者差异无统计显著性。

不管在表层学习方式整体上还是在表层学习动机或表层学习策略上，不管是使用LSD检验还是T2检验，三者的两两之间的差异均不具有统计显著性。

四、入学类型与学习方式相关性的性别差异

当按性别把全样本分为男性与女性两个子样本，并分别进行上述各种统计

分析时,结果表明,在二者相关性的某些侧面上,还是存在一些显著的性别差异。

(一) 二分类时,入学类型与学习方式的相关性的性别差异

男性样本中,在深层学习方式整体、深层学习动机、深层学习策略、表层学习方式整体、表层学习动机和表层学习策略上,二者之间均不存在显著统计差异。与此相比,在女性样本中,在深层学习方式整体和深层学习动机上,二者之间不存在显著的统计差异;但在深层学习策略、表层学习方式整体、表层学习动机和表层学习策略上,二者之间存在显著统计差异。

(二) 三分类时,入学类型与学习方式的相关性的性别差异

模型差异而言,在男性样本中,在深层学习方式整体、深层学习动机、深层学习策略、表层学习方式整体、表层学习动机和表层学习策略上,模型差异均不存在统计显著性。与此相比,在女性样本中,在深层学习方式整体、深层学习动机、深层学习策略和表层学习动机上,模型差异不存在统计显著性;在表层学习整体和表层学习策略上,模型差异存在统计显著性。

T2检验结果表明,在男性样本中,在学习方式的所有指标上,三者的两两之间的差异均不存在统计显著性。与此相比,在女性样本中,在深层学习策略、表层学习整体和表层学习策略上,城市统招生和专项生之间的差异存在显著统计差异。

(三) 三类专项生学习方式上的性别差异

就模型整体而言,在男性样本中,在深层学习方式整体和深层学习策略上,模型差异存在统计显著性。与此相比,在女性样本中,任何指标上的模型差异均不存在统计显著性。

不管是男性样本还是女性样本,在所有指标上,三者的两两之间的差异均无统计显著性。

表 3-2 学习方式的类型差异的统计结果

		深层学习			深层动机			深层策略			表层学习			表层动机			表层策略		
		M	SD	N	M	SD	N	M	SD	N	M	SD	N	M	SD	N	M	SD	N
全体 二分类	统招生	3.257	.808	4 914	3.236	.883	4 914	3.277	.802	4 914	2.872	.765	4 914	2.871	.791	4 914	2.873	.826	4 914
	专项生	3.213	.759	878	3.213	.813	878	3.213	.770	878	2.813	.692	878	2.818	.721	878	2.809	.742	878
显著性											**			*			**		
三分类	城市统招生	3.256	.814	3 792	3.229	.893	3 792	3.283	.807	3 792	2.873	.768	3 792	2.870	.797	3 792	2.876	.827	3 792
	农村统招生	3.258	.787	1 122	3.260	.851	1 122	3.256	.785	1 122	2.868	.757	1 122	2.876	.773	1 122	2.860	.823	1 122
	专项生	3.213	.759	878	3.213	.813	878	3.213	.770	878	2.813	.692	878	2.818	.721	878	2.809	.742	878
显著性 模型											**			*			**		
城市·农村 LSD																			
	Tamhanett's T2																		
城市·专项 LSD											**			*			**		
	Tamhanett's T2																		
农村·专项 LSD											**						**		
	Tamhanett's T2																		
专项三 分类	高校专项生	3.288	.708	280	3.298	.766	280	3.279	.732	280	2.833	.649	280	2.842	.692	280	2.824	.701	280
	国家专项生	3.184	.787	547	3.179	.841	547	3.190	.794	547	2.813	.717	547	2.812	.742	547	2.814	.765	547
	地方专项生	3.108	.691	51	3.110	.730	51	3.106	.686	51	2.714	.646	51	2.749	.655	51	2.678	.723	51
显著性 模型		*																	
高校·国家 LSD		*																	
	Tamhanett's T2	**																	
高校·地方 LSD																			
	Tamhanett's T2																		
国家·地方 LSD																			
	Tamhanett's T2																		

续 表

			深层学习			深层动机			深层策略			表层学习			表层动机			表层策略		
			M	SD	N	M	SD	N	M	SD	N	M	SD	N	M	SD	N	M	SD	N
男	二分类	统招生	3.316	.832	2 062	3.291	.906	2 062	3.341	.822	2 062	2.952	.807	2 062	2.974	.832	2 062	2.930	.868	2 062
		专项生	3.283	.811	381	3.275	.858	381	3.292	.828	381	2.912	.749	381	2.925	.777	381	2.900	.791	381
		显著性																		
	三分类	城市统招生	3.318	.835	1 539	3.282	.912	1 539	3.354	.822	1 539	2.955	.810	1 539	2.976	.837	1 539	2.935	.869	1 539
		农村统招生	3.309	.825	523	3.318	.888	523	3.301	.821	523	2.942	.799	523	2.968	.815	523	2.915	.867	523
		专项生	3.283	.811	381	3.275	.858	381	3.292	.828	381	2.912	.749	381	2.925	.777	381	2.900	.791	381
		显著性 模型																		
		城市·农村 LSD																		
		Tamhanett's T2																		
		城市·专项 LSD																		
		Tamhanett's T2																		
		农村·专项 LSD																		
		Tamhanett's T2																		
	专项三分类	高校专项生	3.340	.762	153	3.357	.797	153	3.323	.799	153	2.944	.719	153	2.935	.767	153	2.953	.757	153
		国家专项生	3.264	.847	214	3.264	.851	214	3.265	.902	214	2.890	.771	214	2.880	.805	214	2.899	.795	214
		地方专项生	2.957	.738	14	3.014	.770	14	2.900	.739	14	2.914	.773	14	2.814	.872	14	3.014	.754	14
		显著性 模型	*						*											
		高校·国家 LSD																		
		Tamhanett's T2																		
		高校·地方 LSD	*																	
		Tamhanett's T2																		
		国家·地方 LSD																		
		Tamhanett's T2																		

续表

			深层学习			深层动机			深层策略			表层学习			表层动机			表层策略		
			M	SD	N	M	SD	N	M	SD	N	M	SD	N	M	SD	N	M	SD	N
女	二分类	统招生	3.213	.787	2 852	3.196	.864	2 852	3.231	.783	2 852	2.814	.729	2 852	2.797	.753	2 852	2.831	.792	2 852
		专项生	3.159	.712	497	3.165	.774	497	3.153	.717	497	2.738	.635	497	2.736	.664	497	2.739	.696	497
	显著性		**						**			**			*			**		
	三分类	城市统招生	3.214	.796	2 253	3.193	.877	2 253	3.234	.792	2 253	2.817	.733	2 253	2.798	.760	2 253	2.837	.795	2 253
		农村统招生	3.213	.751	599	3.209	.814	599	3.217	.750	599	2.803	.712	599	2.795	.725	599	2.811	.780	599
		专项生	3.159	.712	497	3.165	.774	497	3.153	.717	497	2.738	.635	497	2.736	.664	497	2.739	.696	497
	显著性	模型										*						*		
		城市·农村 LSD																		
		Tamhanett's T2																		
		城市·专项 LSD							*			**			*			**		
		Tamhanett's T2																		
		农村·专项 LSD							*			**			*			**		
		Tamhanett's T2																		
	专项三分类	高校专项生	3.226	.635	127	3.184	.634	127	3.268	.727	127	2.699	.527	127	2.690	.589	127	2.709	.580	127
		国家专项生	3.133	.743	333	3.142	.753	333	3.123	.796	333	2.763	.676	333	2.771	.735	333	2.756	.701	333
		地方专项生	3.165	.674	37	3.141	.660	37	3.189	.721	37	2.638	.585	37	2.627	.665	37	2.649	.593	37
	显著性	模型				*														
		高校·国家 LSD																			
		Tamhanett's T2																			
		高校·地方 LSD																			
		Tamhanett's T2																			
		国家·地方 LSD																			
		Tamhanett's T2																			

第三节 入学类型与知识获得的差异

一、统招生与专项生的知识获得的差异

在"挂科"数量上,统招生的均值为0.114,专项生的均值为0.211,后者比前者高85.09%,该差异具有统计显著性($P<.001$)。在GPA上,统招生的均值为6.146,专项生的均值为5.770,前者比后者高6.52%,该差异具有统计显著性($P<.001$)。在排名上,统招生的均值为4.248,专项生的均值为3.565,前者比后者高19.16%,该差异具有统计显著性($P<.001$)。在奖学金获得上,统招生的均值为0.783,专项生的均值为0.710,前者比后者高10.28%,该差异具有统计显著性($P<.05$)。总之,在知识获得的各项指标上,统招生都明显优于专项生。

二、专项生、农村统招生和城市统招生的知识获得的差异

(一)模型差异

在"挂科"数量上,城市统招生的均值为0.096,农村统招生的均值为0.174,专项生的均值为0.211,该差异具有统计显著性($P<.001$)。在GPA上,城市统招生的均值为6.225,农村统招生的均值为5.887,专项生的均值为5.770,该差异具有统计显著性($P<.001$)。在排名上,城市统招生的均值为4.350,农村统招生的均值为3.901,专项生的均值为3.565,该差异具有统计显著性($P<.001$)。在奖学金获得上,城市统招生的均值为0.776,农村统招生的均值为0.807,专项生的均值为0.710,该差异具有统计显著性($P<.05$)。

(二)两两之间的差异

在"挂科"数量上,在城市统招生与农村统招生之间,LSD检验($P<.001$)和

T2 检验(P<.001)均表明二者差异具有统计显著性;在城市统招生和专项生之间,LSD 检验(P<.001)和 T2 检验均表明二者差异具有统计显著性;在农村统招生和专项生之间,尽管 LSD 检验(P<.1)表明二者差异具有统计显著性,但 T2 检验表明二者差异不具有统计显著性。在 GPA 上,在城市统招生与农村统招生之间,LSD 检验(P<.001)和 T2 检验(P<.001)均表明二者差异具有统计显著性;在城市统招生和专项生之间,LSD 检验(P<.001)和 T2 检验(P<.001)均表明二者差异具有统计显著性;在农村统招生和专项生之间,LSD 检验(P<.1)和 T2 检验(P<.1)均表明二者差异具有统计显著性。在排名上,在城市统招生与农村统招生之间,LSD 检验(P<.001)和 T2 检验(P<.001)均表明二者差异具有统计显著性;在城市统招生和专项生之间,LSD 检验(P<.001)和 T2 检验(P<.001)均表明二者差异具有统计显著性;在农村统招生和专项生之间,LSD 检验(P<.001)和 T2 检验(P<.001)均表明二者差异具有统计显著性。在奖学金获得上,在城市统招生与农村统招生之间,尽管 LSD 检验(P<.1)表明二者差异不具有统计显著性,但 T2 检验(P<.05)表明二者差异具有统计显著性;在城市统招生和专项生之间,尽管 LSD 检验表明二者差异不具有统计显著性,但 T2 检验(P<.01)表明二者差异具有统计显著性;在农村统招生和专项生之间,LSD 检验(P<.05)和 T2 检验(P<.05)均表明二者差异具有统计显著性。

三、三类专项生之间的知识获得的差异

(一)模型差异

在"挂科"数量上,高校专项生的均值为 0.214,国家专项生的均值为 0.214,地方专项生的均值为 0.157,该差异不具有统计显著性。在 GPA 上,高校专项生的均值为 5.668,国家专项生的均值为 5.801,地方专项生的均值为 6.000,该差异具有统计显著性($P<.1$)。在排名上,高校专项生的均值为 3.593,国家专项生的均值为 3.495,地方专项生的均值为 4.157,该差异具有统计显著性($P<.1$)。在奖学

金获得上,高校专项生的均值为 0.714,国家专项生的均值为 0.686,地方专项生的均值为 0.941,该差异具有统计显著性($P<.05$)。

(二) 两两之间的差异

在"挂科"数量上,在高校专项生与国家专项生、高校专项生与地方专项生、国家专项生与地方专项生之间,LSD 检验($P<.001$)和 T2 检验($P<.001$)均表明两两差异不具有统计显著性。在 GPA 上,在高校专项生与国家专项生之间,虽然 LSD 检验($P<.1$)表明二者差异具有统计显著性,但 T2 检验表明二者差异无统计显著性;在高校专项生和地方专项生之间,LSD 检验($P<.05$)和 T2 检验($P<.1$)均表明二者差异具有统计显著性;在国家专项生和地方专项生之间,LSD 检验($P<.1$)和 T2 检验($P<.1$)均表明二者差异无统计显著性。在排名上,在高校专项生与国家专项生之间,LSD 检验和 T2 检验均表明二者差异不具有统计显著性;在高校专项生和地方专项生之间,尽管 LSD 检验($P<.05$)表明二者差异具有统计显著性,但 T2 检验表明二者差异不具有统计显著性;在国家专项生和地方专项生之间,LSD 检验($P<.05$)和 T2 检验($P<.1$)均表明二者差异具有统计显著性。在奖学金获得上,在高校专项生与国家专项生之间,LSD 检验和 T2 检验均表明二者差异不具有统计显著性;在高校专项生和地方专项生之间,尽管 LSD 检验($P<.1$)表明二者差异具有统计显著性,但 T2 检验表明二者差异无统计显著性;在国家专项生和地方专项生之间,尽管 LSD 检验($P<.05$)表明二者差异具有统计显著性,但 T2 检验表明二者差异不具有统计显著性。

四、入学类型与知识获得的相关性的性别差异

当按性别把全样本分为男性样本和女性样本两个子样本,分别进行上述各种统计分析时,分析的结果表明,在入学类型与知识获得的相关性的某些侧面上存在一些显著的性别差异。

（一）二分类时，入学类型与知识获得相关性的性别差异

在男性样本中，在四个指标上二者之间均存在显著统计差异。与此相比，在女性样本中，在"挂科"数量、GPA、排名上二者存在显著统计差异，但在奖学金获得上无显著统计差异。

（二）三分类时，性别对知识获得差异的影响

模型差异而言，在男性样本中，在"挂科"数量、GPA、排名和奖学金获得上，模型均存在显著统计差异。与此相比，在女性样本中，只有在"挂科"数量、GPA、排名上模型存在显著统计差异，在奖学金获得上模型不存在显著统计差异。

T2检验结果表明，在男性样本中，在"挂科"数量上，城市统招生和农村统招生的差异无统计显著性，城市统招生和专项生的差异有统计显著性（$P<.001$），农村统招生和专项生之间的差异具有统计显著性（$P<.1$）；在GPA上，所有的两两之间的差异均有统计显著性；在排名上，所有的两两之间的差异均有统计显著性；在奖学金获得上，仅有农村统招生和专项生之间的差异具有统计显著性。与此相比，在女性样本中，在"挂科"数量上，城市统招生和农村统招生的差异具有统计显著性（$P<.001$），城市统招生和专项生的差异有统计显著性（$P<.001$），农村统招生和专项生的差异无统计显著性；在GPA上，城市统招生和农村统招生之间的差异具有统计显著性（$P<.001$），城市统招生和专项生之间的差异具有统计显著性（$P<.001$），农村统招生和专项生的差异不具有统计显著性；在排名上，所有两两之间的差异均具有统计显著性；在奖学金获得上，所有两两之间的差异均无统计显著性。

（三）性别对三类专项生的知识获得差异的不同影响

模型而言，在男性样本中，在所有指标上模型差异均无统计显著性。与此相比，在女性样本中，除去"挂科"数量外，在GPA、排名和奖学金获得上，模型差异均呈现统计显著性。

表 3 - 3　知识获得的类型差异的统计结果

			挂科数量			GPA			排　名			奖学金获得		
			M	SD	N	M	SD	N	M	SD	N	M	SD	N
全体	二分类	统招生	.114	.424	4 914	6.146	.992	4 914	4.248	1.959	4 914	.783	.811	4 914
		专项生	.211	.559	878	5.770	1.061	878	3.565	1.873	878	.710	.867	878
	显著性		****			****						**		
	三分类	城市统招生	.096	.382	3 792	6.225	.930	3 792	4.350	1.954	3 792	.776	.784	3 792
		农村统招生	.174	.539	1 122	5.877	1.136	1 122	3.901	1.936	1 122	.807	.898	1 122
		专项生	.211	.559	878	5.770	1.061	878	3.565	1.873	878	.710	.867	878
	显著性	模型	****			****			****			**		
		城市·农村 LSD	****			****			****			**		
		Tamhanett's T2	****			****			****					
		城市·专项 LSD	****			****			****			***		
		Tamhanett's T2	****			****			****			***		
		农村·专项 LSD	*						****			**		
		Tamhanett's T2				*			****			**		
专项三分类		高校专项生	.214	.533	280	5.668	1.058	280	3.593	1.843	280	.714	.906	280
		国家专项生	.214	.571	547	5.801	1.065	547	3.495	1.868	547	.686	.841	547
		地方专项生	.157	.579	51	6.000	1.000	51	4.157	2.014	51	.941	.904	51
	显著性	模型				*			*					
		高校·国家 LSD				*								
		Tamhanett's T2				*								
		高校·地方 LSD	**			**			**			*		
		Tamhanett's T2	*											
		国家·地方 LSD				**			**			**		
		Tamhanett's T2				*			*					

续 表

			挂科数量			GPA			排 名			奖学金获得		
			M	SD	N	M	SD	N	M	SD	N	M	SD	N
男	二分类	统招生	.146	.489	2 062	6.000	1.050	2 062	4.093	1.951	2 062	.767	.855	2 062
		专项生	.276	.620	381	5.606	1.134	381	3.404	1.876	381	.667	.869	381
		显著性	****									**		
	三分类	城市统招生	.132	.461	1 539	6.064	1.019	1 539	4.172	1.957	1 539	.750	.838	1 539
		农村统招生	.189	.564	523	5.811	1.118	523	3.862	1.918	523	.815	.902	523
		专项生	.276	.620	381	5.606	1.134	381	3.404	1.876	381	.667	.869	381
		显著性 模型	****			****			****			**		
		城市·农村 LSD	**											
		Tamhanett's T2												
		城市·专项 LSD	****			****			****			**		
		Tamhanett's T2	****			***			***					
		农村·专项 LSD	**			***			***			**		
		Tamhanett's T2	*			**								
	专项三分类	高校专项生	.275	.588	153	5.562	1.111	153	3.588	1.837	153	.712	.930	153
		国家专项生	.257	.608	214	5.668	1.145	214	3.294	1.904	214	.659	.834	214
		地方专项生	.571	1.016	14	5.143	1.167	14	3.071	1.817	14	.286	.611	14
		显著性 模型												
		高校·国家 LSD												
		Tamhanett's T2												
		高校·地方 LSD	*									*		
		Tamhanett's T2												
		国家·地方 LSD	*									*		
		Tamhanett's T2												

续 表

			挂科数量			GPA			排名			奖学金获得		
			M	SD	N	M	SD	N	M	SD	N	M	SD	N
女	二分类	统招生	.090	.367	2 852	6.251	.933	2 852	4.359	1.957	2 852	.796	.778	2 852
		专项生	.161	.502	497	5.895	.984	497	3.688	1.863	497	.742	.865	497
		显著性	****			****			****					
	三分类	城市统招生	.072	.314	2 253	6.336	.847	2 253	4.472	1.943	2 253	.794	.744	2 253
		农村统招生	.160	.515	599	5.935	1.150	599	3.935	1.952	599	.801	.895	599
		专项生	.161	.502	497	5.895	.984	497	3.688	1.863	497	.742	.865	497
		显著性 模型	****			****			****					
		城市·农村 LSD	****			****			****					
		Tamhanett's T2	****			****			****					
		城市·专项 LSD	****			****			****					
		Tamhanett's T2	****			****			****					
		农村·专项 LSD							**					
		Tamhanett's T2							*					
	专项三分类	高校专项生	.142	.449	127	5.795	.979	127	3.598	1.857	127	.717	.881	127
		国家专项生	.186	.545	333	5.886	1.003	333	3.625	1.835	333	.703	.846	333
		地方专项生	.000	.000	37	6.324	.709	37	4.568	1.951	37	1.189	.877	37
		显著性 模型	*			**			**			***		
		高校·国家 LSD												
		Tamhanett's T2												
		高校·地方 LSD	***			***			***			***		
		Tamhanett's T2	**			**			**			**		
		国家·地方 LSD	***			***			***			***		
		Tamhanett's T2	***			***			**			***		

两两比较,在男性样本中,在奖学金获得上,高校专项生和地方专项生之间差异具有统计显著性,其他的两两之间的差异无统计显著性;在其他指标上,所有的两两之间的差异均无统计显著性。在女性样本中,在所有指标上,高校专项生和国家专项生之间的差异均无统计显著性,但高校专项生和地方专项生,国家专项生和地方专项生之间均存在显著性差异。

第四节 入学类型与能力提升的差异

一、统招生与专项生的能力提升的差异

在认知能力提升上,统招生的均值为3.977,专项生的均值为3.900,二者差异具有统计显著性($P<.05$)。在操作能力提升上,统招生的均值为3.839,专项生的均值为3.760,二者差异具有统计显著性($P<.05$)。在问题解决能力提升上,统招生的均值为4.043,专项生的均值为3.976,二者差异具有统计显著性($P<.05$)。在分析能力提升上,统招生的均值为4.074,专项生的均值为4.009,二者差异具有统计显著性($P<.1$)。在团队合作能力提升上,统招生的均值为4.060,专项生的均值为4.008,二者差异具有统计显著性($P<.05$)。在专业判断能力提升上,统招生的均值为3.943,专项生的均值为3.871,二者差异具有统计显著性($P<.05$)。在书面沟通能力提升上,统招生的均值为4.001,专项生的均值为3.934,二者差异具有统计显著性($P<.05$)。在规划能力提升上,统招生的均值为3.991,专项生的均值为3.910,二者差异具有统计显著性($P<.01$)。

二、城市统招生、农村统招生和专项生的能力提升的差异

(一)模型差异

在认知能力提升上,城市统招生的均值为3.988,农村统招生的均值为

3.940，专项生的均值为 3.900，三者差异具有统计显著性（P<.01）。在操作能力提升上，城市统招生的均值为 3.853，农村统招生的均值为 3.791，专项生的均值为 3.760，三者差异具有统计显著性（P<.01）。在问题解决能力提升上，城市统招生的均值为 4.050，农村统招生的均值为 4.020，专项生的均值为 3.976，三者差异具有统计显著性（P<.05）。在分析能力提升上，城市统招生的均值为 4.078，农村统招生的均值为 4.063，专项生的均值为 4.009，三者差异具有统计显著性（P<.05）。在团队合作能力提升上，城市统招生的均值为 4.064，农村统招生的均值为 4.046，专项生的均值为 4.008，三者差异具有统计显著性（P<.1）。在专业判断能力提升上，城市统招生的均值为 3.946，农村统招生的均值为 3.932，专项生的均值为 3.871，三者差异具有统计显著性。在书面沟通能力提升上，城市统招生的均值为 4.002，农村统招生的均值为 3.997，专项生的均值为 3.934，三者差异具有统计显著性（P<.1）。在规划能力提升上，城市统招生的均值为 3.992，农村统招生的均值为 3.987，专项生的均值为 3.910，三者差异具有统计显著性（P<.1）。

（二）两两之间的差异

在认知能力提升上，城市统招生与农村统招生的差异，LSD 检验具有统计显著性（P<.1），但 T2 检验不具有统计显著性；城市统招生与专项生的差异，不仅 LSD 检验具有统计显著性（P<.01），T2 检验也具有统计显著性（P<.05）；农村统招生与专项生的差异，LSD 检验和 T2 检验都没有统计显著性。在操作能力提升上，检验结果与认知能力提升高度近似。在问题解决能力提升上，城市统招生与农村统招生的差异，LSD 检验与 T2 检验均不具有统计显著性；城市统招生与专项生的差异，不仅 LSD 检验具有统计显著性（P<.01），T2 检验也具有统计显著性（P<.05）；农村统招生与专项生的差异，不仅 LSD 检验没有统计显著性，T2 检验也没有统计显著性。在分析能力提升上，检验结果与问题解决能力提升高度近似。在团队合作能力提升上，城市统招生与农村统招生的差异，LSD 检验与 T2 检验均不具有统计显著性；城市统招生与专项生的差异，虽然 LSD 检验具有统计显

著性(P<.01),但 T2 检验不具有统计显著性;农村统招生与专项生的差异,不仅 LSD 检验没有统计显著性,T2 检验也没有统计显著性。在专业判断能力提升上,城市统招生与农村统招生的差异,LSD 检验与 T2 检验均不具有统计显著性;城市统招生与专项生的差异,不仅 LSD 检验具有统计显著性(P<.01),T2 检验也具有统计显著性(P<.05);农村统招生与专项生的差异,LSD 检验与 T2 检验都没有统计显著性。在书面沟通能力提升上,城市统招生与农村统招生的差异,LSD 检验与 T2 检验均不具有统计显著性;城市统招生与专项生的差异,不仅 LSD 检验具有统计显著性(P<.01),T2 检验也具有统计显著性(P<.05);农村统招生与专项生的差异,不仅 LSD 检验具有统计显著性(P<.1),T2 检验也具有统计显著性。在规划能力提升上,城市统招生与农村统招生的差异,LSD 检验与 T2 检验均不具有统计显著性;城市统招生与专项生的差异,不仅 LSD 检验具有统计显著性(P<.01),T2 检验也具有统计显著性(P<.05);农村统招生与专项生的差异,LSD 检验(P<.05)和 T2 检验都具有统计显著性(P<.1)。

三、三类专项生之间的能力提升的差异

(一) 模型差异

在八个侧面的能力提升上,三者差异均不具有统计显著性。

(二) 两两之间的差异

在问题解决能力上,高校专项生和国家专项生之间,LSD 检验具有统计显著性(P<.1),但 T2 检验不具有统计显著性;高校专项生和地方专项生之间、国家专项生和地方专项生之间的差异均不具有统计显著性。在分析能力提升上,高校专项生和国家专项生之间,LSD 检验具有统计显著性(P<.05),但 T2 检验不具有统计显著性;高校专项生和地方专项生、国家专项生和地方专项生之间的差异均不具有统计显著性。在认知能力、操作能力、团队合作能力、专业判断能力、书面沟通能力和规划能力提升上,三者的两两之间的差异不管是 LSD 检验还是 T2 检

均不存在统计显著性。

四、入学类型与能力提升的相关性的性别差异

当按性别把全样本分为男性样本和女性样本两个子样本,分别进行上述各种统计分析时,分析结果表明,在入学类型与能力提升的相关性的某些侧面上存在一些显著的性别差异。

(一) 二分类时,入学类型与能力提升的相关性的性别差异

在男性样本中,在操作能力提升上,二者差异有统计显著性;在认知能力、问题解决能力、分析能力、团队合作能力、专业判断能力、书面沟通能力、规划能力上,二者差异均无统计显著性。与此相比,在女性样本中,在各种能力提升上,二者差异均有显著统计差异。

(二) 三分类时,入学类型与能力提升的相关性的性别差异

模型差异而言,在男性样本中,在认知能力和操作能力提升上,模型差异有统计显著性;在其他能力提升上,模型差异无统计显著性。与此相比,在女性样本中,在分析能力提升上,模型差异无显著统计差异;在其他能力提升上,模型差异均存在显著统计差异。

T2检验结果表明:在男性样本中,在所有能力提升上,三者的两两之间均不存在差异也不具有统计显著性。与此相比,在女性样本中,除操作能力提升外,在其他能力提升上,城市统招生和专项生之间的差异均具有统计显著性。

(三) 三类专项生与能力提升相关性的性别差异

模型而言,在男性样本中,模型差异均无统计显著性。与此相比,在女性样本中,在操作能力和分析能力提升上,模型均有统计显著性;其他能力提升上,模型差异无统计显著性。

表 3-4 能力提升的类型差异的统计结果

		认知能力			操作能力			问题解决能力			分析能力			团队合作能力			专业判断能力			书面沟通能力			规划能力		
		M	SD	N	M	SD	N	M	SD	N	M	SD	N	M	SD	N	M	SD	N	M	SD	N	M	SD	N
全体 二分类	统招生	3.977	.828	4 914	3.839	.911	4 914	4.043	.800	4 914	4.074	.787	4 914	4.060	.823	4 914	3.943	.851	4 914	4.001	.816	4 914	3.991	.824	4 914
	专项生	3.900	.807	878	3.760	.870	878	3.976	.763	878	4.009	.741	878	4.008	.748	878	3.871	.825	878	3.934	.757	878	3.910	.774	878
	显著性	**			**			*			*			*			**			*			**		
三分类	城市统招生	3.988	.839	3 792	3.853	.921	3 792	4.050	.817	3 792	4.078	.805	3 792	4.064	.841	3 792	3.946	.870	3 792	4.002	.833	3 792	3.992	.846	3 792
	农村统招生	3.940	.791	1 122	3.791	.873	1 122	4.020	.743	1 122	4.063	.721	1 122	4.046	.757	1 122	3.932	.786	1 122	3.997	.755	1 122	3.987	.745	1 122
	专项生	3.900	.807	878	3.760	.870	878	3.976	.763	878	4.009	.741	878	4.008	.748	878	3.871	.825	878	3.934	.757	878	3.910	.774	878
显著性	模型	***			**			*			*			*			*			*			*		
	城市·农村 LSD	*			*																					
	Tamhanett's T2				**																					
	城市·专项 LSD	***			***			**			**			*			**			*			***		
	Tamhanett's T2				**			**			**						**			*			**		
	农村·专项 LSD	**			*												*						*		
	Tamhanett's T2																									
专项三 高校专项生		3.961	.777	280	3.804	.851	280	4.036	.713	280	4.079	.699	280	4.057	.726	280	3.900	.792	280	3.971	.738	280	3.964	.742	280
分类	国家专项生	3.868	.835	547	3.722	.887	547	3.940	.788	547	3.969	.764	547	3.976	.766	547	3.850	.853	547	3.916	.778	547	3.881	.798	547
	地方专项生	3.902	.640	51	3.922	.771	51	4.039	.747	51	4.059	.705	51	4.078	.659	51	3.941	.676	51	3.922	.627	51	3.922	.688	51
显著性	模型																								
	高校·国家 LSD				*						*												*		
	Tamhanett's T2																								
	高校·地方 LSD																								
	Tamhanett's T2																								
	国家·地方 LSD																								
	Tamhanett's T2																								

续表

		认知能力			操作能力			问题解决能力			分析能力			团队合作能力			专业判断能力			书面沟通能力			规划能力		
		M	SD	N	M	SD	N	M	SD	N	M	SD	N	M	SD	N	M	SD	N	M	SD	N	M	SD	N
男	二分类 统招生	4.000	.840	2 062	3.854	.931	2 062	4.056	.819	2 062	4.073	.823	2 062	4.028	.869	2 062	3.954	.871	2 062	3.979	.865	2 062	3.986	.858	2 062
	专项生	3.950	.849	381	3.766	.924	381	4.000	.824	381	4.010	.827	381	4.039	.768	381	3.906	.856	381	3.955	.811	381	3.932	.821	381
	显著性				*																				
	三分类 城市统招生	4.022	.845	1 539	3.873	.935	1 539	4.053	.838	1 539	4.070	.841	1 539	4.033	.890	1 539	3.949	.889	1 539	3.973	.879	1 539	3.981	.879	1 539
	农村统招生	3.935	.821	523	3.797	.919	523	4.065	.760	523	4.082	.767	523	4.011	.805	523	3.969	.818	523	3.994	.822	523	4.002	.794	523
	专项生	3.950	.849	381	3.766	.924	381	4.000	.824	381	4.010	.827	381	4.039	.768	381	3.906	.856	381	3.955	.811	381	3.932	.821	381
	显著性 模型	*			*																				
	城市·农村 LSD	**																							
	城市·农村 Tambanett's T2																								
	城市·专项 LSD				**																				
	城市·专项 Tambanett's T2																								
	农村·专项 LSD																								
	农村·专项 Tambanett's T2																								
	专项三分类 高校专项生	3.974	.827	153	3.830	.880	153	4.078	.748	153	4.059	.771	153	4.072	.779	153	3.908	.861	153	3.961	.802	153	3.935	.833	153
	国家专项生	3.944	.881	214	3.734	.969	214	3.949	.889	214	3.981	.883	214	4.019	.781	214	3.902	.880	214	3.963	.838	214	3.939	.834	214
	地方专项生	3.786	.579	14	3.571	.646	14	3.929	.475	14	3.929	.475	14	4.000	.392	14	3.929	.267	14	3.786	.426	14	3.786	.426	14
	显著性 模型																								
	高校·国家 LSD																								
	高校·国家 Tambanett's T2																								
	高校·地方 LSD																								
	高校·地方 Tambanett's T2																								
	国家·地方 LSD																								
	国家·地方 Tambanett's T2																								

续表

		认知能力			操作能力			问题解决能力			分析能力			团队合作能力			专业判断能力			书面沟通能力			规划能力		
		M	SD	N	M	SD	N	M	SD	N	M	SD	N	M	SD	N	M	SD	N	M	SD	N	M	SD	N
女																									
二分类	统招生	3.961	.819	2852	3.829	.895	2852	4.034	.787	2852	4.075	.760	2852	4.083	.787	2852	3.935	.837	2852	4.017	.779	2852	3.994	.799	2852
	专项生	3.861	.772	497	3.755	.828	497	3.958	.713	497	4.008	.669	497	3.984	.732	497	3.845	.800	497	3.918	.712	497	3.893	.737	497
	显著性	**			*			**			**			**			**			***			***		
三分类	城市统招生	3.965	.833	2253	3.840	.911	2253	4.048	.802	2253	4.083	.780	2253	4.085	.806	2253	3.945	.857	2253	4.022	.800	2253	4.000	.823	2253
	农村统招生	3.945	.764	599	3.786	.833	599	3.980	.727	599	4.047	.678	599	4.077	.711	599	3.900	.756	599	4.000	.692	599	3.973	.701	599
	专项生	3.861	.772	497	3.755	.828	497	3.958	.713	497	4.008	.669	497	3.984	.732	497	3.845	.800	497	3.918	.712	497	3.893	.737	497
显著性	模型	**			*			**			**			**			**			***			***		
	城市·农村 LSD				*			*																	
	Tamhanett's T2																								
	城市·专项 LSD	**			**			**			**			**			**			***			***		
	Tamhanett's T2	**			**			**			**			**			**			**			**		
	农村·专项 LSD	*			**																				
	Tamhanett's T2																								
专项三	高校专项生	3.945	.716	127	3.772	.818	127	3.984	.666	127	4.102	.602	127	4.039	.660	127	3.890	.704	127	3.984	.654	127	4.000	.617	127
分类	国家专项生	3.820	.801	333	3.715	.832	333	3.934	.717	333	3.961	.678	333	3.949	.757	333	3.817	.836	333	3.886	.736	333	3.844	.772	333
	地方专项生	3.946	.664	37	4.054	.780	37	4.081	.829	37	4.108	.774	37	4.108	.737	37	3.946	.780	37	3.973	.687	37	3.973	.763	37
显著性	模型	*									*														
	高校·国家 LSD	*			*						**						**								
	Tamhanett's T2										**														
	高校·地方 LSD				*																				
	Tamhanett's T2																								
	国家·地方 LSD				*																		**		
	Tamhanett's T2																								

三者的两两之间比较,在男性样本中,在所有指标上,三者的两两之间的差异均不具有统计显著性。在女性样本中,在操作能力提升上,国家专项生和地方专项生之间的差异具有统计显著性;在团队合作能力提升上,高校专项生和国家专项生之间具有统计显著性;在规划能力上,高校专项生和国家专项生之间有统计显著性;除此之外均无统计显著性。

第五节 入学类型与资格考取的差异

一、专项生与统招生的资格考取的差异

在英语四级考试中,统招生合格者3 229人,占统招生的65.71%;专项生合格者578人,占专项生的65.83%,二者差异不具有统计显著性。在英语六级考试中,统招生合格者2 047人,占统招生的41.66%;专项生合格者254人,占专项生的28.93%,二者差异具有统计显著性($P<.01$)。在全国计算机等级考试中,统招生合格者811人,占统招生的16.50%;专项生合格者128人,占专项生的14.58%,二者差异具有统计显著性($P<.1$)。在普通话水平考试中,统招生合格者1 860人,占统招生的37.85%;专项生合格者302人,占专项生的34.40%,二者差异具有统计显著性($P<.05$)。在与专业相关职业资格考试中,统招生合格者705人,占统招生的14.35%;专项生合格者101人,占专项生的11.50%,二者差异具有统计显著性($P<.05$)。在与专业无关职业资格考试中,统招生合格者491人,占统招生的9.99%;专项生合格者84人,占专项生的9.57%,二者差异不具有统计显著性。

二、专项生、农村统招生和城市统招生的资格考取的差异

(一)模型差异

在英语四级考试中,城市统招生合格者2 478人,占城市统招生的65.35%;农

村统招生合格者751人,占农村统招生的66.93%;专项生合格者578人,占专项生的65.83%,三者差异无统计显著性。在英语六级考试中,城市统招生合格者1 599人,占城市统招生的42.17%;农村统招生合格者448人,占农村统招生的39.93%;专项生合格者254人,占专项生的28.93%,三者差异有统计显著性(P<.001)。在全国计算机等级考试中,城市统招生合格者617人,占城市统招生的16.27%;农村统招生合格者194人,占农村统招生的17.29%;专项生合格者128人,占专项生的14.58%,三者差异无统计显著性。在普通话水平考试中,城市统招生合格者1 382人,占城市统招生的36.45%;农村统招生合格者478人,占农村统招生的42.60%;专项生合格者302人,占专项生的34.40%,三者差异有统计显著性(P<.001)。在与专业相关职业资格考试中,城市统招生合格者529人,占城市统招生的13.95%;农村统招生合格者176人,占农村统招生的15.59%;专项生合格者101人,占专项生总体的11.50%,三者差异有统计显著性(P<.05)。在与专业无关职业资格考试中,城市统招生合格者373人,占城市统招生的9.84%;农村统招生合格者118人,占农村统招生的10.52%;专项生合格者84人,占专项生的9.57%,三者差异无统计显著性。

(二) 两两之间的差异

在英语四级考试中,三者的两两之间的差异均不具有统计显著性。在英语六级考试中,城市统招生和农村统招生之间的差异无统计显著性,城市统招生和专项生、农村统招生和专项生之间的差异具有统计显著性(P<.001)。在全国计算机等级考试中,三者的两两之间的差异均无统计显著性。在普通话水平考试中,城市统招生和农村统招生、农村统招生和专项生之间的差异有统计显著性(P<.001),城市统招生和专项生之间的差异不具有统计显著性。在与专业相关职业资格考试中,城市统招生和农村统招生之间的差异无统计显著性,城市统招生和专项生之间的差异有统计显著性(P<.1),农村统招生与专项生之间的差异有统计显著性(P<.01)。在与专业无关职业资格考试中,三者的两两之间的差异均无统计显著性。

三、三类专项生之间的资格考取的差异

（一）模型差异

模型而言，在英语四级考试中，高校专项生合格者190人，占高校专项生的67.86%；国家专项生合格者355人，占国家专项生的64.90%；地方专项生合格者33人，占地方专项生的64.71%，三者差异不具有统计显著性。在英语六级考试中，高校专项生合格者88人，占高校专项生的31.43%；国家专项生合格者149人，占国家专项生的27.24%；地方专项生合格者17人，占地方专项生的33.33%，三者差异不具有统计显著性。在全国计算机等级考试中，高校专项生合格者34人，占高校专项生的12.14%；国家专项生合格者84人，占国家专项生的15.36%；地方专项生合格者10人，占地方专项生的19.61%，三者差异不具有统计显著性。在普通话水平考试中，高校专项生合格者92人，占高校专项生的32.86%；国家专项生合格者183人，占国家专项生的33.46%；地方专项生合格者27人，占地方专项生的52.94%，三者差异具有统计显著性($P<.05$)。在与专业相关职业资格考试中，高校专项生合格者29人，占高校专项生的10.36%；国家专项生合格者58人，占国家专项生的10.60%；地方专项生合格者14人，占地方专项生的27.45%，三者差异不有统计显著性($P<.01$)。在与专业无关职业资格考试中，高校专项生合格者23人，占高校专项生的8.21%；国家专项生合格者55人，占国家专项生的10.05%；地方专项生合格者6人，占地方专项生的11.76%，三者差异不具有统计显著性。

（二）两两之间的差异

两两比较，在英语四级、英语六级、全国计算机等级、与专业无关职业资格等考试中，三者的两两之间的差异均不具有统计显著性。在普通话水平考试、与专业相关职业资格考试中，高校专项生和地方专项生、国家专项生和地方专项生之间的差异均有统计显著性($P<.01$)。

四、入学类型与资格考取相关性的性别差异

当按性别把全样本分为男性样本和女性样本两个子样本,分别进行上述各种统计分析时,分析结果表明,在入学类型与资格考取相关性的某些侧面上存在一些显著的性别差异。

(一) 二分类时,入学类型与资格考取相关性的性别差异

在男性样本中,在英语六级考试、普通话水平考试、与专业相关职业资格考试上,二者之间均存在显著统计差异;在英语四级考试、计算机等级证书考试、与专业无关职业资格考试上,二者之间均不存在显著统计差异。与此相比,在女性样本中,只有英语六级考试上,二者之间存在显著统计差异;在其他资格考取上,二者之间不存在显著统计差异。

(二) 三分类时,入学类型与资格考取相关性的性别差异

模型而言,在男性样本中,在英语四级考试和与专业无关职业资格考试上,三者差异无统计显著性;在英语六级考试、全国计算机等级考试、普通话水平考试、与专业相关职业资格考试上,三者差异有统计显著性。与此相比,在女性样本中,只有在英语六级考试和全国计算机等级证书考试上,三者存在显著统计差异;而在其他指标上,模型差异均无统计显著性。

两两比较,在男性样本中,在英语四级考试上,城市统招生和农村统招生、城市统招生和专项生、农村统招生和专项生之间差异均无统计显著性;在英语六级考试上,三者的两两之间差异均有统计显著性;在全国计算机等级考试上,城市统招生和农村统招生之间差异具有统计显著性,城市统招生和专项生之间差异不具有统计显著性,农村统招生和专项生之间差异具有统计显著性;在普通话水平考试上,三者的两两之间的差异均具有统计显著性;在与专业相关职业资格考试上,城市统招生和农村统招生之间差异具有统计显著性,城市统招生和专项生之间差异不

表3-5 资格考取的类型差异的统计结果

		英语四级考试		英语六级考试		全国计算机等级考试		普通话水平考试		与专业相关职业资格考试		与专业无关职业资格考试	
		N	%	N	%	N	%	N	%	N	%	N	%
全体													
二分类	统招生	3 229	65.71	2 047	41.66	811	16.50	1 860	37.85	705	14.35	491	9.99
	专项生	578	65.83	254	28.93	128	14.58	302	34.40	101	11.50	84	9.57
	显著性			****		*		**					
三分类	城市统招生	2 478	65.35	1 599	42.17	617	16.27	1 382	36.45	529	13.95	373	9.84
	农村统招生	751	66.93	448	39.93	194	17.29	478	42.60	176	15.69	118	10.52
	专项生	578	65.83	254	28.93	128	14.58	302	34.40	101	11.50	84	9.57
	显著性			****				****		**			
	模型												
	城市·农村							****					
	城市·专项			****				****		*			
	农村·专项			****				****		***			
专项三分类	高校专项生	190	67.86	88	31.43	34	12.14	92	32.86	29	10.36	23	8.21
	国家专项生	355	64.90	149	27.24	84	15.36	183	33.46	58	10.60	55	10.05
	地方专项生	33	64.71	17	33.33	10	19.61	27	52.94	14	27.45	6	11.76
	显著性							**		***			
	模型												
	高校·国家							***		***			
	高校·地方												
	国家·地方							***		***			

续表

		英语四级考试		英语六级考试		全国计算机等级考试		普通话水平考试		与专业相关职业资格考试		与专业无关职业资格考试	
		N	%	N	%	N	%	N	%	N	%	N	%
男	二分类												
	统招生	1536	74.49	1025	49.71	222	10.77	913	44.28	222	10.77	201	9.75
	专项生	277	72.70	125	32.81	36	9.45	145	38.06	29	7.61	36	9.45
	显著性 模型			***				**		*			
	三分类												
	城市统招生	1134	73.68	793	51.53	153	9.94	663	43.08	153	9.94	140	9.10
	农村统招生	402	76.86	232	44.36	69	13.19	250	47.80	69	13.19	61	11.66
	专项生	277	72.70	125	32.81	36	9.45	145	38.06	29	7.61	36	9.45
	显著性 模型			****		*		**		**			
	城市·专项			****		*		**		**			
	城市·农村			****		**		*		***			
	农村·专项			****		*		***		***		**	
	专项三分类												
	高校专项生	117	76.47	57	37.25	12	7.84	54	35.29	9	5.88	16	10.46
	国家专项生	153	71.50	66	30.84	24	11.21	83	38.79	18	8.41	18	8.41
	地方专项生	7	50.00	2	14.29	0	0.00	8	57.14	2	14.29	2	14.29
	显著性 模型												
	高校·国家	*											
	高校·地方	**		*									
	国家·地方												

续 表

		英语四级考试		英语六级考试		全国计算机等级考试		普通话水平考试		与专业相关职业资格考试		与专业无关职业资格考试	
		N	%	N	%	N	%	N	%	N	%	N	%
女	二分类												
	统招生	1 693	59.36	1 022	35.83	589	20.65	947	33.20	483	16.94	290	10.17
	专项生	301	60.56	129	25.96	92	18.51	157	31.59	72	14.49	48	9.66
	显著性			*****									
	三分类												
	城市统招生	1 344	59.65	806	35.77	464	20.59	719	31.91	376	16.69	233	10.34
	农村统招生	349	58.26	216	36.06	125	20.87	228	38.06	107	17.86	57	9.52
	专项生	301	60.56	129	25.96	92	18.51	157	31.59	72	14.49	48	9.66
	显著性												
	模型			*****		**							
	城市·农村							**					
	城市·专项			*****									
	农村·专项			*****									
	专项三分类												
	高校专项生	73	57.48	31	24.41	22	17.32	38	29.92	20	15.75	7	5.51
	国家专项生	202	60.66	83	24.92	60	18.02	100	30.03	40	12.01	37	11.11
	地方专项生	26	70.27	15	40.54	10	27.03	19	51.35	12	32.43	4	10.81
	显著性												
	模型							***		***			
	高校·国家			*				**		**			
	高校·地方			**				**		***			*
	国家·地方							***		***			

具有统计显著性,农村统招生和专项生之间差异具有统计显著性;在与专业无关职业资格考试上,城市统招生和农村统招生之间差异具有统计显著性,城市统招生和专项生之间差异不具有统计显著性,农村统招生和专项生之间差异不具有统计显著性。与此相比,在女性样本中,在英语四级考试中,三者的两两之间均无统计显著性;在英语六级考试中,城市统招生和专项生、农村统招生和专项生之间的差异具有统计显著性;全国计算机等级证书考试上,三者的两两之间不存在显著统计差异;在与专业相关的职业资格证书考试和与专业无关的职业资格证书考试中,三者的两两之间的差异不存在统计显著性。

(三) 专项生的类型与资格考取相关性的性别差异

模型而言,在男性样本中,只在英语四级考试中,模型差异有统计显著性;在其他指标上,模型统计均无显著性。与此相比,在女性样本中,在普通话水平考试和与专业相关职业资格考试上,模型差异均呈现统计显著性,但在其他指标上均无统计显著性。

两两比较,在男性样本中,在英语四级考试和英语六级考试上,高校专项生和地方专项生之间差异具有统计显著性,高校专项生和国家专项生、国家专项生和地方专项生之间均无统计显著性;在其他四个指标上,两两之间的差异均无统计显著性。在女性样本中,在英语四级考试上,三者的两两之间的差异均无统计显著性;在六级考试上,高校专项生和地方专项生、国家专项生和地方专项生之间均存在显著性差异,高校专项生和国家专项生之间无统计显著性差异;在全国计算机等级考试上,三者的两两之间的差异均无统计显著性;在普通话水平考试和与专业相关职业资格考试上,高校专项生和地方专项生、国家专项生和地方专项生之间均存在统计显著性差异,高校专项生和国家专项生之间无统计显著性差异;在与专业无关的职业资格考试上,高校专项生和国家专项生之间存在有统计显著性的差异,高校专项生和地方专项生、国家专项生和地方专项生均无统计显著性差异。

第六节 入学类型与学习满意度的差异

一、统招生与专项生的学习满意度的差异

在专业整体满意度上,统招生的均值为 4.355,专项生的均值为 4.291,前者比后者高 1.49%,二者差异具有统计显著性($P<.1$)。在学习环境满意度上,统招生的均值为 4.023,专项生的均值为 4.028,后者比前者高 0.12%,二者差异不具有统计显著性。在专业课程满意度上,统招生的均值为 3.947,专项生的均值为 3.896,前者比后者高 1.31%,二者差异不具有统计显著性。

二、城市统招生、农村统招生和专项生的学习满意度的差异

(一)模型差异

模型而言,在专业整体满意度上,城市统招生的均值为 4.361,农村统招生的均值为 4.336,专项生的均值为 4.291,三者差异不具有统计显著性。在学习环境满意度上,城市统招生的均值为 4.012,农村统招生的均值为 4.057,专项生的均值为 4.028,三者差异不具有统计显著性。在专业课程满意度上,城市统招生的均值为 3.948,农村统招生的均值为 3.945,专项生的均值为 3.896,三者差异均不具有统计显著性。

(二)两两之间差异

两两比较,在专业整体满意度上,城市统招生和农村统招生的差异,LSD 检验和 T2 检验结果均无统计显著性;城市统招生和专项生的差异,虽然 LSD 检验结果呈统计显著性,但 T2 检验结果无统计显著性;农村统招生和专项生的差异,LSD 检验和 T2 检验的结果均无统计显著性。在学习环境满意度上,城市统招生

和农村统招生的差异,虽然 LSD 检验结果具有统计显著性,但 T2 检验无统计显著性;城市统招生和专项生、农村统招生和专项生的差异,LSD 检验和 T2 检验的结果均无统计显著性。在专业课程满意度上,城市统招生和农村统招生、城市统招生和专项生、农村统招生和专项生的差异,LSD 检验和 T2 检验结果均无统计显著性。

三、三类专项生的学习满意度的差异

(一) 模型差异

在专业整体满意度上,高校专项生的均值为 4.429,国家专项生的均值为 4.214,地方专项生的均值为 4.363,三者差异具有统计显著性($P<.05$)。在学习环境满意度上,高校专项生的均值为 4.159,国家专项生的均值为 3.968,地方专项生的均值为 3.947,三者差异具有统计显著性($P<.001$)。在专业课程满意度上,高校专项生的均值为 3.993,国家专项生的均值为 3.839,地方专项生的均值为 3.980,三者差异具有统计显著性($P<.05$)。

(二) 两两之间差异

两两比较,在专业整体满意度上,高校专项生和国家专项生的差异,LSD 检验和 T2 检验结果均有统计显著性;高校专项生和地方专项生、国家专项生和地方专项生的差异,LSD 检验和 T2 检验的结果均无统计显著性。在学习环境满意度上,高校专项生和国家专项生的差异,LSD 检验($P<.001$)和 T2 检验的结果均有统计显著性($P<.001$);高校专项生和地方专项生的差异,LSD 检验($P<.05$)和 T2 检验的结果均有统计显著性($P<.1$);国家专项生和地方专项生的差异,LSD 检验和 T2 检验的结果均无统计显著性。在专业课程满意度上,高校专项生和国家专项生的差异,LSD 检验($P<.01$)和 T2 检验的结果均有统计显著性($P<.05$);高校专项生和地方专项生、国家专项生和地方专项生,LSD 检验和 T2 检验的结果均无统计显著性。

四、入学类型与学习满意度的关系的性别差异

当按性别把全样本分为男性样本和女性样本两个子样本,并分别进行上述各种统计分析时,分析结果表明,在入学类型与学习满意度的关系的在某些侧面上,存在性别差异。

(一) 二分类时,性别对入学类型和学习满意度关系的影响

在男性样本中,在专业整体满意度、学习环境满意度、专业课程满意度上,二者之间均不存在显著统计差异。与此相比,在女性样本中,在专业整体满意度和学习环境满意度上,二者之间不存在显著统计差异;在专业课程满意度上,二者之间存在显著统计差异。

(二) 三分类时,性别对入学类型与学习满意度的关系的影响

模型差异。在男性样本中,在专业整体满意度、学习环境满意度和专业课程满意度上,三者差异均不具有统计显著性。与此相比,在女性样本中,在专业整体满意度、学习环境满意度上,三者差异均无统计显著性;但在专业课程满意度上,三者差异具有统计显著性。

两两比较。不管是在男性样本还是在女性样本中,在专业整体满意度、学习环境满意度、专业课程满意度上,三者的两两之间的差异均不具有统计显著性。

(三) 性别对三类专项生的资格考取差异的不同影响

模型差异。在男性样本中,在专业整体满意度上,模型差异有统计显著性;在其他两个指标上,模型差异均无统计显著性。与此相比,在女性样本中,在专业整体满意度和学习环境满意度上,模型差异均呈现统计显著性。在专业课程满意度上,模型差异无统计显著性。

两两比较。在男性样本中,在专业整体满意度上,高校专项生和国家专项生、

表 3-6 学习满意度的类型差异的统计结果

			专业整体满意度			学习环境满意度			专业课程满意度		
			M	SD	N	M	SD	N	M	SD	N
全体 二分类	统招生		4.355	.998	4 914	4.023	.687	4 914	3.947	.867	4 914
	专项生		4.291	1.009	878	4.028	.653	878	3.896	.794	878
	显著性		*								
三分类	城市统招生		3.489	.791	3 792	4.012	.696	3 792	3.948	.885	3 792
	农村统招生		3.469	.823	1 122	4.057	.654	1 122	3.945	.804	1 122
	专项生		3.433	.807	878	4.028	.653	878	3.896	.794	878
	显著性 模型										
	城市·农村	LSD	*								
		Tamhanett's T2									
	城市·专项	LSD				*					
		Tamhanett's T2									
	农村·专项	LSD									
		Tamhanett's T2									
专项三分类	高校专项生		3.543	.722	280	4.159	.627	280	3.993	.733	280
	国家专项生		3.371	.847	547	3.968	.662	547	3.839	.830	547
	地方专项生		3.490	.758	51	3.947	.594	51	3.980	.678	51
	显著性 模型		**			****			**		
	高校·国家	LSD	***			****			***		
		Tamhanett's T2	***			****					
	高校·地方	LSD				**			**		
		Tamhanett's T2									
	国家·地方	LSD				*					
		Tamhanett's T2									

续　表

					专业整体满意度			学习环境满意度			专业课程满意度		
					M	SD	N	M	SD	N	M	SD	N
男	二分类		统招生		4.313	1.063	2 062	4.033	.714	2 062	3.940	.891	2 062
			专项生		4.242	1.075	381	4.079	.703	381	3.921	.842	381
			显著性										
	三分类		城市统招生		3.454	.849	1 539	4.026	.729	1 539	3.934	.906	1 539
			农村统招生		3.442	.857	523	4.054	.668	523	3.958	.843	523
			专项生		3.394	.860	381	4.079	.703	381	3.921	.842	381
		显著性	模型										
			城市·农村	LSD									
				Tamhanett's T2									
			城市·专项	LSD									
				Tamhanett's T2									
			农村·专项	LSD									
				Tamhanett's T2									
	专项三分类		高校专项生		3.471	.778	153	4.168	.719	153	4.020	.756	153
			国家专项生		3.313	.924	214	4.012	.693	214	3.855	.910	214
			地方专项生		3.786	.426	14	4.140	.605	14	3.857	.535	14
		显著性	模型		**								
			高校·国家	LSD	*			**			*		
				Tamhanett's T2									
			高校·地方	LSD	*								
				Tamhanett's T2									
			国家·地方	LSD	**								
				Tamhanett's T2	***								

续 表

			专业整体满意度			学习环境满意度			专业课程满意度		
			M	SD	N	M	SD	N	M	SD	N
女	二分类	统招生	4.386	.947	2 852	4.015	.667	2 852	3.952	.850	2 852
		专项生	4.328	.955	497	3.989	.609	497	3.877	.756	497
		显著性							*		
	三分类	城市统招生	3.513	.748	2 253	4.003	.673	2 253	3.957	.871	2 253
		农村统招生	3.492	.793	599	4.060	.642	599	3.933	.769	599
		专项生	3.463	.764	497	3.989	.609	497	3.877	.756	497
		显著性 模型				*					
		城市·农村 LSD									
		城市·农村 Tamhanett's T2									
		城市·专项 LSD				*					
		城市·专项 Tamhanett's T2									
		农村·专项 LSD									
		农村·专项 Tamhanett's T2									
	专项三分类	高校专项生	3.630	.640	127	4.150	.496	127	3.961	.706	127
		国家专项生	3.408	.792	333	3.940	.641	333	3.829	.775	333
		地方专项生	3.378	.828	37	3.874	.581	37	4.027	.726	37
		显著性 模型	**			***					
		高校·国家 LSD	***			***					
		高校·国家 Tamhanett's T2									
		高校·地方 LSD	***			**			*		
		高校·地方 Tamhanett's T2									
		国家·地方 LSD				**					
		国家·地方 Tamhanett's T2									

国家专项生和地方专项生之间差异有统计显著性,高校专项生和地方专项生之间差异无统计显著性;在其他两个指标上,三者的两两之间的差异均没有统计显著性。在女性样本中,在专业整体满意度上,高校专项生和国家专项生之间具有显著性,其他两者之间差异无统计显著性;在学习环境满意度上,高校专项生和国家专项生、高校专项生和地方专项生之间均存在统计显著性差异,地方专项生和国家专项生之间无统计显著性差异;在专业课程满意度上,三者的两两之间的差异均无统计显著性。

第七节 小 结

本章从不同角度试图全面地定量比较统招生和专项生的学习质量。

若对这些统计结果概而观之,所有的统计结果似乎表明,在"双一流"高校本科的统招生和专项生之间,在学习质量的所有指标上几乎都存在着具有显著统计性的差异。而且,基本趋势大都是统招生要优于专项生。也就是说,本研究的统计结果不过是使用了较大规模的调查数据,确认了社会大众对统招生和专项生的学习质量差异的一般印象而已。

然而,如若进一步分析,就会发现事实可能远非如此。本章新发现的结果主要如下。

第一,当把上述的统招生细分为城市统招生和农村统招生时,统招生和专项生的学习质量的统计结果的对比就发生了明显的变化。明显的变化之一是,在某些学习质量指标的有些侧面上,农村统招生与专项生之间的差距已经失去了统计意义。明显的变化之二是,在某些学习质量指标的有些侧面上,尽管农村统招生的学习质量优势仍然具有统计意义,但与专项生的差距已经大大缩小。所以,从此处可以推测出,统招生和专项生的学习质量差异极有可能较大部分来自于城乡出身的影响。而在近年来我国主流的高等教育公平的实证研究的理论框架中,城乡差别正是大学生个人属性而致的高等教育机会差异的重要组成部分。①

第二，如果把整体样本具体划分为男性样本和女性样本，再进行同样的统计分析时，就发现，统招生和专项生的学习质量差异会随着性别而发生一定程度的变化。这说明，作为个人的先天属性，性别也可能是影响统招生和专项生二者之间的学习质量差异的重要因素。②

第三，从学习质量的表示静态结果的客观指标(知识获得、能力提升、资格考取)到主观指标(学习满意度)，再到表示当前学习的动态状态的学习质量指标(学习参与和学习方式)，统招生和专项生之间的学习质量的差异依次降低。在当前学习状态的指标上，统招生和专项生之间的学习质量的差异程度极低，甚至可以忽略不计。这些不同的比较结果说明，在统招生和专项生之间，学习质量的多方面的差异可能并不是二者当前本科阶段的学习努力程度及结果的真实反映。本科学习质量无法与过去割裂开来，是个人过去学习经历和经验的累计。而个体过

---

① 城乡差异是我国高等教育公平和经济社会公平的重要的理论议题和政策议题。对高等教育机会的城乡差异，我国学者之间的争论较多和较久。两个理论极端明显。一类观点认为，城乡之间几乎不存在明显差异而且该差异逐渐缩小。这类观点集中体现在以下学术成果中：梁晨.无声的革命：北京大学、苏州大学学生社会来源研究 1949—2002[M].北京：生活·读书·新知三联书店,2013；梁晨,董浩,任韵竹,李中清.江山代有才人出——中国教育精英的来源与转变(1865—2014)[J].社会学研究,2017(3)：48-71。但是，近期的大部分研究均没有如此乐观，而在整体上持几乎完全相反的观点。这类观点的代表性成果有：李春玲.教育不平等的年代变化趋势(1940—2010)——对城乡教育机会不平等的再考察[J].社会学研究,2014(2)：65-90；吴愈晓.中国城乡居民的教育机会不平等及其演变(1978—2008)[J].中国社会科学,2013(3)：4-22。

② 但是，性别对我国大学生本科期间的学业成绩的影响并无系统性的差异。也就是，在本科生学习成绩的某一个维度上可能是男性高于女性，而在另外一个维度上就有可能是女性高于男性。这样一来，特意关注本科生学业成绩的性别差异就失去了较高的理论意义。其他研究者的实证研究的结果也与本研究的结果基本相似。具体例子参见(汪洋,沈红.我国本科生批判性思维能力增值的性别差异研究[J/OL].[2021-06-16].重庆高教研究. https://kns.cnki.net/kcms/detail/50.1028.G4.20210216.1321.002.html)。性别无疑本来是纯粹的生理上的差异。但是，对于性别随附的诸多社会性特征的差异及其对本科生学习质量的实际影响程度，迄今为止，学术界的相关理论争论很多。从本专著的理论关注点来看，性别的社会性特征及其对本科生学习质量的实际影响几乎是无法改变的客观事实。所以，真正有效的学习促进策略必须基于这个性别差异的客观性而不是无视或消灭既有性别差异。

去的经历与经验在很大程度上要受到个人的先天和后天属性的明显影响。①

综上,在以下的各章里,有必要把本科生的个人属性与入学类型同时考虑,才可能更准确地发现入学类型对不同类型的本科生学习质量的影响程度和影响路径。

---

① 最近,出现了一个重要的理论研究的发展趋势。该趋势的核心是,试图定量评价本科生学习增值。学习增值即一个学习过程的终点(或学习过程中间的暂停点)与起点之间的各方面发展的差值。对其理念和操作方法的具体分析参见:黄海涛.美国高校"学生学习成果评估"的特点与启示[J].教育研究,2013(04):138-146;常桐善.美国大学本科教育:学习成果评估[M].北京:科学出版社,2020:1-98。

◆ 第四章
个体属性对学习质量的影响

在分析入学类型与本科生学习质量之间的相关性时,上一章的初步研究结果表明,本科生的个体属性可能对学习质量产生实质性的影响。因此,本章系统地分析这个可能存在的影响。当然,如前所述,在本研究中,如果变换观察的角度来看,因数据性质的影响,入学类型等社会结构变量也可视作本科生个体属性的重要侧面。

本章以下的统计分析包括两个部分。首先,在本章的第一节,明确用于统计分析的基本设计和程序,具体包括因变量和自变量的指标选择和操作性定义,统计方程设计与分析程序选择,以及统计结果的效力分析方法。其次,在本章的第二至第六节,依据统计分析的结果,详细分析本科生的个体属性对其学习质量的不同侧面的影响程度和路径。

长期以来,在西方的相关的经典理论中,个体属性对本科生学习质量的影响是核心研究领域之一。[1] 所以,本章的研究分析尝试的意义首先可以说是对这些经典理论的再次检证;其次也可以说是对这些经典理论在我国高等教育情景下的适用性的实证检验。[2]

---

[1] Matthew J. Mayhew, Alyssa N. Rockenbach, Nicholas A. Bowman, et al. How college affects students (Vol. 3), 21st century evidence that higher education works [M]. San Francisco CA: Jossey-Bass, 2016: 1 - 21.

[2] 更准确地说,是这些经典理论在我国"双一流"高校的教育情景中的实证检验。我国"双一流"高校在整个高等教育制度体系中的社会地位,大约相当于经典理论中所说的精英高等教育。所以,本章的统计分析未必适用于非精英型的高等教育的语境。在西方国家,实证研究个人属性和学校教育机会均等(不限于但主要是高等教育机会均等)的经典文集有: J. E. Floud, C. A. Anderson. Education, Economy and Society: A Reader in the Sociology of Education[M]. New York: Free Press, 1961; Jerome Karabel, A. H. Halsey. Power and ideology in education[M]. New York: Oxford University Press, 1977; A.H. Halsey[et al.]. Education, culture, economy and society[M]. Oxford New York: Oxford University Press, 1997。

第一节　统计分析的基本设计与程序

一、学习质量的操作性指标选择

作为统计分析的因变量(被说明变量),本科生学习质量有诸多侧面。第三章分析了学习参与、学习方式和学习成果等三个侧面,其中,学习成果又进一步分为学业成绩、能力提升、资格考取和学习满意度等四个更为具体的侧面,每一侧面具体又各有不同的指标,不同研究者因研究目的不同而选用的指标也会有不同。虽然可以针对所有指标进行统计分析,但本章根据研究目标有所筛选。

在本科生学习参与上,选取学习参与整体和课堂学习参与两个指标。选取学习参与整体作为指标的理由无需多言,因为只有它才能综合表征学习参与的所有特征。在整体之外,之所以选取课堂学习参与指标是因为它是本科生专业课程学习的活动和行为的核心所在。总之,本研究所选用的两个学习参与的指标,一为整体指标,二为核心指标。

在本科生学习方式上,深层学习方式和表层学习方式两个指标均入选。研究者一般认为,深层学习方式是理想的学习方式,能够带来预期的学习效果。[1] 尽管表层学习方式不是理想的学习方式,但是,访谈调查表明,在现实中,大部分本科生很大程度上在大部分时间里均依靠其来完成专业课程的学习。所以,本研究也把它作为学习质量的重点指标之一进行统计分析。总之,本研究所选用的两个学习方式的指标,一为理想指标,二为现实指标。

在学习成果上,首先剔除了能力提升的所有八个侧面,仅从学业成绩、资格考

---

[1] Trigwell Keith, Prosser Michael. Relations between teachers' approaches to teaching and students' approaches to learning[J]. Higher Education, 1999, 37(1): 57-70.

取和学习满意度三个侧面上选取指标,即本研究暂不考虑能力提升的进一步分析。如此选择的原因主要是:在本研究中,能力提升的有关数据是通过本科生自评而获得的,而非严格意义上的科学测量的结果;而在既有的经典研究中,能力水平大多依据较为精致的量表来测量。①

在学业成绩上,从"挂科"数量、GPA、专业年级排名和奖学金获得四个指标中,选取了"挂科"数量和GPA。与专业年级排名和奖学金获得相比,"挂科"数量和GPA具有较强的学业达成度的基本性质,更能代表本科生在专业课程学习中对知识技能的掌握和熟练的实际程度。所以,本研究选用的两个学业成绩的指标,一为达标指标,二为致优指标。

在资格考取上,选取大学英语四级考试通过(以下简称英语资格考取)和与专业相关职业资格考取(以下简称职业资格考取)。选取大学英语四级考试通过作为指标是因为,迄今为止,我国大部分高校都把英语成绩合格作为颁发本科学位的重要前提条件,而本科生只要通过大学英语四级考试就被视为英语成绩合格。否则,本科生还需要参加所在高校统一组织的学位英语考试。② 实际上,在本研究中的九所"双一流"高校里,本科生参加大学英语四级考试已经事实上成为必须的学习行为。从这个角度来看,作为国家统考,大学英语四级考试通过并非仅仅是本科生英语素养的指标,而且已经成为本科生的核心知识素养的基本指标。而职业资格有无对于本科生未来的顺利就业与否和就业质量高低至关重要。③ 所以,本研究选用的两个资格指标,一为专业知识技能的基本素养指标,二为就业能力指标。

在学习满意度上,从三个指标中,选取专业整体满意度和课程学习满意度两个指标。学习满意度指标选取的主要理由与学习参与指标选取的主要理由基本相同。

---

① 即使如此,能力测量的精确性仍受到质疑。
② 王流火.对大学英语四六级考试的反思[J].陕西师范大学学报(哲学社会科学版),2005(4):325 - 329.
③ 李雪,钱晓烨,迟巍.职业资格认证能提高就业者的工资收入吗?——对职业资格认证收入效应的实证分析[J].管理世界,2012(9):100 - 111.

在上述选取的各个指标中，资格考取上的两个指标均为二分变量（考取/否），其他各指标则均为连续型变量。各个因变量的基本统计特征见第三章的具体分析。

二、个体属性的指标选择和操作性界定

个体属性是统计分析的自变量（包括控制变量和说明变量），在迄今为止的相关研究中，被用作自变量的个体属性种类繁多。本研究根据研究目标，首先把选用的个体属性分为个体先天属性和个体后天属性，[1]顾名思义，前者先天的成分多，后者后天环境影响的成分多。

个体先天属性。个体的先天属性也很多，本研究仅选性别（男/女）为分类变量。

个体后天属性。个体的后天属性也很多，本研究选择家庭背景和入学前学业准备两类。

家庭背景。家庭背景即家庭的社会经济地位（SES），本研究选择三个指标：父亲职业、父亲学历和家庭居住地。父亲职业分为专业技术管理和非专业技术管理，分析时以非专业技术管理为参照。父亲学历分为高等教育和非高等教育，分析时以非高等教育为参照。家庭居住地分为城市和乡镇·村，分析时以乡镇·村为参照（简称为农村）。三者均为分类变量。

入学前学业准备。入学前学业准备选取两个指标：就读高中类型和高考分数。就读高中类型分为重点和非重点，分析时选取重点为参照。高考分数化为百分制，以便比较。

除去个体属性的影响之外，还需同时考虑社会结构和高教结构对学习质量的影响。

社会结构。本研究的社会结构包括入学类型和家庭居住地所在地区。第三

---

[1] 各属性的具体统计特征见附录。

章分析的入学类型有两类：统招生（城市统招生/农村统招生）/专项生和三类专项生。本研究主要关心专项生身份对学习质量的影响，故以下选择城市统招生/农村统招生/专项生的三分类，并且选择农村统招生为统计分析时的参照对象。家庭居住地所在地区分为东部、中部和西部，分析时以东部地区作为参照，东中西的划分采取我国中央政府的官方分类。① 但是，家庭居住地所在地区常常也被研究者作为家庭背景的一个指标来看待，因此本研究在以下具体的统计分析时，把家庭居住地所在地区与其他家庭背景的指标归为一个指标组类。

高教结构。本研究的高校结构包括高校类型、专业类型和在学年级。高校类型分为一流大学和一流学科高校，分析时以"一流学科"建设高校为参照。专业类型把12个专业门类分为理·工·农·医和人文·社科，分析时以人文社科为参照。在学年级分为一年级、二年级、三年级和四年级，除去少数5年级及以上的样本，分析时以大一为参照对象。

三、统计方程与分析程序选择

根据调查收集到的数据特征，使用分层多变量线性回归（B-GLM）和分层多变量二元逻辑回归（B-LR）。前者适用于连续型因变量，后者则适用于二分型因变量。

（一）分层多元线性回归

在 B-GLM 分析中，首先设定三个数理方程式。

$$y = \beta_0 + \sum \beta_1 C + \beta_1 ET + \varepsilon \qquad ①$$

$$y = \beta_0 + \sum \beta_1 C + \beta_1 ET + \sum \beta_3 SES + \varepsilon \qquad ②$$

---

① 统计分析时，一般选取分类变量的最初、最后或样本量最多的属性作为统计参照，赋值为"0"。

$$y = \beta_0 + \sum \beta_1 C + \beta_1 ET + \sum \beta_3 SES + \sum \beta_4 AP + \varepsilon \qquad ③$$

方程①考察当统计控制了性别、高校类型、学科类型和在学年级等无法人工控制或本章暂不分析的诸因素的影响后,入学类型对学习质量(连续变量)的影响。方程②考察当统计控制了性别、高校类型、学科类型和在学年级等本章暂不分析的诸因素的影响后,入学类型和家庭背景等因素对学习质量(连续型)的影响。方程③考察当统计控制了性别、高校类型、学科类型和在学年级等本章暂不详细分析的诸因素的影响后,入学类型、家庭背景和入学前学业准备等因素对学习质量的影响。

在方程①至③中,y 为学习质量的各变量,C 为性别、高校类型、学科类型和在学年级等各控制变量,ER 为入学类型,SES 为父亲职业、父亲学历、家庭所在地区和家庭居住地等家庭背景的变量,AP 为高中类型和高考分数等入学前学业准备的变量,β_0 为常数,β_1 至 β_4 为各自变量的回归系数,ε 为误差(此项一般略去)。在统计处理时,3个方程共用一个程序,分三层(Block1→Block3)投入自变量。分层线性回归优于经典线性回归之处是:既可观察添加新变量后的原变量的效应变化,也可以观察原变量控制后的新添加的变量的独立效应。以专项生的影响为例,我们可以比较其回归系数在模型①、模型②和模型③中的大小;也可以在模型②或③中,比较其回归系数与其他自变量(如父亲学历)的大小。[①]

(二) 分层二元逻辑回归

与 B-GLM 分析类似,在分层多变量二元逻辑回归中,首先也设定三个数理方程式。

$$\log\left(\frac{P}{1-P}\right) = \beta_0 + \sum \beta_1 C + \beta_1 ET + \varepsilon \qquad ①$$

---

① 如下所述,分层线性回归统计还有一个基本功能。那就是,可以比较预设的不同模型的统计效力的大小。

$$\log\left(\frac{P}{1-P}\right) = \beta_0 + \sum \beta_1 C + \beta_1 ET + \sum \beta_3 SES + \varepsilon \qquad ②$$

$$\log\left(\frac{P}{1-P}\right) = \beta_0 + \sum \beta_1 C + \beta_1 ET + \sum \beta_3 SES + \sum \beta_4 AP + \varepsilon \qquad ③$$

方程①考察当统计控制了性别、高校类型、学科类型和在学年级等本章暂不分析的因素的影响后,入学类型对学习质量(二分变量)的影响。方程②考察当统计控制了性别、高校类型、学科类型和在学年级等本章暂不分析的因素的影响后,入学类型、家庭背景等因素对学习质量的影响。方程③考察当统计控制了性别、高校类型、学科类型和在学年级等本章暂不分析的因素的影响后,入学类型、家庭背景和入学前学业准备等因素对学习质量的影响。

在方程①至③中,p 为某本科生考取某资格的概率,即达到某种学习质量的概率,C 为性别、高校类型、学科类型和在学年级等控制变量,ER 为入学类型,SES 为父亲职业、父亲学历、家庭所在地区和家庭居住地等家庭背景的变量,AP 为高中类型和高考分数等入学前学业准备各变量,β_0 为常数,β_1 至 β_4 为各自变量回归系数,ε 为误差(此项一般略去)。在统计处理时,3 个方程共用一个程序,分层(Block1→Block3)投入自变量。与分层多元线性回归类似,分层二元逻辑回归优于经典二元逻辑回归之处是:既可观察添加新变量后的原变量的效应变化,也可以观察原变量控制后的新添加的变量的独立效应。仍以专项生的影响为例来说明,我们既可以比较其回归系数在模型①、模型②和模型③中的大小;也可以在模型②或③中,比较其回归系数与其他自变量(如父亲学历)的大小。

(三) 统计结果的基本特征描述

以个体属性为自变量,学习质量的各具体指标为因变量,分别进行分层线性回归和分层二元逻辑回归的统计分析,分析结果如表 4-1 至表 4-5 所示。

首先,判断 B-GLM 方程统计效力。①至③回归方程的所有 F 值均呈高度统计显著性($P<.001$),这说明方程统计成立。所有方程的 R^2 和调整 R^2 高度接近,这说明所用数据符合统计拟合要求。方程 R^2 从模型①到模型③依次增加,说明逐

步增加自变量能够使解释效力增高。但各方程的 R^2 值相对较小,说明该方程对因果关系的统计解释力相对较弱。所有自变量的 VIF 值均远小于 5(表中未显示 VIP),这说明共线性程度较低,可视为独立变量进行分析。

其次,判断 B-LR 方程统计效力。在英语资格考取中,方程①至③的考克斯-斯奈尔平方值均比较大,说明方程统计效力较高。但在职业资格考取中,方程①至③的考克斯-斯奈尔平方值均相对较小,说明方程统计效力相对较弱。在英语资格考取和职业资格考取中,从①至③,-2 对数似然值均逐渐减少,说明逐步增加自变量有其合理性。

综上,可以依据表 4-1 至表 4-5 的统计分析的结果,探索自变量对因变量的统计影响。

第二节 个体属性对学习参与的影响的统计分析

在表 4-1 所示的统计分析结果的基础上,以下依次概述入学类型、家庭背景和入学前学业准备的各个具体指标对本科生学习参与的统计影响。

表 4-1 个体属性对学习参与的统计影响

	学习参与整体			课堂学习参与		
	模型①	模型②	模型③	模型①	模型②	模型③
	B	B	B	B	B	B
性别(以女性为参照)	-.030**	-.025	-.024	.011	.016	.017
高校类型(以"一流学科"为参照)	-.009	-.006	-.003	-.005	-.004	-.001
专业类型(以人文社科为参照)	-.075****	-.073****	-.067***	-.155****	-.149****	-.140****
大二(以大一为参照,下同)	.007	.007	.009	-.030**	-.029**	-.027*
大三	.086****	.084****	.082****	.055****	.053****	.051****
大四	.071****	.070****	.070****	.053****	.053****	.053****

续 表

	学习参与整体			课堂学习参与		
	模型①	模型②	模型③	模型①	模型②	模型③
	B	B	B	B	B	B
城市统招生(以农村统招生为参照,下同)	.047***	.021	.016	.061****	.030	.023
专项生	−.023	−.024	−.022	−.036**	−.030*	−.028*
父亲学历(以非高等教育为参照)		.024	.021		.044**	.040**
父亲职业(以非专业技术管理为参照)		.032*	.033**		.004	.006
中部(以东部为参照,下同)		.017	.018		−.012	−.011
西部		−.041***	−.041***		−.061****	−.061****
城乡(以农村为参照)		−.005	−.007		.002	−.002
高中类型(以重点高中为参照)			−.030**			−.039***
高考分数(百分制)			−.031**			−.040***
F	13.397	10.096	9.418	30.785	21.214	19.587
显著性	****	****	****	****	****	****
R^2	.019	.023	.025	.042	.047	.050
调整 R^2	.017	.021	.022	.041	.045	.047

一、个体属性对学习参与整体的影响

(一)入学类型对学习参与整体的影响

一方面,与农村统招生相比,城市统招生在学习参与整体上的明显优势只在模型①中灵光一现,而在其后的模型②和模型③中,这种优势的统计显著性就消失了。另一方面,尽管专项生从模型①至模型③,相对于农村统招生,在学习参与整体上均呈现微弱的统计劣势,然而该差异却均无统计显著性。故可以说,入学类型对学习参与整体无统计影响。

（二）家庭背景对学习参与整体的影响

不管在模型②还是在模型③中，父亲学历对学习参与整体均无统计影响。但是，父亲职业均有显著的正向统计影响，而且，当增加学业准备的自变量后，父亲职业的有意义统计影响不减反升（当然增加的数量值比较微弱）。相对于东部地区，中部地区的本科生在学习参与整体上没有呈现任何差异，但西部地区的本科生却有表现出明显的差距，低于东部地区本科生 0.041 标准差单位。城乡本科生在学习参与整体上虽存在微弱差异，但该差异却无任何统计显著性。总之，家庭背景的不同侧面的影响程度略微有异。

（三）学业准备对学习参与整体的影响

与入学类型和家庭背景的影响相比，入学前学业准备对学习参与整体的影响则非常显著。在模型③中，高中类型呈现统计显著性的负向影响，即来自于非重点高中的本科生要比来自于重点高中的本科生，在学习参与整体上低 0.030 标准差单位。高考分数呈现统计显著性的负向影响，即高考分数每提升 1 标准差单位，则本科生的学习参与整体将下降 0.031 标准差单位。与其他因素相比，高考分数对学习参与整体的影响有点出乎意料。

二、个体属性对课堂学习参与的影响

（一）入学类型对课堂学习参与的影响

尽管在模型①中，城市统招生比农村统招生在课堂学习参与上的水平要高一些，但该差异在其后的模型②和模型③中，就失去了统计显著性，这与城市统招生对学习参与整体的统计影响相类。但是，专项生从模型①至模型③，相对于农村统招生，在课堂学习参与均呈现出具有统计显著性的相对劣势，这个特点与专项生对学习参与整体的影响明显有所不同。故入学类型对本科生的课堂学习参与有显著的统计影响。

（二）家庭背景对课堂学习参与的影响

在模型②和模型③中，父亲学历对课堂学习参与均有显著的正向影响。在模型③中，如果父亲具有高等教育学历，则其课堂学习参与水平将提高 0.040 标准差单位。这与父亲学历对学习参与整体的统计影响完全不同。但是，父亲职业在模型②和模型③中均没有显著的统计影响，这也与其对学习参与整体的影响完全不同。相对于东部地区，中部地区的本科生在课堂学习参与上没有任何差异，但西部地区的本科生却有明显较低，低于东部地区本科生 0.061 标准差单位。除去具体数值之外，本科生家庭所在地区对课堂学习参与和其对学习参与整体的影响相类。城乡本科生在课堂学习参与虽存在些许的差异，但该差异却无任何统计显著性，这一点也与其对学习参与整体的影响近似。

（三）学业准备对课堂学习参与的影响

与入学类型和家庭背景的影响相比，入学前学业准备对课堂学习参与的影响非常显著。在模型③中，高中类型呈现统计显著性的负向影响，即来自于非重点高中的本科生要比来自于重点高中的本科生，在课堂学习参与上低 0.039 标准差单位。高考分数呈现统计显著性的负向影响，即高考分数每提升 1 标准差单位，则本科生的课堂学习参与将下降 0.040 标准差单位。高考分数对课堂学习参与的影响也有点出乎意料。除去具体数值之外，不管是高中类型还是高考分数，其对课堂学习参与的影响均与其对学习参与整体的影响高度类似。

第三节　个体属性对学习方式的影响的统计分析

在表 4-2 所示的统计分析结果的基础上，以下依次概述入学类型、家庭背景和入学前学业准备的各个指标对本科生学习方式的统计影响。

表 4-2 个体属性对学习方式的统计影响

	深层学习方式			浅层学习方式		
	模型①	模型②	模型③	模型①	模型②	模型③
	B	B	B	B	B	B
性别(以女性为参照)	−.052***	−.063****	−.068****	−.090****	−.089****	−.090
高校类型(以"一流学科"为参照)	−.021	−.024	−.016	−.047**	−.046**	−.044**
专业类型(以人文社科为参照)	.077****	.067***	.071****	.048**	.049**	.050**
大二(以大一为参照,下同)	.041***	.041***	.041***	.021	.021	.021
大三	−.071****	−.067****	−.069****	.002	.001	.001
大四	−.112****	−.110****	−.109****	−.001	−.002	−.002
城市统招生(以农村统招生为参照,下同)	−.076****	−.029	−.025	.005	−.005	−.004
专项生	.023	.010	.006	−.026	−.026	−.028
父亲学历(以非高等教育为参照)		−.025	−.023		.004	.005
父亲职业(以非专业技术管理为参照)		.002	.004		−.005	−.005
中部(以东部为参照,下同)		.000	−.007		.010	.008
西部		.127****	.126****		−.013	−.013
城乡(以农村为参照)		−.049***	−.043***		.017	.019
高中类型(以重点高中为参照)			.049****			.015
高考分数(百分制)			−.056****			−.013
F	26.649	24.880	23.572	8.307	5.362	4.772
显著性	****	****	****			
R^2	.037	.055	.060	.012	.012	.013
调整 R^2	.035	.053	.057	.010	.010	.010

一、个体属性对深层学习方式的影响

(一)入学类型对深层学习方式的影响

尽管在模型①中,城市统招生比农村统招生的深层学习方式的水平要低一些,但该差异在其后的模型②和模型③中,就失去了统计显著性。当然,需要注意的一点是,不管是模型①还是模型②或者模型③,相较于农村统招生,城市统招生对深层学习方式得分的影响竟然均为负值。另一方面,从模型①至模型③,专项生对深层学习方式的影响却均为正值,尽管该数据无统计显著性。总之,入学类型对本科生的深层学习方式无明显的统计影响。

（二）家庭背景对深层学习方式的影响

在模型②和模型③中,父亲学历和父亲职业对深层学习方式均没有显著的统计影响。相对于东部地区,中部地区对本科生深层学习方式的影响没有统计显著性。但西部地区的本科生却明显较高,高于东部地区本科生 0.126 标准差单位。相对于农村本科生,城市本科生在深层学习方式上的水平较低,低于农村本科生 0.043 标准差单位。

（三）学业准备对深层学习方式的影响

在模型③中,高中类型呈现统计显著正向影响,即来自于非重点高中的本科生要比来自于重点高中的本科生,在深层学习方式上高 0.049 标准差单位。高考分数呈现统计显著性的负向影响,即高考分数每提升 1 标准差单位,则深层学习方式将下降 0.056 标准差单位。

二、个体属性对表层学习方式的影响

（一）入学类型对表层学习方式的影响

在模型①、模型②和模型③中,城市统招生和专项生的影响均无统计显著性。

（二）家庭背景对表层学习方式的影响

在模型②和模型③中,家庭背景的各指标的影响均无统计显著性。

（三）学业准备对表层学习方式的影响

在模型③中，高中类型和高考分数对表层学习方式均无统计显著性的影响。

第四节 个体属性对学业成绩的影响的统计分析

在表 4-3 所示的统计分析结果的基础上，以下依次概述入学类型、家庭背景和入学前学业准备的各个指标对本科生学业成绩的统计影响。

表 4-3 个体属性对学业成绩的统计影响

	"挂科"数量			GPA		
	模型①	模型②	模型③	模型①	模型②	模型③
	B	B	B	B	B	B
性别(以女性为参照)	-.030**	-.025	-.024	.011	.016	.017
高校类型(以"一流学科"为参照)	-.009	-.006	-.003	-.005	-.004	-.001
专业类型(以人文社科为参照)	-.075****	-.073****	-.067***	-.155****	-.149****	-.140****
大二(以大一为参照,下同)	.007	.007	.009	-.030**	-.029**	-.027*
大三	.086****	.084****	.082****	.055***	.053***	.051***
大四	.071****	.070****	.070****	.053****	.053****	.053****
城市统招生(以农村统招生为参照,下同)	.047***	.021	.016	.061***	.030	.023
专项生	-.023	-.024	-.022	-.036**	-.030*	-.028*
父亲学历(以非高等教育为参照)		.024	.021		.044**	.040**
父亲职业(以非专业技术管理为参照)		.032*	.033**		.004	.006
中部(以东部为参照,下同)		.017	.018		-.012	-.011
西部		-.041***	-.041***		-.061****	-.061****
城乡(以农村为参照)		-.005	-.007		.002	-.002

续　表

	"挂科"数量			GPA		
	模型①	模型②	模型③	模型①	模型②	模型③
	B	B	B	B	B	B
高中类型(以重点高中为参照)			−.030**			−.039***
高考分数(百分制)			−.031**			−.040***
F	13.397	10.096	9.418	30.785	21.214	19.587
显著性	****	****	****	****	****	****
R^2	.019	.023	.025	.042	.047	.050
调整 R^2	.017	.021	.022	.041	.045	.047

一、个体属性对"挂科"数量的影响

(一) 入学类型对"挂科"数量的影响

尽管在模型①中,城市统招生比农村统招生的"挂科"数量要多一些,但该差异在其后的模型②和模型③中,就失去了统计显著性。与此相比,另一方面,从模型①至模型③,专项生的"挂科"数量却低于农村统招生,尽管该数据也无统计显著性。总之,入学类型对本科生的"挂科"数量的高低无明显的统计影响。

(二) 家庭背景对"挂科"数量的影响

在模型②和模型③中,父亲学历对"挂科"数量没有显著的统计影响。但是,父亲职业却有显著的统计影响,父亲职业为专业技术管理者,其"挂科"数量要高 0.033 标准差单位。相对于东部地区,中部地区的本科生在"挂科"数量上没有统计差异,但西部地区的本科生却明显较低,低于东部地区本科生 0.041 标准差单位。城乡差异不具统计显著性。

(三) 学业准备对"挂科"数量的影响

在模型③中,高中类型呈现统计显著性的正向影响,即来自于非重点高中的本科生要比来自于重点高中的本科生,在"挂科"数量上低 0.030 标准差单位。高考分数呈现统计显著性的正向影响,即高考分数每提升 1 标准差单位,则"挂科"数量下降 0.031 标准差单位。

二、个体属性对 GPA 的影响

(一) 入学类型对 GPA 的影响

尽管在模型①中,城市统招生比农村统招生的 GPA 要高一些,但该差异在其后的模型中,就失去了显著性。与此相比,从模型①至模型③,专项生的 GPA 均明显低于农村统招生。

(二) 家庭背景对 GPA 的影响

在模型②和模型③中,父亲学历对 GPA 有显著的统计影响。当父亲具有高等教育学历时,其 GPA 高 0.040 标准差单位。但是,父亲职业无显著的统计影响。相对于东部地区,中部地区的本科生在 GPA 上没有统计差异,但西部地区的本科生却明显较低,低于东部地区本科生 0.061 标准差单位。城乡差异不具统计显著性。

(三) 学业准备对 GPA 的影响

在模型③中,高中类型呈现统计显著性的正向影响,即来自于非重点高中的本科生要比来自于重点高中的本科生,在 GPA 上低 0.039 标准差单位。高考分数呈现统计显著性的正向影响,即高考分数每提升 1 标准差单位,则 GPA 将下降 0.040 标准差单位。

第五节 个体属性对资格考取的影响的统计分析

在表 4-4 所示的统计分析结果的基础上,以下依次概述入学类型、家庭背景和入学前学业准备的各个具体指标对本科生资格考取的统计影响。

表4-4 个体属性对资格考取的统计影响

	英语资格考取			职业资格考取		
	模型①	模型②	模型③	模型①	模型②	模型③
	B	B	B	B	B	B
性别(以女性为参照)	−.177	−.145	−.104	.538****	.532****	.523****
高校类型(以"一流学科"为参照)	.471****	.478****	.439****	.519****	.512****	.557****
专业类型(以人文社科为参照)	1.063****	1.102****	1.092****	−.992****	−1.003****	−.956****
大二(以大一为参照,下同)	3.419****	3.439****	3.468****	1.060****	1.056****	1.060****
大三	4.443****	4.457****	4.553****	2.213****	2.221****	2.206****
大四	4.512****	4.534****	4.572****	2.300****	2.297****	2.303****
城市统招生(以农村统招生为参照,下同)	.161	.051	.032	220**	−.045	−.060
专项生	.069	.125	.180	−.394***	−.395***	−.401***
父亲学历(以非高等教育为参照)		−.085	−.106		−.274**	−.283**
父亲职业(以非专业技术管理为参照)		.040	.037		.085	.090
中部(以东部为参照,下同)		−.001	.059		.020	−.004
西部		−.371****	−.359***		.116	.119
城乡(以农村为参照)		.280	.225*		−.107	−.094
高中类型(以重点高中为参照)			−.356****			.057
高考分数(百分制)			.011****			−.008****
−2对数似然	3 854.596	3 834.486	3 799.076	3 908.962	3 900.133	3 884.512
考克斯-斯奈尔R方	.448	.450	.454	.102	.104	.106

一、个体属性对英语资格考取的影响

(一)入学类型对英语资格考取的影响

城市统招生、农村统招生和专项生在英语资格考取上,没有统计显著性差异。

（二）家庭背景对英语资格考取的影响

在模型②和模型③中，父亲学历和父亲职业均无显著的统计影响。相对于东部地区，中部地区的本科生在英语资格考取上没有统计差异，但西部地区的本科生英语资格考取可能性明显较低，仅是东部地区本科生 0.699 倍。[①] 城市统招生通过的可能性是乡村统招生的 1.253 倍。

（三）学业准备对英语资格考取的影响

在模型③中，高中类型呈现统计显著性的负向影响，即来自于重点高中的本科生英语资格考取可能性仅为非重点高中的本科生的 0.700 倍。高考分数呈现统计显著性的正向影响，即高考分数每提升 1 标准差单位，则英语资格考取可能性提升为原来的 1.011 倍。

二、个体属性对职业资格考取的影响

（一）入学类型对职业资格考取的影响

尽管在模型①中，城市统招生比农村统招生的职业资格考取的概率要低一些，但该差异在其后的模型②和模型③中，就失去了统计显著性。与此相比，另一方面，从模型①至模型③，专项生的职业资格考取却显著地低于农村统招生，仅为农村统招生的 0.670 倍。总之，专项生这一入学类型对本科生职业资格考取有明显的统计影响。

（二）家庭背景对职业资格考取的影响

在模型②和模型③中，父亲学历有显著的统计影响。父亲为高等教育学历的

---

① 在逻辑回归分析中，与线性回归有所不同。表示统计影响大小的数值不是因变量的回归系数"B"，而是"Exp(B)"。Exp(B)=e^B。其中，e 为自然对数的底数。但是，为了与本章中的其他各表（表 4-1，表 4-2，表 4-3，表 4-5）在表现形式上保持一致，Exp(B) 就没有在表 4-4 中显示出来。以西部地区为例，西部地区的 Exp(B)=e^B=$e^{-.359}$=0.699，即其四级通过可能性仅为东部地区的 0.699 倍。以下各处同。

本科生其职业资格考取可能性为非高等教育学历的 0.753 倍。父亲职业无统计显著性。东中西部地区和城乡各因素均无统计显著性。

（三）学业准备对职业资格考取的影响

在模型③中，高中类型呈现无统计显著性的影响，高考分数呈现统计显著性的负向影响，即高考分数每提升 1 标准差单位，则职业资格考取的可能性降至为原来的 0.992 倍。

第六节　个体属性对学习满意度的影响的统计分析

在表 4-5 所示的统计分析结果的基础上，以下依次概述入学类型、家庭背景和入学前学业准备的各个具体指标对本科生学习满意度的统计影响。

表 4-5　个体属性对学习满意度的统计影响

	专业整体满意度			课程学习满意度		
	模型①	模型②	模型③	模型①	模型②	模型③
	B	B	B	B	B	B
性别(以女性为参照)	-.016	-.017	-.018	-.006	-.003	-.002
高校类型(以"一流学科"为参照)	-.099****	-.100****	-.097****	.036*	.035*	.036*
专业类型(以人文社科为参照)	-.036*	-.035*	-.032	-.022	-.016	-.011
大二(以大一为参照,下同)	.011	.011	.012	-.087****	-.087****	-.086****
大三	.010	.011	.010	-.042***	-.043***	-.043***
大四	-.033**	-.032**	-.032**	-.057****	-.056****	-.056****
城市统招生(以农村统招生为参照,下同)	-.007	.012	.010	-.003	-.013	-.019
专项生	-.022	-.015	-.016	-.019	-.008	-.006

续 表

	专业整体满意度			课程学习满意度		
	模型①	模型②	模型③	模型①	模型②	模型③
	B	B	B	B	B	B
父亲学历(以非高等教育为参照)		-.003	-.003		.003	.000
父亲职业(以非专业技术管理为参照)		-.023	-.023		.002	.003
中部(以东部为参照,下同)		-.022	-.023		-.038***	-.037**
西部		-.005	-.006		-.056****	-.056****
城乡(以农村为参照)		-.015	-.015		.006	.004
高中类型(以重点高中为参照)			.000			-.031**
高考分数(百分制)			-.025*			-.017
F	12.136	7.966	7.132	5.347	4.577	4.407
显著性	****	****	***	****	****	****
R^2	.017	.018	.019	.008	.011	.012
调整 R^2	.016	.016	.016	.006	.008	.009

一、个体属性对专业整体满意度的影响

(一) 入学类型对专业整体满意度的影响

在模型①、模型②和模型③中,城市统招生与农村统招生、专项生与农村统招生之间的专业整体满意度的差异均无统计显著性。

(二) 家庭背景对专业整体满意度的影响

家庭背景里的各指标对专业整体满意度均无统计显著性的影响。

(三) 学业准备对专业整体满意度的影响

在模型③中,高中类型无统计显著性的影响。高考分数呈现统计显著性的负向影

响,即高考分数每提升1标准差单位,则专业整体满意度将下降0.025标准差单位。

二、个体属性对课程学习满意度的影响

(一) 入学类型对课程学习满意度的影响

在模型①、模型②和模型③中,城市统招生与农村统招生、专项生与农村统招生之间的专业整体满意度的差异均无统计显著性。这与其对专业整体满意度的影响高度类似。

(二) 家庭背景对课程学习满意度的影响

在模型②和模型③中,父亲学历和父亲职业对课程学习满意度均无显著的统计影响。相对于东部地区,来自中部地区和西部地区的本科生的课程学习满意度明显较低,中部地区和西部地区分别低于东部地区0.037和0.056标准差单位。城乡差异不具统计显著性。

(三) 学业准备对课程学习满意度的影响

在模型③中,高中类型有统计显著性的影响,来自非重点高中的本科生要比来自于重点高中的本科生,在课程学习满意度上低0.031标准差单位。高考分数的影响无统计显著性。

第七节 小 结

本章的主要研究结果如下。

性别对本科生学习质量的影响。与男性相比,女性在深层学习方式上的得分较低,但在职业资格考取上的比例较高。在学习参与的两个指标、表层学习方式、学业成绩、英语资格考取和学习满意度的两个指标上,男女之间不存在统计意义

上的差异。

社会结构对本科生学习质量的影响。在所有的学习质量的指标上,农村统招生与城市统招生之间不存在任何统计意义上的差异。与农村统招生相比,专项生在课程学习参与、GPA 和职业资格考取上的得分较低,在其他指标上,二者之间不存在统计意义上的差异。与东部地区相比,来自中部地区的学生在课程学习满意度上的得分较低,在其他指标上,二者之间不存在统计意义上的差异。与东部地区学生相比,来自西部地区的学生在学习参与整体、课程学习参与、GPA、英语资格考取、课程学习满意度等指标上的得分较低。但是,在深层学习方式上的得分反而高一些,与此同时,"挂科"数量反而少一些。

高校结构对本科生学习质量的影响。与"一流学科"建设高校相比,一流大学的本科生在两种学习方式上的得分都比较低,在两种资格考取的比例上都比较高,专业整体满意度较低,但课程学习满意度较高。在其他指标上,两类高校的本科生不存在统计意义上的差异。与人文社科类相比,理工农医本科生在学习参与整体、课程学习参与、"挂科"数量、GPA、职业资格考取比例等指标上均较低,但在深层学习方式、表层学习方式、英语资格考取比例上均比较高。在学习满意度的两个指标上二者均不存在有统计意义的差异。

家庭背景对本科生学习质量的影响。与父亲不具有高等教育学历者相比,父亲具有高等教育学历的本科生在课程学习参与和 GPA 两个指标上的得分较高,在职业资格考取上的得分比较低。在其他指标上,二者之间不存在有统计意义的差异。与父亲职业为非专业技术管理者相比,父亲职业为专业技术管理的本科生在学习参与整体和"挂科"数量上的得分较高。在其他指标上,二者之间均不存在有统计意义的差异。与农村出身的本科生比较,城市出身的本科生的深层学习方式得分较低,但英语资格考取比例较高。在其他指标上,二者之间均不存在有统计意义的差异。这些结果与相关研究的最新结果之间的差异较大。[①]

---

① 王严淞,马莉萍."双一流"大学招生倾斜政策下弱势学生发展的追踪研究[J].复旦教育论坛,2021(1):89-96.

入学前学业准备对本科生学习质量的影响。与重点高中毕业的本科生相比，非重点高中毕业的本科生在深层学习方式上得分较高，在学习参与整体、课程学习参与、"挂科"数量、GPA、英语资格考取比例、课程学习满意度等指标上得分较低。高考分数越高，本科生的学习参与整体、课程学习参与、深层学习方式、表层学习方式、"挂科"数量、GPA、职业资格考取和专业整体满意度等指标上的得分越低，但英语资格考取比例越高。在表层学习方式和课程学习满意度上，二者之间不存在有统计意义的差异。这些也与既有研究差异较大。①

根据个体属性对学习质量的影响方向和统计显著性，把表4-1至4-5中的模型③中的分析结果整理汇总，其结果成为表4-6。在表4-6中，个体属性对本科学习质量具有积极或正向影响的表示为"＋"，个体属性对学习质量具有消极或负向影响表示为"−"。同时，仅显示有统计显著性的影响，无统计显著性的影响则显示为空白。

表4-6　本章的分析结果总结

	学习参与		学习方式		学业成绩		资格考取		学习满意度	
	学习参与整体	课程学习参与	深层学习方式	表层学习方式	"挂科"数量	GPA	英语资格考取	职业资格考取	专业整体满意度	课程学习满意度
性别(以男性为参照)				−				+		
高校类型(以"一流学科"为参照)				−	−		+	+	−	+
专业类型(以人文社科为参照)	−	−	+	+				+		
大二(以大一为参照，下同)		−	+		−	−	+	+		−
大三	+	+			+	+	+	+		
大四	+	+			+	+	+	+	−	−
城市统招生(以农村统招生为参照，下同)										

---

① 牛新春.招生倾斜政策下重点大学农村学生的学业准备和初期学业表现——基于X大学的实证案例研究[J].复旦教育论坛，2017(4)：52-61.

续　表

	学习参与		学习方式		学业成绩		资格考取		学习满意度	
	学习参与整体	课程学习参与	深层学习方式	表层学习方式	"挂科"数量	GPA	英语资格考取	职业资格考取	专业整体满意度	课程学习满意度
专项生	—	—								
父亲学历(以非高等教育为参照)		+	+			+		—		
父亲职业(以非专业技术管理为参照)	+				+					
中部(以东部为参照,下同)									—	
西部										
城乡(以农村为参照)							+			
高中类型(以重点高中为参照)			—							
高考分数(百分制)	—	—		—			+	—		

以下,进一步把本研究的主要结果与一般常识认识加以简单比较。

学术研究上,一般把个体的个人属性较符合社会期望的群体称为社会优势群体,反之则称为社会弱势群体,[①]本章沿用此说。即把统招生(统招生中则是城市统招生)、父亲具有高等教育学历、父亲职业为专业技术管理、家庭位于社会经济水平比较发达地区(东部优于中部,二者又优于西部)、来自重点高中和高考分数优异者视为社会优势群体本科生,反之则为社会弱势群体本科生。当然,具体到某一个体本科生,其有可能仅仅是在某一个或几个个体属性侧面处于社会弱势,而在其他侧面则是优势群体。研究者一般均认为社会优势群体本科生的学习质量会高于社会弱势群体本科生的学习质量。著者团队的大量访谈调查也基本如此。

为了把本研究的诸多结果与一般通识相比较,这里就需要对本研究的结果加

---

① 这里的"社会期望"是指纯粹社会学意义上的"社会上的大部分个体都想通过努力而获得"的基本意思。与政府的官方界定或研究者的价值判断无任何关涉。

以概括。概括的基本步骤如下：首先，建立表4-7。在表中，把个体属性纵排在左侧，紧接着把在表4-1至表4-5中的学习质量的各项指标上，社会优势属性呈现正向的统计影响的记为"＋"，社会弱势属性呈现正向的统计影响的记为"－"，社会属性与学习质量无统计显著性相关的记为"x"。其次，在表4-7中，把学习质量的各指标在表4-7上方横排。把学习质量的各侧面按照人们通常观察时的先后或者说轻重次序从左至右排列，即学业成绩/学习参与/学习满意度/资格考取/学习方式的顺序；同时，学习质量每一侧面上的两个指标也按照同样原则排列，比如，在学业成绩中，GPA就排列在"挂科"数量的左侧。再次，纵向合计每一学习质量指标上的"＋""－"和"x"的个数，对每一指标上的"＋"与"－"之中个数较多者以粗框和彩色标出。仔细观察表4-7，可得出以下两条基本发现。

表4-7 本研究结果与一般常识认识的对比

		学业成绩		学习参与		学习满意度		资格考取		学习方式	
		GPA（致优）	"挂科"数量（达标）	课程学习参与（核心）	学习参与整体（整体）	课程学习满意度（核心）	专业整体满意度（整体）	英语考试通过（素养）	职业资格考取（就业）	深层学习方式（理想）	表层学习方式（现实）
入学类型	城市统招生/农村统招生	x	x	x	x	x	x	x	x	x	x
	农村统招生/专项生	＋	x	＋	x	x	x	－	x	x	x
家庭背景	父亲学历	＋	x	＋	＋	x	x	x	x	x	x
	父亲职业	x	－	x	＋	x	x	＋	x	＋	x
	东部/中部	x	x	x	x	＋	x	x	x	x	x
	东部/西部	＋	x	＋	＋	x	x	＋	x	＋	＋
	城/乡	x	x	x	x	x	＋	＋	＋	x	x
学业准备	高中类型	＋	－	＋	＋	＋	＋	x	＋	x	x
	高考分数	－	－	－	－	x	－	＋	x	x	x
合计数	"合"社会常识　＋	4	0	4	3	3	0	4	0	0	0
	无法断定"合"与"否"　x	4	5	4	5	6	8	5	6	5	9
	不"合"社会常识　－	1	4	1	1	0	1	0	3	4	1

第一,专项生和统招生的学习质量差异虽然存在,但并不像社会想象的那么明显和巨大。外部社会首先看到的本科生学业成绩是专业课程学习上的分数。GPA是当前我国本科专业课程学习分数的最通行的指标,在 GPA 上,即使排除了其他因素的可能的统计影响,专项生仍然确实与农村统招生之间存在着具有统计显著性的差距。① 从此而言,本研究的结果似乎只不过是世间常识的数字化的再现。然而,在 GPA 之外,在学习质量的其他指标上,只有在课程学习参与这一指标上,统招生的统计影响再次占优;但专项生在职业资格考取上明显优于统招生。除 GPA、课程学习参与和专业资格考取之外,在学习质量的其他七个指标上,统招生和专项生之间的差异均没有统计显著性,即在这些指标上,统招生并没有什么明显的统计优势。总之,本研究一方面即印证了社会常识对专项生学习质量认识的内在合理性,同时也显示其认识的片面性。总之,如果从更多侧面观察,二者的学习质量并无明显差异。

第二,从上述的统招生和专项生的学习质量的差异的特征扩展开来,广而言之,社会弱势本科生和社会优势本科生的学习质量差异尽管也一定程度存在,但这差距也并不像大众社会所想象的那么明显和巨大。由表 4-6 的底部的合计数可知,社会优势本科生的学习质量在 GPA 上明显占优,呈现 4∶1 的态势,这个结果自然与社会常识高度一致。但是,如果把学习质量的其余指标均考虑进来,其结果自然大有不同。在其余的学习质量的九个指标中,社会优势本科生占优的仅有四个,在另外的五个指标上反而是社会弱势本科生占优。而且,在学习质量的所有的指标上,对学习质量没有任何统计影响的个体属性的数量相对较多。具体而言,最少的为 4 个(40%),最多的为 9 个(90%),最少的那一个恰巧就是 GPA 指标。

总之,本研究一方面印证了社会上流行的社会属性优势带来学习质量优势的常识认识的一定程度的合理性,同时也揭露了其认识所内含的片面性。如果综合

---

① 因为城市统招生 GPA 不低于农村统招生,所以,专项生的 GPA 自然也与城市统招生存在统计差异。

而立体地审视,也许二者的学习质量并无明显的本质差异。这对制定教学帮扶措施具有重要的启发意义。

如何解读上述统招生和专项生、社会优势本科生和社会弱势本科生的学习质量之间的差异的统计特征呢?最常见的自然是建立在社会常识基础上的若干代表性的实证研究。研究者常常觉得二者之间的学习质量的差异不仅非常明显,而且具有不可逆性。很显然,若与本研究的结果相对照,从学术上而言,这类研究的结果的可靠性和合理性令人怀疑。

当然,与此相对,还有一种观点完全相反的"底层文化逆袭"理论。该理论的基本思想包括两点:第一,整体上,一流大学中的农村本科生(也包括其他弱势群体学生)的学习质量要优于社会优势群体。第二,他们之所以能够在学业上逆袭,是因为底层文化给了他们不断向上的压力与动力。其客观的效果似乎是学术研究成了小人物走向学业成功——进而是社会成功的赞歌式叙事。于是,从公平角度而言,目前的一流大学确乎呈现一片大好的样态。从此研究结果引出的政策结论则只能是保持"双一流"本科教学现状为最佳。

不过,综合本研究的结果来看,目前最多只可以说,二者的学业优劣尚无法精准地判断而已。但是,应该还远远谈不上已经达到了底层文化逆袭的程度。① 而且,本研究在综合既有研究的成果的基础上,采用了五类学习质量的十个指标。但这十个学习质量的指标,其社会重要性的程度明显不同。比较而言,GPA 和英语资格考取这两个指标最具社会重要性。"双一流"高校对学术优秀和攻读研究生比较重视。在"双一流"高校里,本科生 GPA 是"推优评优"和"推免保研"的最

---

① 若非有翻天覆地的社会政治变革(如政权更替或持续而大范围的国内外战争)或巨大的自然灾害(如中世纪瘟疫或美洲、非洲时常发生的超级飓风等)发生在前,统计上出现的高等教育、尤其是精英高等教育(精英高等教育的定义有宽有窄,这里在较狭窄的意义上使用)上的底层文化逆袭则只可能是极小概率的客观事件,实际上完全可以忽略不计的。在历史发展的长河中,尤其在当前的社会现实生活中,自然是非常不可想象的事情。布尔迪厄曾经概述了看似是底层文化逆袭而终成国家精英的几种情况,并对其客观真实及形成原因做了比较精辟的理论分析(参见,[法] P.布尔迪厄,[法] J. C.帕斯隆.继承人:大学生与文化[M].邢克超,译.北京:商务印书馆,2002;[法] 布尔迪厄.国家精英:名牌大学与群体精神[M].杨亚平,译.北京:商务印书馆,2018)。

重要的客观依据;英语资格考取作为英语水平的重要指标,不仅是获得本科学位的要件,对于那部分未获"推免保研"资格而又想读研的本科生来说,还与考研的成功率密切相关。但恰恰就是在这两个核心指标上,社会优势群体本科生具有绝对优势。当然,政府和高校拥有设定或改变学习质量指标的评价权重的权力,关键在于如何应用。

另外,本章的理论前提是把本科生学习质量完全视作本科生的个人属性的函数。但是,从分析结果中可以看出,所有方程的整体上的统计说明力均相对较低。这表明,现实中可能还有其他的重要影响因素存在,比如,高校有目的地设定教学环境或高校的综合影响都应该是决定学习质量的重要因素。对此类因素的可能影响,本研究将从下一章开始统计分析。

第二部分

第二部分含第五章至第七章,分析"双一流"建设高校本科教学质量的特征及影响因素。

第五章分析"双一流"高校本科教学质量的基本特征,具体分析从专业课堂教学和专业学习支持两个侧面入手,每一侧面又进一步具体化为三个更为细小的侧面。在每一个具体侧面上,首先,根据既有研究成果,分析概念的基本内涵。其次,综合考虑我国的现实情况,来设定不同侧面的操作性指标。最后,在调查数据的基础上,概括在本科教学的不同侧面上,我国9所"双一流"高校的本科教学质量的基本统计特征。第六章分析高校类型、专业类型以及二者交互作用对本科教学质量的影响。第七章分析和解释本科生的不同个体属性对本科教学质量的统计影响。

◆ 第五章
教学质量的现实特征

本章分析 9 所"双一流"高校本科教学质量的基本特征,具体分析从专业课堂教学和专业学习支持两个侧面入手,每一侧面又进一步具体化为三个更为细小的侧面。在每一个细小的侧面上,首先,根据既有研究成果,分析概念的基本内涵;然后,综合考虑我国的现实情况,来设定不同侧面的操作性指标;最后,通过对调查数据的统计分析,概括在本科教学的不同侧面上,我国 9 所"双一流"高校的本科教学质量的基本的现实特征。

对不同侧面上的本科教学质量的操作性指标的统计分析,沿着以下三个基本程序进行:描述基本统计特征,计算不同指标间的相关系数,然后在此基础上进一步观察专业课堂教学的各个维度和专业学习支持的各个维度之间的统计相关。同时,分析各统计量的性别差异。

第一节 教学质量的观察视角和内涵界定

欲精确地分析本科教学质量,必先界定合适的观察视角。与本科生的学习质量类似,教学质量观察的视角也多种多样。从不同角度进行观察,所得出的研究结果自然会有所不同,本研究从本科生的角度来观察本科教学在结果上的质量。

一、观察视角多样化和教学质量的复杂性

首先,教学质量可以被认为是教师的教学行为或活动的质量,这个行为或活动总是体现为延续一段时间的教学资源的投入、使用过程和最终结果。所以,本科教学质量与本科生学习质量相类似,可以从教师(个体或集体)的教学投入、教学过程和教学结果三个角度来衡量。本文拟从教学结果角度来衡量,但是,与教

学投入和教学过程的衡量相比,教学结果的衡量非常困难。衡量的难点之一在于,教学结果最终如何在很大程度上取决于受教学生的教学接受性。同一位教师运用同样的教学投入在同一个教学过程中,所产生的教学结果对于不同学生而言,可能其质量会明显不同。而且,教学质量的影响也具有相当长的滞后性。我们期望在教学结束时,就立即看到明显的效果。但是,这种教学效果立竿见影的情况实际上很少会发生。所以,在哪个时点观察教学效果也是悬而未决的问题。有研究者总结出了15种不同的本科教学质量的观察角度与相应方法。[①] 对作为质量的教学结果从教师角度或从学生角度来观察,可能观察到的情况就会完全不同,本文从本科生角度来观察。

其次,作为被观察的教学行为或活动的主体,高校教师也有个体与集体之分。在教师集体之中,还存在集体的范围大小之别,教师集体的范围从小到大依次为专业、学院/学部和高等学校。当然,也有少数研究者的范围更大,针对某地区或整个国家的教师集体。本章的研究对象是指样本本科生所在专业的所有专业课程的任课教师集体,这里的任课教师的含义具有广泛性。它既包括兼职与专职,也包含教辅和教学管理人员,教辅人员如辅导员,教管人员如实验工程师或教务员,所有相关人员共同构成具有综合性影响的教学氛围。

再次,即使从学生角度来观察本科教学质量也有主观与客观之分。当前的客观方法是通过本科生学业成绩来衡量;主观方法是通过本科生的主观评定来衡量。但学业成绩显然不是教学质量单一因素影响的结果。访谈表明,有些研究者、高校教师和本科生甚至都不认为本科课堂教学质量是本科生学习质量的重要影响因素。与基础教育不同,即使仅仅测量客观的本科生学业成果也有很大难度。不过,研究者正在开发相对更为合理的客观测量方法,也取得了显著进展。[②] 发现和确定"双一流"高校中本科课堂教学质量对本科生学习质量的影响的

[①] Ronald A. Berk. Beyond student ratings: 14 other sources of evidence to evaluate teaching [A]. Handbook of quality assurance for university teaching [C]. edited by Roger Ellis and Elaine Hogard. Abingdon, Oxon: Routledge, Taylor & Francis Group, 2019: 317-344.

[②] 徐国兴.美国本科生学习成果评估的主要特征探析:以CLA为例[J].上海教育评估研究,2016(2):31-36.

路径和程度正是本研究的主要目标之一。学生角度测评本科教学质量的主观方法具体分为三类：单科课程结束时学生对教师教学效果的评定，这就是我们常说的学生评教；单科课程中期的教学效果反馈，这被认为是最理想的一种方式，因为这样的评价被认为可以通过及时反馈给教师，促进教学方法改进，提升教学效果；[①]毕业生评价主要针对本科生所在专业或整个学校，对单个教师很难有效评价。本文中的本科专业教学效果评价综合了以上各类评价的内涵，指一段教学过程结束后的本科生对本专业的教师集体的教学效果评价。

二、课堂内与课堂外的效果相互补充的教学质量

在高等教育里，不同阶段（专/本/硕/博）的教师教学行为或活动的基本构成成分不尽相同。在本科阶段，专业教学主要包括专业课堂教学和相应的课外教学或活动两部分。而且，两部分的数量构成应该相对比较均衡。所以，本科教学质量应该从专业课堂教学质量和相应的教辅质量两个角度来衡量。对于课外教辅的内容和作用，我们的理论认识在不断深化，整体上是逐渐强调教辅作用和强化教辅地位。随着教辅内容的逐渐丰富和制度化，在既有文献中，教辅一词逐渐为学习支持一词所替代。所以，本文也使用学习支持一词来代替传统上的教辅概念。但是，教辅与学习支持之间还是存在着细微的差别，教辅多指向于个体教师的行为或活动，而学习支持则是教师集体或培养单位的制度化的行为或活动，学习支持的内涵随本科生学习的内涵而变化。广义的本科生学习的范围并不仅限于专业课程学习，本文把本科生学习限定在专业课程学习相关的内容上。相应地，本文的学习支持则特指专业学习支持。

本文把教师的专业课堂教学行为或活动根据其功能进一步分为知能传授、志趣唤醒和学程调控三类，对专业学习支持则依据支持的内在性质的不同从三个侧

---

① 赵传兵.从唯量化走向多维优化——发展性评价观对教师教育评价的影响[J].黑龙江高教研究,2014(7):7-9.

面把握：学习资源丰富性、学习支持体系完善性和学习共同体建设。具体界定和分析分别见以下各节。

第二节 专业课堂教学的基本特征

一、专业课堂教学的概念与操作化指标

人类对有效教学的认识源远流长，最早可追溯至苏格拉底。① 对现代学校教学的全面和科学认识无疑始自20世纪初的约翰·杜威。杜威在对实验学校的教育经验系统总结的基础上，把儿童的活动和经验带到了教学活动和教学效果中的重要位置上。此后，研究者习惯上把教师的教学行为归为不同性质的两大类：偏向教师、教学、课堂、教材和知识传授的教师中心行为取向和偏向学生、学习、活动、过程和学生的动机激起的学生中心行为取向。尽管有研究者认为二者对立属于理念建构，而事实上二者对立不存在，②但有研究者基于问卷调查发现，在我国的教育现实中，个体教师在教学理念上确实存在着偏向教师中心或偏向学生中心的较为稳定的一致性取向。而且，持有两种教学理念的教师因性别、学校类型、教授学科不同而存在显著差异。教学理念还受到人格特质、教学能力、职业认同、科研实践和校长领导风格的影响。③ 当然，这是针对基础教育中的教师特征而言的。两种不同的教学取向既体现在个体教师的教学风格和行为中，也体现在教师集体风气和学校营造的教学环境中。

与基础教育相比，在高等教育里，类似的教学认识和理论研究在二战后才逐渐出现。并且，相关定量研究在不同国家里也经历了不尽相同的发展过程。

---

① 刘占凤.苏格拉底式教学法的现代应用[J].高教发展与评估,2008(3)：98-103.
② 王卉,周序.虚无的对立与事实上的统一——论"教师中心"与"学生中心"的关系[J].现代大学教育,2019(3)：40-46.
③ 杨帆,许庆豫."教师中心"与"学生中心"教学理念辨析——基于中小学教师的问卷调查[J].高等教育研究,2015(12)：78-86.

根据理论发展的大致路径和国别来归类,高校教学的定量研究大约可分为欧亚大陆(含英国)研究和北美研究两大类。比较而言,具有上述教师中心/学生中心二分法特征的欧亚大陆的高校本科教学的定量研究反而早于北美出现。尽管北美是杜威及其门徒生长和进行学术活动的中心地区,也是其哲学和教育思想影响最大的地区之一,但高校教学研究过去较少受到杜威思想的影响。

不过,在欧亚大陆发展的这类高等教育的定量研究与杜威思想却没有任何直接的渊源关系,而是受到本土的大学生学习研究的思路和成果的学术启发。以马尔顿(Marton,F.)为核心的瑞典高等教育研究者运用现象描述学的实证方法,首先把大学生的学习方式分为深层学习和表层学习两种不同类型。[①] 研究者从此研究成果联想到本科教学,推测应该存在模式类似的不同的教学方式。这些不同的教学方式会与此不同的大学生学习方法相联系。后来,澳大利亚学者基思·楚维尔(Keith Trigwell),迈克尔·普罗塞(Michael Prosser)和菲欧内·沃特豪斯(Fiona Waterhouse)等人明确提出了信息传递/教师中心教学方式和志趣唤醒/学生中心的两种教学方式的分类法,开发相应的教学方式测量量表,并最终发现二者确实与本科生的两种学习方式之间有着密切对应的联系。[②] 令人敬佩的是,基思和迈克尔终身合作,定量研究本科教学方式。[③]

从学术发展和国际间的理论影响的角度来看,比较有意思的一点是,尽管我国高等教育学整体上受到北美学术理论范式的影响较深,[④]但就在高校本科教学方式这一特定领域的定量研究上,却受到上述欧洲学术理论的影响相对较大。甚至可以说是其中国翻版或中国本土化也不为过。换句话说,我国主流学术界也基

[①] Marton, F, and R. On Qualitative Differences in Learning, Outcome, and Process I[J]. British Journal of Educational Psychology, 1976(1): 4-11.
[②] Keith Trigwell, Michael Prosser Fiona Waterhouse. Relations between teachers' approaches to teaching and students' approaches to learning[J]. Higher Education, 1999(1): 57-70.
[③] Keith Trigwell, Michael Prosser. Exploring University Teaching and Learning . Experience and Context[M]. Cham: Springer International Publishing, 2020.
[④] 在某种程度上,这也可以说只是笔者对我国高等教育学的历史发展的主观认识。

本上对高校本科教师教学持有教师中心和学生中心的二分观点。① 而且,形成稳定理论流派并在国内学术界具有相应知名度的并非北上广高校或高等教育学研究传统悠久高校的本科教学研究者,而是西北高校的研究者群体。其中,以陆根书教授为代表。其相关研究成果自2003年起②至2016年止③,连续出现在学术期刊上。

与欧亚大陆相比,北美高校的本科(含专科)教学研究开始于20世纪80年代。在1987年,齐克林(Chickering)和甘姆森(Gamson)总结了过去半个多世纪以来北美的相关研究成果,把高校教学中应该遵循的教学原则归结为以下七条:师生互动、生生互动、主动学习、及时反馈、强调把时间花在完成学习任务上、教师把对学生的高期待传递给学生、尊重学生的潜能和学习方法的多样化。④ 但是,高校教学相关的定量研究的快速发展却是最近十年左右才开始出现的事情。这源于不断增长的社会各界对高校本科教学质量的高度关心。⑤ 其中,最为世界各国所关注的是美国本科生学习参与调查研究(NSSE)。⑥ NSSE调查不仅为美国研究者提供了可供分析的数据,也是多样化的本科教学理论的重要源泉。最近,学者Corbin M. Campbell等人通过较大规模的观察法,实证了美国高校教师教学行为存在知识传授、观点变化支持和理解学生既有知识储备三个不同的行为类型。⑦ 就其概念的

---

① 梁竹梅,祁银杉,岑逾豪."以学生为中心"教学方式量表的建构——信效度检验及其应用[J].中国大学教学,2020(11):73-80.
② 陆根书,王若梅.转变学习方式,提高学习质量[J].集美大学学报,2003(4):3-12.
③ 田美,陆根书.学生感知的课堂学习环境、学习方式与对教学质量满意度的关系分析[J].复旦教育论坛,2016(1):38-44.
④ Chickering A W, Gamson Z.F. Seven principles for good practice in undergraduate education [J]. AAHE Bulletin, 1987(3):3-7.
⑤ Lisa R. Lattuca. Patterns in the Study of Academic Learning in US Higher Education Journals, 2005-2020[A]. L. W. Perna(ed.), Higher Education: Handbook of Theory and Research, Higher Education: Handbook of Theory and Research 36[C], 2021:323-382.
⑥ Alexander C. McCormick, Jillian Kinzie, and Robert M. Gonyea. Student Engagement: Bridging Research and Practice to Improve the Quality of Undergraduate Education[A]. M.B. Paulsen(ed.), Higher Education: Handbook of Theory and Research 28[C], 2013:46-93.
⑦ Corbin M. Campbell, Marisol Jimenez, Christine Arlene N. Arrozal. Prestige or education: college teaching and rigor of courses in prestigious and non-prestigious institutions in the U.S. [J].High Education, 2019(3):717-738.

实质内涵与操作性定义而言,其中的知识传授和观点变化支持与上述的教师中心和学生中心基本一致。

比较而言,当前整体上,北美和欧洲大陆对本科教学的理论认识高度类似,均把本科教学分为教师中心和学生中心两个基本取向。表面上来看,与欧亚大陆相比,北美理论对教师教学行为的分类里多了一个对学生知识储备的理解的维度。不过,欧亚大陆理论对教师教学行为的定量二分法是建立在 Biggs 的"3P"理论模型之上。[①] "3P"理论模型的体系系统的第一个"p"代表"presage","presage"的主要内容包括本科生的既有知识储备。二者对既有本科生知识储备的理论认识的不同之处是:北美把它作为高校教师行为的一个类型,欧亚大陆把它作为所有教师教学行为的基本前提。其实,在实际教学过程中,教师必须时时了解学生的知识状态和变化情况,并根据其性质对教学进行及时微调。也就是说,不管是知能传授还是志趣唤醒,最终的效果都建立在教师对教学过程的有效控制之上,这是 Biggs 建构教学一致性(constructive alignment)理论的本质所在。[②] 有鉴于此,本文把本科教师教学行为或活动根据其功能定向分为知能传授、志趣唤醒和学程调控三类。

简而言之,知能传授是指教师的教学行为(或活动)以知识传授和相应能力培养为目的。志趣唤醒的核心教学目的则是激起学生的学习动机,让学生自主学习。学程调控的教学行为或活动的核心目的是准确把握学生的知识储备和动机状态,并及时跟踪二者在学习过程中的变化,根据其状态和变化随时调整教学。所以,在严格的理论上,知能传授、志趣唤醒和学程调控既不能被视作为三种本科教师的个人教学类型划分,也不能被视作为教学行为的三个类型,而只能被视作为同一有效教学行为或活动中的三种有机成分。当然,对于有效教学来说,三类行为成分缺一不可。但是,在某位教师的具体教学行为中,三种成分的构成比例可能不尽相同。从分析

---

① Biggs J B. Individual and group difference in study processes [J]. British Journal of Educational Psychology, 1978, 48(2): 266-279.
② Biggs, J B. Teaching for quality learning at university: what the student does [M]. Philadelphia: Open University Press, 2011: 16-33.

的便利性的角度考虑,本文暂且视之为教师的本科教学行为类型。

在本文中,三个教学行为类型各自利用不同数量的题项来测量,每一题项的分值相同,分值从小到大分别为1至5。统计时,以题目数为权重,加权平均,使知能传授、志趣唤醒和学程调控三个分类,以及整体教学行为的得分的满分均为5,这样便于不同类型间比较。

二、专业课堂教学的统计特征

表5-1表明,在满分为5的专业课堂教学上,全体样本的均值为3.554。若化为百分制,则为71.08,这个分值相对于理想状态(满分)而言比较低。与此同时,专业课堂教学的标准差为0.548,是均值的15.42%。由此可见,本科生眼中的教学质量差异仍然非常明显。

表5-1 专业课堂教学的描述统计

	专业课堂教学			知能传授			学程调控			志趣唤醒		
	M	SD	N	M	SD	N	M	SD	N	M	SD	N
全体	3.554	.548	5 792	3.749	.758	5 792	3.083	.463	5 792	3.829	.879	5 792
男	3.528	.546	2 443	3.677	.783	2 443	3.066	.466	2 443	3.843	.891	2 443
女	3.572	.548	3 349	3.802	.735	3 349	3.095	.459	3 349	3.818	.869	3 349
F	8.894			39.010			5.743			1.113		
显著性	***			****			**					

在专业课堂教学的不同维度上,也存在明显差异。表5-1表明,知能传授的均值为3.749;学程调控的均值为3.083;志趣唤醒的均值为3.829。作为传统上强调的知能传授的质量位居中等,学程调控的质量最低,而志趣唤醒的质量最高,这一点也颇为发人深省。当前我国学术界一般认为,本科教学实践中普遍重视知识传授和专业能力发展,而忽视激发学生的学习动机。[①] 但在本科生眼里,教师教学

---

① 别敦荣.大学课堂革命的主要任务、重点、难点和突破口[J].中国高教研究,2019(6):1-7.

中做得最好的却是动机激发这一点。这可能从一个侧面说明,我国理论研究对高等教育本科教学的现实特征的认识与把握存在着较大的偏差。当然,这里肯定志趣唤醒仅仅是相对而言的,志趣唤醒的绝对数据也并不高。

表5-2显示了专业课堂教学和各具体分类之间的两两相关。如前所述,具体分类与总体的相关系数可以粗略地体现出各具体分类对总体的贡献度,而各具体分类之间的相关系数则体现了各具体类型间的亲疏程度。由此可见,专业课堂教学的各具体侧面对总体的贡献度从大至小依次为:志趣唤醒、知能传授和学程调控。与知能传授的亲密度从高至低依次为:志趣唤醒和学程调控,学程调控与知能传授和志趣唤醒的相关度均不高,这一点值得今后深入分析。理论上,学程调控是知能传授和志趣唤醒的实际基础。即使教师刻意唤醒学生的学习志趣,如果教师采取的唤醒措施不是建立在对学生现有志趣状态和动态变化的准确把握的基础上,那么,教师的志趣唤醒就会形式化,偶尔碰巧有效之外,大部分时候未必真正奏效。这样一来,各种花里胡哨的以"学生中心"为名义的教学行为还不如知能传授更为实在。

表5-2 专业课堂教学的整体、分类得分之间的相关系数

		专业课堂教学	知能传授	学程调控	志趣唤醒
全体	专业课堂教学	—			
	知能传授	.833****	—		
	学程调控	.539****	.253****	—	
	志趣唤醒	.868****	.563****	.264****	—
男	专业课堂教学	—			
	知能传授	.829****	—		
	学程调控	.467****	.163****	—	
	志趣唤醒	.867****	.562****	.192****	—
女	专业课堂教学	—			
	知能传授	.837****	—		
	学程调控	.592****	.322****	—	
	志趣唤醒	.872****	.570****	.319****	—

表 5-1 表明,专业课堂教学总体得分和各个分项得分虽然存在着统计上的性别差异(F 值具有统计显著性),但这个统计上的性别差异似乎不具有实际意义(Eta 平方较小,所以,表中未显示)。同时,表 5-2 表明,分别计算男性与女性的专业课堂教学总体和分项得分的相关系数,发现尽管二者之间的同类相关系数存在差异,但是该性别差异并不明显。而且,其系数大小顺序与全体样本较为一致,故略去对性别差异的分析。

第三节　专业学习支持的基本特征

一、专业学习支持的概念与操作化指标

对专业学习支持本文从三个侧面把握:学习资源丰富性、学习支持体系完善性和学习共同体建设。学习资源丰富性侧重于考察为本科生的学习提供相应的物质条件,比如,图书馆藏书是否丰富,是否有充足的可供课外自学使用的学习空间等。学习支持体系完善性侧重于衡量以学习支持为基本目的的制度体系,比如,遇到自己无法解决的学习问题时,是否可以得到老师或同学或相关人员的帮助等。学习共同体建设侧重于考察学习活动的氛围和文化环境,主要强调生师、生生互动和共享学习等。前两者是第三者的基础。物质条件提供和制度体系完善明白易懂,无须多加讨论,故以下集中于分析学习共同体建设这个侧面上。

近年来,学习共同体建设在世界各国高等教育界备受推崇,尤其是在美国[①]和

---

① Matthews R S, Smith B L, MacGregor, J. The evolution of learning communities: A retrospective [A]. In K. Buch &. K. E. Barron (Eds.), Discipline centered learning communities. No.132. New directions for teaching and learning [C]. San Francisco, CA: Jossey-Bass, 2012: 99-111.

我国①,它被认为是高等教育中具有高影响的本科教育活动的一种形式。② 尽管不同研究者所指的高影响教育活动的具体形式不尽相同,但是学习共同体几乎必然是其中的一种具体形式,可见学习共同体在研究者心目中的崇高地位。其实,不同研究者对学习共同体的定义也未必完全相同。但是,在许多研究者的定义中,均比较认同的学习共同体的核心之处是由教育者有意识地建设起来的社会共同体。该共同体能够促使其成员最大限度地进行共享学习。当共同体成员为了一个明确而共同的学习目标而努力的时候,在成员之间,互动、互相影响和协作行为就持续地发生。③ 实证研究的结果表明,学生积极参与学习共同体的活动会给参与者带来多方面的积极影响,比如,能够有效提升专业课程学习成绩④、降低辍学率和提升毕业率,⑤以及增强专业能力⑥。与此同时,它还能够促进参加者的深层学习方式的发展,提升学习过程的质量。⑦ 整体而言,也能够促进智力、一般能力和道德水平等侧面的发展。⑧ 另外,它还能够促进参与者的职业规划和毕业后就业选择的质量的提升,⑨也能够促进参加者的创造能力的明显提

---

① 文雯,初静,史静寰."985"高校高影响力教育活动初探[J].高等教育研究,2014(8):92-98.
② Kuh, G D. High-impact educational practices: What they are, who has access to them, and why they matter[M]. Washington, D. C: Association of American Colleges and Universities, 2008.
③ Ji Won You. Investigating the effects of achievement goals on team creativity and team achievement in learning[J]. Higher Education, 2021(2): 367-383.
④ Knight W E. Learning communities and first-year programs: Lessons for planners [J]. Planning for Higher Education, 2003, 31(4): 5-12.
⑤ Love A G. The growth and current state of learning communities in higher education[J]. New Directions for Teaching and Learning, 2012,132(1): 5-18.
⑥ Kember D. Nurturing generic capabilities through a teaching and learning environment which provides practice in their use[J]. Higher Education,2009, 57(1): 37-55.
⑦ Mahoney S, Schamber J. Integrative and deep learning through a learning community: a process view of self[J]. The Journal of General Education, 2011, 60(4): 234-247.
⑧ Whitt E J, Edison M I, Pascarella E T, et al. Influences on students openness to diversity and challenge in the second and third years of college[J]. Journal of Higher Education, 2001, 72(2): 172-204.
⑨ Angie L, Miller Louis M. Rocconi, Amber D. Dumford. Focus on the finish line: does high-impact practice participation influence career plans and early job attainment? [J]. High Education, 2018(4): 489-506.

升。① 这最后两点应该是特别能够吸引我国研究者关注的地方。

在现实的高等教育世界里,从学习共同体的活动内容来看,学习共同体存在多种多样的形式,大致可以分为两大类。从学习共同体的活动内容来看,既有与专业课程学习密切相关的学习共同体,也有与专业课程学习没有多大关联的学习共同体。前者的典型例子是课程结束后的分组作业的小组活动,后者的典型例子是高校内的体育活动组织。但目前也有很多中间形式,比如不同学科中的学科兴趣小组。本文主要是指第一种形式。不同形式的学习共同体的基本构成存在着非常明显的共同之处,那就是,一群学生为了某一个明确的学习目的而共同从事与专业学习相关的学习活动。这个专业学习活动需要参加者投入相当多的时间、精力和努力,并在学习活动过程中,积极与他人合作才能完成。其积极功能发生的基本途径是生生互动和协作学习,但来自老师的大力支持和指导对高质量学习也非常必要。

在本文中,专业学习支持的三个侧面各自利用不同数量的题项来测量,每个题项的满分分值相同,分值从小到大为从 1 至 5。与专业课堂教学的各个指标的统计方法相同,在统计时,以题目数为权重,加权平均,使学习资源丰富性、学习支持体系完善性和学习共同体建设三个分类、以及整体的得分的满分均为 5,这样便于不同类型间的统计比较。

二、专业学习支持的统计特征

表 5-3 表明,在满分为 5 的专业学习支持上,全体样本均值为 4.052,若化为百分制,则为 80.10,这个分值相对于理想状态(满分)而言比较低。不过,对于我国社会的一般通识来说,百分制中的 80 分则可以称为"良"了。即在潜意识的价值上,可以免于被批评。

---

① Ji Won You. Investigating the effects of achievement goals on team creativity and team achievement in learning[J]. Higher Education, 2021(2): 367-383.

表 5-3　学习支持的描述统计

	专业学习支持			学习资源丰富性			支持体系完善性			学习共同体建设		
	M	SD	N	M	SD	N	M	SD	N	M	SD	N
全体	4.052	.679	5 792	4.094	.738	5 792	3.923	.778	5 792	4.138	.730	5 792
男	4.052	.715	2 443	4.116	.761	2 443	3.922	.816	2 443	4.117	.767	2 443
女	4.051	.652	3 349	4.077	.721	3 349	3.923	.749	3 349	4.154	.700	3 349
F	.000			3.827			.002			3.611		
显著性				**						*		

另一方面,这个整体分值与专业课堂教学的整体分值相比,高出 14.01%。因此,可以下个结论说,专业学习支持质量比专业课程教学质量明显高很多。就此本文可以做出如下价值判断,仅就样本高校来说,我国"双一流"建设高校本科阶段的专业学习支持的质量水平相当不错。但是,不能否认的一点是,对于学生来说,专业学习支持质量比专业课堂教学质量更容易感知。尽管学习支持中也有软件建设的部分,比如,支持体系完善性和学习共同体建设,但与专业课堂教学相比,其物理外形仍然容易辨认的多。因此,可以说,在本科生眼里,我国高校的本科培养质量仍然是边缘部分优于核心部分。更进一步来说,在消费主义倾向越来越强的高等教育里,高校为了迎合学生,更为注重物质建设也在情理之中。

在专业学习支持的三个不同维度上,也存在明显的质量差异。表 5-3 表明,学习资源丰富性的均值为 4.094,学习支持体系完善性的均值为 3.923,学习共同体建设的均值为 4.138。这个调查结果,多少让人感到一些欣慰。毕竟,这里没有出现硬件优于软件的明显趋势。

表 5-4 显示了专业学习支持和各具体分类之间的两两的相关性。如前所述,具体分类与总体的相关系数可以粗略地体现各具体分类对总体的贡献度,而各具体分类之间的相关系数则体现了各类型之间的亲疏程度。由此可见,专业学习支持的各具体侧面对总体的贡献度从大至小依次为:支持体系完善性、学习资源丰富性和学习共同体建设。与学习资源丰富性的亲密度从高至低依次为:支持体系完善性和学习共同体建设。与专业课程教学的各维度之间的相关程度相比,学习

支持的各维度之间的相关程度相对比较高。

表 5-4 学习支持的整体、分项之间的相关系数

		专业学习支持	学习资源丰富性	支持体系完善性	学习共同体建设
全体	专业学习支持	—			
	学习资源丰富性	.903****	—		
	支持体系完善性	.923****	.761****	—	
	学习共同体建设	.894****	.699****	.741****	—
男	专业学习支持	—			
	学习资源丰富性	.908****	—		
	支持体系完善性	.927****	.765****	—	
	学习共同体建设	.909****	.732****	.768****	—
女	专业学习支持	—			
	学习资源丰富性	.901****	—		
	支持体系完善性	.920****	.758****	—	
	学习共同体建设	.882****	.674****	.718****	—

表 5-3 还表明，学习支持总体得分和各个分项得分虽然存在着统计上的性别差异（F 值具有统计显著性），但这个统计差异似乎不具有实际意义（Eta 平方较小，表中未显示）。同时，表 5-4 表明，分别计算男性与女性的学习支持总体和分项得分的相关系数，发现尽管二者之间的同类相关系数存在差异，但是该性别差异并不明显。而且，其系数大小顺序与全体样本较为一致，这与专业课程教学指标上的特征相类似，故以下略去对性别差异的分析。

第四节　专业课堂教学与专业学习支持的相关性

一、对专业课堂教学与专业学习支持关系的理论认识

如前所述，专业学习支持（尤其是其中的活动类）脱胎于教辅活动。从此点出

发思考,就会轻易地认为专业课堂教学对本科生学习质量的影响要大于专业学习支持,但实际未必。

迄今为止,对专业课堂教学与专业学习支持之间关系的理论认识大致集中在两点:第一,专业课堂教学和专业学习支持作为高校里的两种不同的教学行为或活动或组织形式,哪一种对本科生学习质量的影响更大?第二,在影响学生学习的过程中,二者之间的互动关系如何?即,二者是相互阻碍还是相互促进?更通俗地说,专业课堂教学和专业学习支持的综合是1加1小于2,还是1加1大于2?但相关认识多是理论思辨或叙事型,较少实证。[1]

对于第一个问题点,有研究者以知识获得和一般能力提升为本科生学习质量的两个指标。以澳大利亚一所研究型大学的学生调查的数据为依据,实证了比较专业教学质量和学习共同体建设质量对学习质量的统计影响,该研究发现,学习共同体对学习质量的两个侧面的影响均明显高于专业教学质量的影响。[2] 但是,由于这一领域的实证研究比较少,笔者迄今为止尚未发现与此结果相反的实证研究。对于第二个问题点,笔者目前尚未发现相关的实证研究。可能研究者认为花费大量力气研究这个问题点相对缺乏理论和实际价值。不过,本书后半部分的多元回归分析的结果可以用来比较二者对本科生学习质量的统计影响的大小。第二个侧面则可以通过计算二者之间的相关系数来粗略估计,这是本节以下的研究任务。

二、专业课堂教学与专业学习支持之间的统计相关

由于专业课堂教学中的各个维度之间的相关系数、以及专业学习支持中的各

---

[1] Calvin Smith, Debra Bath. The role of the learning community in the development of discipline knowledge and generic graduate outcomes[J]. Higher Education, 2006, 51(2): 259 - 286.

[2] Calvin Smith, Debra Bath. The role of the learning community in the development of discipline knowledge and generic graduate outcomes[J]. Higher Education, 2006, 51(2): 259 - 286.

个维度之间的相关系数均已经在表 5-2 和表 5-4 中分别显示过,这里的表 5-5 就仅仅显示专业课堂教学的各维度和专业学习支持各维度之间的相关系数。

表 5-5　专业课堂教学与学习支持之间的相关系数

		专业课堂教学	知能传授	学程调控	志趣唤醒	专业学习支持	学习资源丰富性	支持体系完善性	学习共同体建设
全体	专业课堂教学								
	学程调控								
	志趣唤醒								
	知能传授								
	专业学习支持	.592****	.535****	.175****	.555****				
	学习资源丰富性	.513****	.456****	.162****	.481****				
	支持体系完善性	.564****	.511****	.145****	.537****				
	学习共同体建设	.534****	.487****	.171****	.490****				
男	专业课堂教学								
	知能传授								
	学程调控								
	志趣唤醒								
	专业学习支持	.612****	.538****	.135****	.583****				
	学习资源丰富性	.540****	.468****	.129****	.515****				
	支持体系完善性	.589****	.524****	.111****	.565****				
	学习共同体建设	.550****	.484****	.132****	.518****				
女	专业课堂教学								
	知能传授								
	学程调控								
	志趣唤醒								
	专业学习支持	.579****	.535****	.209****	.470****				
	学习资源丰富性	.495****	.454****	.189****	.454****				
	支持体系完善性	.545****	.504****	.174****	.515****				
	学习共同体建设	.522****	.488****	.202****	.460****				

表 5-5 表明,专业课堂教学整体和专业学习支持整体的相关系数为 0.592,属于中度相关。由此可以说,如欲实现专业课堂教学质量的提升,必须辅以一定程度的专业学习支持改善相配套,反之亦然。专业学习支持的各个维度与专业课堂

教学整体的相关系数均保持在 0.5 之上，专业学习支持的各个维度与知能传授、志趣唤醒的相关系数都在 0.5 左右。但是，学程调控与专业学习支持整体及各维度的相关非常低，这很容易理解，这是因为，教师教学中的学程调控指标衡量是由任课教师根据课程教学目标，通过布置给学生的作业量的调整和学习结果评估两种手段对学生的学习过程及结果的检测与控制。目前，它几乎完全取决于教师个人能力和风格，与专业学习支持之间几乎没有任何必然联系。总之，除此之外，专业学习支持整体及各个维度与专业课堂教学整体及各个维度之间的相关系数均在 0.5 左右，这在统计上属于中等程度的相关，这说明了二者之间实际上可能存在着的共生共存关系。

表 5-5 表明，分别计算男性与女性的专业课程教学和专业学习支持的相关系数，发现尽管二者之间的相关系数存在差异，但是该性别差异并不明显。而且，其系数大小顺序与全体样本较为一致。这与专业课程教学指标上的特征相类似，故略去对性别差异的详细分析。

第五节 小 结

本章首先在综述既有研究成果的基础上，界定专业课程教学和专业学习支持的内涵和分类，并设定操作指标。其次依据调查数据，分析各指标的统计特征。基本特征总结如下。

第一，专业课堂教学质量的统计特征。专业课堂教学整体得分较低，专业课堂教学的不同维度上存在着明显差异。其中，志趣唤醒得分最高，而且对专业课堂教学整体影响最大。

第二，专业学习支持质量的统计特征。专业学习支持的整体得分较低，但是，相对于专业课堂教学来说，这样的整体得分仍然比较高。专业学习支持的三个维度上存在明显差异，其中，学习共同体建设的均值最高，而且对专业学习支持整体影响最大。

第三,专业课堂教学和专业学习支持之间的相关性。二者的相关性通过相关系数来表示,专业课堂教学整体和专业学习支持整体呈中度相关。除去学程调控之外,专业课堂教学的各个维度与专业学习支持各个维度上的指标之间也呈现中度相关。

第四,专业课堂教学、专业学习支持以及二者相关上的性别差异均不明显。

第六章
结构因素和教学质量差异

结构是现代社会学尤其是结构功能主义理论的专用名字,在结构功能主义社会学里,结构定义的核心是指社会对个体的影响。但是,学者对结构仍然有着不同的理论理解,[1]不仅如此,在实际生活中,社会结构这一用语的客观指向物也多种多样。本文无意在此概念内涵上多费笔墨,使用"结构"一词意为方便在研究过程中对多样化高等教育制度体系的现实进行属性归类。本文界定的高等教育结构的核心含义是指约束或规范高校教师教学和大学生学习的有形或无形的各种高等教育制度框架,这种框架往往来自于外部的环境因素有意或无意地给予高等教育的强加。乔治·布朗(George Brown)等人认为制约本科教学质量的外部影响因素从里往外有:学系或学部、高校、政府组织代理处或专业团体、国际环境和全球化经济。[2] 不同因素形成影响范围和约束力迥异的制度框架,从里往外逐层被包含,结构之间互相渗透和互相影响。本文以高校组织的物理边界为分界线,集中于分析学系或学部和高校两个因素形成的影响本科教学质量的制度框架。在我国,学系或学部的核心是本科专业,所以,本文集中分析高校类型和专业类型对本科教学质量的影响。

以下的具体分析分为三个递进的步骤:首先,分析高校类型对本科教学质量的影响;其次,分析专业类型对本科教学质量的影响;最后,分析二者对本科教学质量的交互影响。前二者的分析采取平均值比较和 t 检验,第三个分析采取多因素方差分析。

---

[1] [英]安东尼·吉登斯,等.社会学基本概念[M].王修晓,译.北京:北京大学出版社,2019:33-37.
[2] George Brown, Sarah Edmunds. Effective teaching[A]. In Roger Ellis and Elaine Hogard (ed). Handbook of quality assurance for university teaching [C]. Abingdon, Oxon: Routledge, Taylor & Francis Group, 2019:247-272.

第一节 高校类型和教学质量差异

一、高校类型影响的分析框架和操作指标选择

(一) 高校类型影响的分析框架

研究"高校如何影响本科生"是当代高等教育学中最有影响力的理论学派之一,[①]不同历史阶段的主要研究成果均被综述在不同著作中。[②] 而且,系列综述著作的前后之间呈现明显的理论和方法上的内在继承性,这些学术研究和综述著作对世界各国高等教育研究者的思想形成和研究方法选择的影响甚巨。在后三套综述著作中,作者帕斯卡雷拉和特伦兹尼等人把高校影响本科生的主要路径分为高校间(between college)和高校内(within college)两类。从本质而论,这些既有研究中的高校间影响差异就是本文的高校类型的影响差异,而高校内影响差异则包括本文的专业类型在内的众多因素的影响。

高校类型对本科生存在多方面而显著的影响,综述著作把这些引起本科生变化的影响归为五类:学业和认知变化,包括批判思维、反思性判断、口头和书面表达能力、专业知识和能力以及量化技能等方面的增长;社会心理变化,包括社会心

[①] Alexander C, McCormick, Jillian Kinzie, et al. Student Engagement: Bridging Research and Practice to Improve the Quality of Undergraduate Education[A]. M.B. Paulsen(ed.), Higher Education: Handbook of Theory and Research 28[C], 2013: 46-93.

[②] Philip E. Jacob. Changing Values in College: An Exploratory study of the Impact of college teaching[M]. New York: Harper & Brothers Publishers, 1957; Feldman K A, Newcomb T M. The impact of college on students[M]. San Francisco CA: Jossey-Bass, 1969; Ernest T. Pascarella, Patrick T. Terenzini. How college affects students: findings and insights from twenty years of research[M]. San Francisco: Jossey-Bass Publishers, 1991; Ernest T. Pascarella, Patrick T. Terenzini. How college affects students(Vol.2): A third decade of research [M]. San Francisco: Jossey-Bass, 2005; Matthew J. Mayhew, Alyssa N. Rockenbach, Nicholas A. Bowman, Tricia A. Seifert, Gregory C. Wolniak, Ernest T. Pascarella, Patrick T. Terenzini. How college affects students(Vol. 3), 21st century evidence that higher education works[M]. San Francisco: Jossey-Bass, 2016.

理健康增加、权威主义和民族中心主义降低、自我概念、自尊、独立性、内部控制和个体同一性增加;态度和价值观变化,包括多元包容性、社会与政治议题相关知识和社会参与的增加;道德发展,主要是指在道德判断上,传统道德推理方式使用频率降低,而原理导向的道德推理方式使用频率增多;生涯职业发展,包括职业知识、职业定向、职业成熟度、职业观精确性和职业准备性的增加。但是,高校类型对本科生的不同侧面的影响不尽一致,有些侧面较为强烈,而有些侧面则相对微弱。高校类型之所以能够对本科生的各个侧面发挥不同影响主要是因为以下因素的影响:不同类型高校在整体质量、所属和办学方式、规模、学生种族和性别构成、经费和资源分配、组织环境氛围上存在明显差异。[①] 这些组织类型差异原本具有外在性,但在各因素相互交错后,就形成组织内教育影响力量,最终体现在不同类型高校的大学生发展的差异上。

与上述既有研究的成果相比,本文的研究重心明显不同。差异主要体现在以下两个侧面:第一,本文集中于高校类型对本科生学业发展方面的影响,本科生学业发展的基本特征已经在本书的第一章详细分析过。第二,本文分析的教育影响路径仅集中于高校类型通过影响本科专业教学质量而发生这一影响路径,这是因为我国高校组织存在明显的文化特殊性。对此我国高校组织的特殊性,本文将在专业类型的影响中详细分析。

(二) 高校类型的操作指标选择

不同国家有不同的高校分类方式,比如,美国虽然没有官方的高等教育分类,但是有很多民间机构专门从事这项研究工作。其中,卡耐基基金会的高等教育分类是影响最大的分类。该分类将美国4 000多所大专院校分成六大类:大专学院,其中又分成14种类型;本科学院,其中又分成3种类型;硕士点大学,其中又分成3种类型;博士点大学,其中又分成3种类型;专业学院,其中又分成9种类型;

[①] Matthew J. Mayhew, Alyssa N. Rockenbach, Nicholas A. Bowman, et al. How college affects students (Vol. 3), 21st century evidence that higher education works [M]. San Francisco: Jossey-Bass, 2016: 523-573.

部落学院。① 实际上,该分类对各国影响很大。

我国也有很多对高校的具体分类方式,其中既有官方的也有民间的。比较而言,官方分类的实际影响较大。比如,建国后实行时间较长的重点大学与非重点大学的分类;21世纪初出现的普通高校、"211"和"985"高校的分类;现在实行的"双一流"建设高校和非双高校的分类等,都对我国高等教育发展产生了巨大影响。本文采取官方最新分类,即把高校分为"双一流"建设高校和"非双"高校,并选取"双一流"建设高校作为研究对象。

我国实际现有"双一流"建设高校140所。因为140所高校中有3所是一校两地办学的异地分校,所以名义上是137所。137所"双一流"建设高校还可以再进一步具体分类,对此,本文仍然采取我国官方分类。中央政府把"双一流"建设高校具体分为三类:一流大学A类(36所),一流大学B类(6所)和一流学科建设高校(95所)。由于B类数量较少,本文在分析时就把其中的A类与B类合并为"一流大学"一个类型。所以,本文的研究对象"双一流"建设高校就分为一流大学(42所)和一流学科建设高校(95所)两类。

本文的样本"双一流"高校共有9所,其中,一流大学4所,一流学科建设高校5所。这9所高校即使在"双一流"建设高校之中,也多是排名比较靠前的高校。但是,这个"双一流"本来是根据研究水平而进行的分类,所以不同高校的教育水平、尤其是本科教学水平是否相应地有差距则不得而知。查证二者的本科教学水平差异正是本章的研究目的之一。

理论上推演高校类型对本科生教学质量存在影响与否较为容易,但是实际的定量测量与把握则较为困难。其核心步骤是确认不同类型的高校之间存在教学质量差异,并通过排除法确定该差异只能属于高校类型的影响所致。本章的研究任务仅仅是确定本科专业教学质量的高校类型差异是否存在,至于该差异是否来自于高校类型的分析任务则留给本书第八章。

---

① 孙建荣.美国大学最新分类标准及对中国高等教育的启示[J].中国高教研究,2006(3): 38-39.

二、高校类型和专业课堂教学质量差异

表6-1表明,一流学科建设高校的本科专业课堂教学质量全面高于一流大学的本科专业课堂教学质量。具体数字如下:在专业课堂教学质量的整体上,一流学科建设高校为3.583,一流大学为3.523,前者高于后者1.70%,而且,该差异具有统计显著性;在知能传授维度上,一流学科建设高校为3.805,一流大学为3.690,前者高于后者3.12%,而且,该差异具有统计显著性;在学程调控维度上,一流学科建设高校为3.104,一流大学为3.060,前者高于后者1.44%,而且,该差异具有统计显著性;在志趣唤醒维度上,一流学科建设高校为3.839,一流大学为3.818,前者高于后者0.55%,不过,该差异不具有统计显著性。

表6-1 高校类型和专业课堂教学质量差异

	专业课堂教学			知能传授			学程调控			志趣唤醒		
	M	SD	N	M	SD	N	M	SD	N	M	SD	N
一流大学	3.523	.522	2 800	3.690	.727	2 800	3.060	.458	2 800	3.818	.863	2 800
一流学科建设高校	3.583	.570	2 992	3.805	.782	2 992	3.104	.465	2 992	3.839	.893	2 992
F	17.425			33.762			12.909			.831		
显著性	****			****			****					

同时,大量的师生访谈也佐证了上述数据背后的规律:越是研究型大学,就越容易轻教学,尤其是本科教学。这也与一般社会大众对我国高校的日常认识相符合。但是,迄今为止,对此社会大众的一般印象,并没有充分的定量数据来支撑。而且,也不知道在"双一流"建设高校的不同类型之中,是否也存在着不同程度的本科课堂教学的质量分化,本文数据表明客观上大概率如此。在"双一流"建设高校的不同类型之中,研究水平越高其本科课堂教学水平就可能越低。总之,一所大学对研究的重视程度越高可能就越容易忽视本科教学,尤其是本科课堂教学。

而且,在本科课堂教学的诸维度中,又特别容易忽视知能传授这一侧面的教学工作。而本科教育、本科教育中的课堂教学、本科课堂教学中的知能传授侧面,无疑是赋予高校作为社会组织存在合理性和从社会获得资源支持的重要基础。

但是,高校类型和本科教学质量之间关系上的这一点"倒挂"特征并非我国高等教育制度所独有。其实,在美国高等教育中,也存在类似的明显趋势。最近,有研究者发现,以大学排行榜上的大学声望为指标来对美国高校分类,相较于排名较低院校,排名较高院校的本科教学水平却相对较低。[①] 当然,各国共有的特征也不意味着其就具有合理性而能免于批评。

更进一步说,对此世界共同现象的价值判断和归因推断仍然需要慎之又慎。

首先,研究水平较高大学的本科专业课堂教学质量相较于研究水平较低大学也未必意味着其整体的本科生教学效果,甚至是最后的培养效果就相对较差。其背后的主要原因有以下两点:第一,高水平大学的本科生入学选拔的程度较高;高选拔性使其本科生的既有知识储备和学习动机相对较高,这样的学生对教师教学的依存度相对较低;第二,如下所述,高水平大学能够为本科生提供更好的专业学习支持,这对知识储备相对丰富和学习动机相对较高,因而自学能力相对较强的优秀本科学生来说,可能比优质课堂教学的影响更重要,所以,其本科教学的综合影响可能反而更大。总之,我们不能因为高水平大学的专业课堂教学质量相对较低,[②]就直接否定其综合和最终的本科教学效果。

其次,在归因中切忌犯"层次谬误"的推理错误。[③] 这样的推理有违客观事物的内在逻辑。这类推理错误的明显表现之一是把本科教学质量较低视为本科教师队伍质量较低的结果。从上述结果可知,我国"双一流"建设高校本科教学质量较低。但是,它是多重的环境因素共同影响的综合结果,而非本科课程的专任教

---

① Corbin M. Campbell, Marisol Jimenez, Christine Arlene N. Arrozal. Prestige or education: college teaching and rigor of courses in prestigious and non-prestigious institutions in the U.S. [J].High Education, 2019(3):717-738.
② 对此,还需要更多的实证研究的结果来支撑。仅仅依据本文的单一结果无法得出肯定性结论。
③ [美]艾尔·巴比.社会研究方法(第十一版)[M].邱泽奇,译.北京:华夏出版社,2010:103.

师的教学能力相对较低的必然结果。根本上,它是因为社会上存在着严重的重科研轻本科教学的整体风气。这个社会风气进而使所有高校,至少大部分研究型高校形成相应的重科研轻本科教学的内部环境,该内部环境的基本性质就直接决定了高校教师的本科教学行为选择,这是当前国际学术界普遍认可的基本观点。[①] 但是,从每一位教师个体的角度而言,其科研水平与教学水平之间必然高度正相关,呈现出完全的一一对应关系。[②] 也就是说,科研能力较低的教师,其教学能力必然相对较低。教学能力、教学水平和教学效果并非同义词,教学能力是教师个体的内在属性,教学效果是环境影响的外在产物,教师教学能力能否得到充分发挥很大程度上取决于预先设计的激励机制。[③] 如果高等教育决策者和高校管理者认识不到这点,而贸然对研究型大学本科教学和教师队伍建设进行较大程度改革,其负面效果将无法预期。

三、高校类型和专业学习支持质量差异

表 6-2 表明,一流大学的本科专业学习支持质量全面高于一流学科建设高校的本科专业学习支持质量。具体如下:在专业学习支持质量整体上,一流大学为

[①] 鲍威,杜嫱.冲突·独立·互补:研究型大学教师教学行为与科研表现间关系的实证研究.北京大学教育评论,2017(4):107-125.

[②] 这里,有几点需要声明。第一,科研能力不等于科研论文等外在科研成果。第二,科研能力与教学能力的一一对应具有相对性。以下使用统计相关的基本原理来说明。如果科研能力和教学能力从低至高赋值为从 1 至 10,那么绝大部分的科研能力为 10 的高校教师,其教学能力应该至少在 7、8、9 等距离 10 不远的某个位置上,而非一定是 10。反之亦然。这样,当抽取较大样本的高校教师来统计分析时,高校教师的科研能力与教学能力的相关系数应该接近 1。第三,不否认极端情况的客观存在。比如,某个高校教师科研能力特强,但其教学能力特差。但是,少数极端情况不会影响整体的统计规律,也就是说不能用某个极端案例来否定大数规律的客观存在。第四,高校教师的科研能力与教学能力的正相关具有社会组织的差异性。比如,研究表明,在高水平大学里,二者正相关尤其明显;而在普通高校里,二者正相关可能就弱一些。与此同时,高校教师所在的学科专业的内在性质也应该是影响二者关系的重要因素。第五,高校教师的科研能力与教学能力的正相关具有国别性和民族(即文化)差异性。

[③] 徐国兴.生涯发展视角下的在读博士生论文发表——以日本教育学科为例.学位与研究生教育,2021(9):86-93.

4.100,一流学科建设高校为4.006,前者高于后者2.35%,而且,该差异具有统计显著性;在学习资源丰富性上,一流大学为4.176,一流学科建设高校为4.016,前者高于后者3.98%,而且,该差异具有统计显著性;在学习支持体系完善性上,一流大学为3.958,一流学科建设高校为3.890,前者高于后者1.75%,而且,该差异具有统计显著性;在学习共同体建设上,一流大学为4.167,一流学科建设高校为4.111,前者高于后者1.36%,而且,该差异具有统计显著性。总之,二者在专业学习支持上的相对关系与在专业课堂教学上完全不同。

表6-2 高校类型和专业学习支持质量差异

	专业学习支持			学习资源丰富性			学习支持体系完善性			学习共同体建设		
	M	SD	N	M	SD	N	M	SD	N	M	SD	N
一流大学	4.100	.662	2 800	4.176	.703	2 800	3.958	.769	2 800	4.167	.724	2 800
一流学科建设高校	4.006	.692	2 992	4.016	.761	2 992	3.890	.785	2 992	4.111	.734	2 992
F	28.090			68.903			10.948			8.377		
显著性	****			****			***			***		

由此可见,尽管一流大学在专业课堂教学这一维度上稍微弱于一流学科建设高校,但其在专业学习支持这一维度上却优于后者。所以,整体上,从综合教学效果而言,一流大学的专业教学质量未必弱于一流学科建设高校。所以,在进行本科教学质量判断时,对"名校不注重本科教学"的社会上的流行观点应持一些"保留"的清醒态度。

当然,本文显示的这个基本趋势是否可以推广到"双一流"高校之外的大学上则另当别论。如果进行"双一流"高校与"非双"高校之间的本科教学质量的比较,结果有可能与社会流行观点高度接近。进行"双一流"高校与"非双"高校的比较,自然还需要另外的相关数据来支撑。由于"非双"高校占我国高校的95%左右,这个研究就非常重要。

另外,这里特别需要指出的一点是,一流大学与一流学科建设高校分别在专业课堂教学和专业学习支持两个方面上各善其长,但这并非是不同类型的高校有意识地主观追求的结果,而是不同类型的高校适应外界环境要求,动态调整结构的客观影响的综合结果。

第二节 专业类型和教学质量差异

一、专业类型影响的分析框架和操作指标选择

(一)专业类型影响的分析框架

如前所述,在国外的高校影响的定量研究中,几乎没有单纯地分析专业类型对本科生的影响的先例,一般把专业类型对本科生的影响置于高校内影响的路径中进行分析。这是因为,以美国为代表的世界发达国家的高等教育相对更强调高校整体对本科生的综合影响,且其高校内的本科专业的设置和变换也相对容易。与此相对,我国高等教育更强调本科专业对本科生的专业知识技能的影响,同时专业设置是高校存在的物质基础且为政府强力控制。

我国强调本科专业是与高等教育制度建立初期的"制度引进"的性质密切相关,也就说,我国现代高校主要是建国先驱者模仿国外相关制度而"人工创造"出来的。[①] 以模仿为基础的高等教育制度设计,既有决策者主观想象的部分因素(自然里面会包含空想或不尽合理之处),但也有适应当时经济和高等教育发展客观形势需要的迫切性和必然性。现如今回顾和综合分析,后者的成分似乎更为明显一些。比如说,作为后发追赶型国家,在各种物质资源非常有限的现实情况下,大幅度地剔除借鉴对象国的高等教育制度中的那些"看似"无关紧要的一些因素,只

[①] 当时也存有一些比较薄弱的高等教育制度体系的物质基础。但是,与当前我国高等教育制度的规模和质量相比较而言,那些物质基础就显得微不足道了。当时我国高等教育制度的详细情况请参考胡建华《现代中国大学制度的原点:50年代初期的大学改革》(南京:南京师范大学出版社,2001)。

保留核心要素确实体现了历史发展的客观必然性①。这样一来,当时的大部分高校必然就只会留下一些"看似"与经济生产关系密切的本科专业。因此,在高等教育制度发展的初始阶段,本科(包括专科)专业的叠加就等同于高等学校这一组织的全部内容。随着社会经济发展和外部环境变化,我国高校与本科专业的关系后来发生了巨大变化,并且二者关系已经变得极为复杂。但由于发展的路径依存性,在历史惯性的影响下,本科专业仍然是我国所有类型的高校的核心组织。当然,经过长期的冲突与磨合,这个核心组织在结构体系中的地位、性质与功能已经与当初完全不同。

在明确了本文分析的基本立场和观点之后,再回头审视专业类型与本科教学质量关系的既有研究成果。在既有研究中,关涉本科生发展的"高校内"影响因素有:居住形式、专业、专业学习经历、个体间的互动、课外活动参与和学业成绩等。其中的"专业"因素的内涵与本文设定的专业类型的内涵比较近似。在专业对本科生的影响上,既有研究成果高度一致。大部分研究均认为专业不仅影响认知技能发展和学业成绩获得,还会影响宗教信仰、精神状态、道德推理和行为。同时,本科专业明显影响毕业后的收入和职业地位。② 但是,这种积极影响大多是通过不同专业的知识与技能的性质差异而发生。比如,在电子计算机、信息技术、互联网和人工智能迅速发展的当今时代,计算机本科专业毕业一般就要比哲学本科专业毕业相对容易就业于高收入的岗位。③ 劳动力市场上的热门专业人才的整体收入明显较高,此点中外皆然。但在本科专业的知识与技能的性质差异之外,不同类型甚至同一类型的本科专业之间是否还存在教学质量的差异?而且,该差异会影响本科生的近期和远期发展吗?对此,目前我国

---

① 客观必然性与符合客观规律是性质不同的两个概念。但二者区分在理论中容易,在实践中相对困难。
② Matthew J. Mayhew, Alyssa N. Rockenbach, Nicholas A. Bowman, et al. How college affects students(Vol. 3), 21st century evidence that higher education works [M]. San Francisco: Jossey-Bass, 2016: 523 - 573.
③ 赵炬明.论新三中心:概念与历史——美国SC本科教学改革研究之一[J].高等工程教育研究,2016(3): 35 - 56.

高等教育界并无充分证据,尤其是当仅仅局限于"双一流"建设高校时就更是如此。为此,本文以下集中分析"双一流"高校中的不同类型本科专业的教学质量差异。

(二)专业类型的操作指标选择

尽管在日常生活中高校专业的概念内涵似乎不言自明,但在理论研究中仍不容易明确界定。本科专业分类一般受到劳动力市场人才需求、相关联的学科知识体系的内在性质和国家高等教育发展战略的影响。这些因素会因时因地而变化,故本科专业分类仅仅具有相对稳定性。而且,本科专业分类具有明显的国别差异性,比如,美国就于2020年新修订了高等教育专业目录。新目录将专业(含专/本/硕/博的所有层次)分为6个类别,这六个类别分别是:学术与专业型教育(Academic and Occupationally-Specific Programs),预备役军官训练团(高中军训课程、预备役军官训练营)教育(Reserve Officer Training Corps <JROTC, ROTC> Programs),个人提高和休闲教育(Personal Improvement and Leisure Programs),中学/第二级文凭和证书教育(High School/Secondary Diplomas and Certificate Programs),牙医、医疗和兽医住院医师教育(Dental, Medical and Veterinary Residency Programs),技术教育/工业艺术教育(Technology Education/Industrial Arts Programs)。[1] 鉴于美国高等教育制度对世界各国高等教育制度的实际影响,其专业目录修订对其他国家专业分类变化的影响将会很大。我国中央政府的教育主管部门根据实际情况,参照国际上的分类经验,把我国高校的本科专业从大到小依次分为学科门类、专业类和专业三个层次。[2] 目前在专业层次上招生的高校很少。每经过一段时间,我国也会进行不同程度的调整。比较而言,美国本科专业分类更多服务于统计目的,我国专业分类更具制度

---

[1] 张炜.美国学科专业分类目录2020版的新变化及中美比较分析[J].学位与研究生教育,2020(1):59-64.
[2] 教育部.教育部关于印发《普通高等学校本科专业目录(2012年)》《普通高等学校本科专业设置管理规定》等文件的通知[EB/OL].(2012-09-18)[2021-04-27].http://www.moe.gov.cn/srcsite/A08/moe_1034/s3882/201209/t20120918_143152.html.

强制性。

本文中的本科专业采取我国政府的最新专业分类方法,并且是指学科门类这一最高层次的专业分类。在问卷设计和调查的数据收集时,把本科专业的学科门类分为哲学、经济学、法学、文学、历史学、理学、工学、农学、医学、管理学、教育学和艺术学十二类。在问卷调查的数据处理时,把上述十二类进一步归为两大类:人文社科类和理工农医类。理工农医类具体包括上述的理学、工学、农学和医学,其余的学科门类均归入人文社科类。

二、专业类型和专业课堂教学质量差异

表6-3表明,"双一流"高校中人文社科类的本科专业课堂教学质量全面高于理工农医类。具体如下。在本科专业课堂教学质量整体上,人文社科类为3.590,理工农医类为3.515,前者高于后者2.13%,而且,该差异具有统计显著性。在知能传授的维度上,人文社科类为3.820,理工农医类为3.676,前者高于后者3.92%,而且,该差异具有统计显著性。在学程调控的维度上,人文社科类为3.105,理工农医类为3.050,前者高于后者1.47%,而且,该差异具有统计显著性。在志趣唤醒的维度上,人文社科类为3.847,理工农医类为3.810,前者高于后者0.97%,而且,该差异具有统计显著性。

表6-3 专业类型和专业课堂教学质量差异

	专业课堂教学			知能传授			学程调控			志趣唤醒		
	M	SD	N	M	SD	N	M	SD	N	M	SD	N
人文社科	3.590	0.566	2 962	3.820	0.769	2 962	3.105	0.467	2 962	3.847	0.889	2 962
理工农医	3.515	0.526	2 830	3.676	0.739	2 830	3.060	0.456	2 830	3.810	0.868	2 830
F	27.524			53.015			13.480			2.593		
显著性	****			****			****					

上述研究结果与社会大众的认识明显不一致。最近,中国人民银行在其官网

上公开了一篇工作论文《关于我国人口转型的认识和应对之策》,①该工作论文提出了一个国际理论界习以为常的观点,"重视理工科教育"。但唯一的论据是"东南亚国家掉入中等收入陷阱原因之一是文科生太多",言下之意是,比较而言,文科生相对无用。该工作论文的该观点在我国人文社会学界激起了轩然大波,很多著名学者纷纷发表反对意见,②其中,不乏揶揄论文作者的浅薄之词。其实,该工作论文的这个观点并无多少理论创新,也称不上偏激。而且,笔者的多次社会调查的结果也表明,在我国普通民众的脑海里,大多数人确实如此认识理工科与人文社科的高校毕业生在社会功能上的差异。尽管我也是人文社科研究者队伍中的一员,但无意在此掩饰个人进行的社会调查结果的任何一部分。③ 调查还发现,我国社会大众对二者差距的认识不仅是人文社科毕业生不如理工科(包含农医)毕业生的经济有用,还在于对人文社科类本科课程的现实质量的不满上。我国社会大众一般认为,我国高校的人文社科类本科的课程与教学相对较"水",上学无用——"学不到知识"。在普通国人的观念里,从小学到高中,然后千辛万苦考大学,固然首先为了谋"美差",但通过接受本科教育而"懂事明理"和获得"人"的质

---

① 陈浩,徐瑞慧,唐滔,高宏.关于我国人口转型的认识和应对之策[EB/OL].[2021-04-30]. http://www.pbc.gov.cn/yanjiuju/124427/133100/4214199/4215384/2021032618390757190.pdf.
② 陆铭.澄清一下关于文科生的偏见[EB/OL].[2021-04-30].http://column.caijing.com.cn/20210416/4756952.shtml;韩少功.谁一手制造了"文科误国论"[EB/OL].[2021-04-30]. https://mp.weixin.qq.com/s/buCjIw7lR848675i0PN9oQ.
③ 我国教育学者和其他人文社会学科的一些学者也经常关注当下人文社会学科的发展困境。比如,张庆玲《世界一流学科建设背景下人文学科的生长困局分析》(《大学教育科学》2010年,第1期,44—52页)。在这类文章中,作者均表达了近似"文科无用"的观点。对自己头上的很明显的"脓包"——这里仅仅是借用鲁迅关于"疮"的观点,作者自己不表达任何主观的立场——自己喊喊痛苦或者不舒服一般是可以的,可以纾解因"疮"而起的痛苦。但是,绝不许别人凑上来说三道四。大约古今中外,普天之下,人同此心吧。而且,就我国的语境来看,"学科"一词明显有三个内涵截然不同的制度化概念:历史发展过程中积累的知识体系,以国标的学科分类为标志;当前学者的研究活动的范围或者说领域,以自科和社科基金的学科分类为标志;高校的学生培养体系,以国务院学位办的学位授予目录和教育部的学科专业目录为标志。三者尽管有交叉,但是作为学科的存在方式和目的却截然不同,故本质上差异甚大。对于前两者含以上的学科,其中的各种文科有用与否确实难以判断。但是,对于第三者含以上的学科,文科是否有用则很容易判断。最重要或者说唯一的客观标准就是从社会需求和学习者需求的角度去观察。

量的综合提升也很重要。① 从调查样本的本科生的视角来观察,我国人文社科类本科课堂教学质量反而要比相对应的理工农医类高一些,这与社会大众的认识大相径庭。但如前所述,这个结果也许不能推广到我国所有类型的高校中。②

---

① 笔者的调查表明,除老少边穷和极端经济困难人群之外,我国绝大多数普通大众的学校教育观可能与其他发达国家略有不同。这个认识的差异的核心点就是,普通国人对通过学校教育而读书明理的内在重视和自觉追求。如果说我国传统文化对现代社会有影响,这一点应该是重要影响之一吧。正是普通大众持有的这个学校教育观的存在,我国高等教育才能够毫无阻碍地朝向普及化迅速发展。

② 东南亚国家发展进入中等收入陷阱与文科生(本文的人文社科类)过多两个现象确实近乎同时出现。然而,二者之间是否存在因果关系,以及即使或为因果关系,但孰因孰果,目前却比较难以断定。

从宏观角度来看,系统而深入的研究曾发现,在东南亚等发展中国家里,即使政府投入大量财政,举办中等和高等理工科教育,但最后的综合效果均不佳。从求学者个人及其家庭来说,辛辛苦苦,十年寒窗求学,本为尽可能谋行较好的个人劳动收入和相应的社会地位。所以,理工科毕业生更愿意到比较体面、相对轻松和收入较高的政府部门或相关部门工作,而不是到所学理工科专业相关的工作环境稍微有点"脏"的生产第一线工作或从事比较冷清的理论研究和产品开发研究。从掌握绝大部分社会资源的分配权并奉行国家资本主义的政府部门来说,也长期需要大量的懂技术和高素质的管理者。作为社会精英,理工科毕业生——而不是虽然更适合政府管理工作但是被国家高等教育发展的战略定义为高等教育"添头"的文科生——自然被优先选拔,很快就成为各级政府、公共事业单位或国有企业的中高级管理者。这样一来,国家资本主义理念下的中等收入陷阱和社会上文科生"好像"过多就同时出现了。而且,二者宛如传统资本主义国家里的滞涨幽灵,一左一右,长期在发展中国家徘徊而不肯离去。在社会大众的意识里,人文社科类专业里面其实也分为三六九等(该意识衍生于劳动力市场)。诸如具有"类工程"特质的纯粹的法律、会计、金融和管理等本科专业的毕业生也能比较容易地谋得高就。顺便说一句,其实,理工农医类也分为三六九等。其中的纯理论学科未必超过人文社科类的普通待遇。另外,在社会大众的意识里,专业所在的高校也分为三六九等(该意识同样衍生于劳动力市场)。如果是顶尖精英高校毕业,所学专业性质如何就显得相对无足轻重。但是,文科类精英专业和设有文科的精英高校毕竟少之又少。所以,整体上来看,东南亚发展中国家显得还是文科生太多。当然,专业的有"用"与无"用"与不同社会群体对专业的观察的角度密切相关。比如,社会大众认为能够养家糊口的"农"以及性质近似的"理工医"有"用";但现代孔子及其嫡系弟子则认为学"农"之人为"小",不屑与之为伍。此等高等教育选择上的口味之异,在政治上绝无任何调和的余地。完善而具有活力的现代高等教育体系应尽量适合社会中所有人的口味。

从微观角度来看,在高校这一社会组织的运营上,政府、高校和社会大众之间却是另一幅互动的景象。大部分理工科教育如果高质量(至少符合国际的最低标准)进行,均需要大量的资金、设备和师资。发展中国家的政府根本无法提供,所以,理工科高等教育处于公共垄断而稀少且质量较低的客观状态。大众对理工科高等教育极端不满但渴望却不得,导致其退而求其次,饮鸩止渴,大量涌入人文社科类。政府对高校财政拨款长期不足,致使高校渴求资源,故十分看重规模扩张带来的学费等收益。面对汹涌而来的人文社科类的教(转下页)

三、专业类型和专业学习支持质量差异

表6-4表明,在本科专业学习支持质量上,理工农医类全面高于人文社科类。具体如下。在本科专业学习支持质量整体上,理工农医类为4.090,人文社科类为4.015,前者高于后者1.87%,而且,该差异具有统计显著性。在学习资源丰富性上,理工农医类为4.167,人文社科类为4.023,前者高于后者3.58%,而且,该差异具有统计显著性。在学习支持体系完善性上,理工农医类为3.950,人文社科类为3.897,前者高于后者1.36%,而且,该差异具有统计显著性。在学习共同体建设上,理工农医类为4.152,人文社科类为4.125,前者高于后者0.65%,不过,该差异不具有统计显著性。

表6-4 专业类型和专业学习支持质量差异

	专业学习支持			学习资源丰富性			学习支持体系完善性			学习共同体建设		
	M	SD	N	M	SD	N	M	SD	N	M	SD	N
人文社科	4.015	0.681	2 962	4.023	0.758	2 962	3.897	0.772	2 962	4.125	0.720	2 962
理工农医	4.090	0.675	2 830	4.167	0.708	2 830	3.950	0.784	2 830	4.152	0.739	2 830
F	17.460			55.575			6.711			1.919		
显著性	****			****			*					

这一点也明显与我国社会大众普遍的一般认识有所不同。研究团队的访谈

(接上页) 育需求和极容易达到的高校学科专业设立标准(一般由政府调控),公立高校无法抵挡近似无本万利的诱惑,就很容易人文社科化。如果还有相当规模的私立高等教育存在,那么私立高等教育更为渴求资源而大力发展人文社科类教育。各种因素的综合结果就导致高等教育制度体系的人文社科化的程度相当高。如果宏观经济一直高速或者至少匀速发展,就能够提供大量就业岗位。这时候,尽管就业时专业不十分对口,人文社科类毕业生就业也不存在比较明显的问题。在以人力资本理论为指导的国家人力资源战略的宏观背景下,这样就造成了高校培养人文社科类学生也能够实质拉动经济发展的社会假象。然而,最近20年来,东南亚诸国的经济发展也实在不幸运,受国际环境影响,存在忽高忽低的现象。这样一来,消费了一定规模的社会资源的人文社科毕业生就容易呈现出经济创造力相对较弱的"原形"了。

结果表明,很多人(包括"双一流"高校的教师和学生)都认为,我国高校的人文社科类的本科专业较多强调专业之外的广泛知识教学和课外学习活动,而理工农医类则对专业知识学习的要求严格和相对重视课堂教学,尽管此重视与本文所谓的本科教学质量不完全同义。

与一流大学和一流学科建设高校之间的差异相类,一方面,人文社科类在专业课堂教学上高于理工农医类;但另一方面,理工农医类在专业学习支持上高于人文社科类。总之,如果把专业课堂教学和专业学习支持两个方面综合起来考虑,两类专业之间可能并无明显差异。

第三节 高校类型和专业类型对教学质量的交互影响

一、高校类型和专业类型对教学质量交互影响的一般认识

一般认为,高校类型和专业类型对本科专业教学质量存在交互影响。但是,迄今为止,对此尚无系统的定量分析。作者所在团队的访谈调查表明,不同社会群体的认识不同。

按照访谈对象的观点差异和社会身份,我国社会对二者的交互影响存在着如下两类不同的认识。一种观点认为,对于人文社科类专业来说,排名或社会声望越高的高校其本科教学质量就越高;对于理工农医类专业来说,排名或社会声望越高,其本科教学质量就越高,但其差异不如人文社会类明显,持该观点的一般是高校中的研究者或其他类型的知识分子。另一种观点认为,不管是人文社科类还是理工农医类专业,排名或社会声望越高,其本科教学质量明显就越高。持该观点的一般是社会大众,尤其是大学生、高考生或其家长。

不管上述哪一种观点,本质上都认为高校类型和学科类型之间存在交互影

响,而且似乎更偏好理工农医类。但这个观点针对我国高等教育整体而非"双一流"建设高校,所以,即使该观点完全符合我国高等教育制度整体,也未必符合"双一流"建设高校这一特殊群体。为此,本文以下通过方差分析检验该大众认识对于"双一流"建设高校是否合适。

二、高校类型和专业类型对专业课堂教学质量的交互影响

在专业课堂教学质量上,在 $P<.001$ 水平上,模型统计成立。在该模型中,高校类型×专业类型的系数在 $P<.01$ 水平上,具有统计显著性,即二者对专业课堂教学质量具有交互影响。结合上述第一节和第二节的分析可知,一流学科建设高校人文社科类专业课堂教学水平更高,反之亦然。不过,模型修正 R^2 为 0.006,说明该模型统计效力较低。

在知能传授上,在 $P<.001$ 水平上,模型统计成立。在该模型中,高校类型×专业类型的系数在 $P<.001$ 水平上,具有统计显著性,即二者对知能传授质量具有交互影响。结合上述第一节和第二节的分析可知,一流学科建设高校的人文社科类的知能传授水平更高。不过,模型修正 R^2 仅为 0.011,说明该模型统计效力较低。

在学程调控上,在 $P<.01$ 水平上,模型统计成立。但在该模型中,高校类型×专业类型的系数无统计显著性,即二者对学程调控质量不具有交互影响,而且模型统计效力较低。

在志趣唤醒上,在 $P<.1$ 水平上,模型统计成立。在该模型中,高校类型×专业类型的系数在 $P<.01$ 水平上,具有统计显著性,即二者对志趣唤醒质量具有交互影响。结合上述第一节和第二节的分析可知,一流学科建设高校的人文社科类的志趣唤醒水平更高。不过,模型修正 R^2 仅为 0.001,说明该模型统计效力较低。

由于上述各个模型的统计效力均较低,其分析结果的参考价值自然比较小。

表 6-5 高校类型和专业类型对专业课堂教学质量的交互影响

	专业课堂教学		知能传授		学程调控		志趣唤醒	
	均方	F	均方	F	均方	F	均方	F
模型	11.418	12.756****	12.770	22.488****	1.247	5.846***	1.800	2.333*
高校类型	.156	.524	.585	1.031	.440	2.064	.059	.075
专业类型	2.912	9.760***	10.711	18.861****	.505	2.365	1.292	1.674
高校 x 专业	3.071	10.292***	7.660	13.488****	.447	2.096	3.315	4.297**
R^2	.007		.012		.003		.001	
修正 R^2	.006		.011		.003		.001	

三、高校类型和专业类型对专业学习支持质量的交互影响

在专业学习支持整体及各个维度上,模型均成立。不过,在所有模型中,高校类型×专业类型的系数均无统计显著性,即二者对专业学习支持整体及各个具体维度均无交互影响。

表 6-6 高校类型和专业类型对专业学习支持质量的交互影响

	专业学习支持		学习资源丰富性		学习支持体系完善性		学习共同体建设	
	均方	F	均方	F	均方	F	均方	F
模型	4.375	9.528****	13.255	24.640****	2.525	4.175***	1.670	3.141**
高校类型	4.993	10.873***	9.744	18.114****	2.550	4.216**	3.939	7.409***
专业类型	.168	.367	2.676	4.974**	.089	.148	.495	.931
高校 x 专业	.069	.150	.015	.027	.883	1.461	.075	.140
R^2	.005		.013		.002		.002	
修正 R^2	.004		.012		.002		.001	

总之,在专业课堂教学和专业学习支持的整体及各个具体维度上,高校类型与专业类型的交互影响均比较微弱,这一点对我们重新认识不同高校和不同专业

的本科教学质量的差异具有重要意义。在我国当前,只要是"双一流"高校,其本科专业教学的综合质量均相差不远。至于考生入学后的专业学习收获,则主要取决于考生的知识储备、学习动机、学习兴趣和学习努力程度等个体特质。另外,这一点对高考生选择高校和专业也有参考价值。①

第四节 小 结

本章主要结论如下。

高校类型和本科教学质量差异。在本科专业课堂教学上,一流学科建设高校全面高于一流大学。与此相对,在本科专业学习支持上,一流大学全面高于一流学科建设高校。总之,一流大学与一流学科建设高校的本科教学的综合质量存在明显差距的可能性较小。

专业类型和本科教学质量差异。在本科专业课堂教学质量上,人文社科类全面高于理工农医类。与此相对,在本科专业学习支持质量上,理工农医类全面高于人文社科类。总之,不同专业类型的本科教学的综合质量存在明显差距的可能性较小。

---

① 从方法论的角度而言,乍看之下,第六章的第三节似乎是不折不扣的"败笔"。这是因为,第三节的结果展示表明,研究并不仅没有发现高校类型专业类型的明显的交互统计影响。该统计结果同时还显示,在某些时候,高校类型或专业类型各自也没有独立的统计影响。这个结果就与第一节和第二节的研究结果多少有些自相矛盾,进而让第一节和第二节的统计分析也显得有些"多余"。但是,基于以下几点的考虑,作者仍然在第三节把这个分析结果如实地呈现出来。第一,统计结果不符合理论预期是真正的研究的复杂分析过程的一个必然环节。这说明了研究的中间过程的复杂性,在社会科学中也是如此。所以,在条件允许的时候,就有必要把研究的中间结果(甚至一些失败的结果)呈现出来。这也是很多研究者更为重视撰写专著,而相对轻视撰写期刊论文的重要原因之一。毕竟,在专著中,作者可以相对较为自由地呈现愿意呈现的研究内容。第二,在接下来的第七章中,多元回归分析的结果表明,高校类型和专业类型仍然不同程度地具有独立的统计影响。这说明,第六章的第一节和第二节的统计分析并非多余。当然,第七章的分析结果也显示,第六章第三节所选择的方差分析的统计方法极有可能不十分契合于本数据的内在性质。其实,所有统计模型的 R^2 均比较低也已经从另一个角度充分说明了这一点。

高校类型和专业类型对教学质量的交互影响。多因素方差分析的结果表明，高校类型×专业类型对本科教学质量的整体及各个维度均无明显的统计上的交互影响。

◆ 第七章
教学质量的个体差异性

从第五章开始,至本章止,作为统计分析的对象,本科教学质量均是从本科生角度来观察的。所以,就其本质而言,它高度近似于学生评教。既然是本科生对本科教学质量的主观评价,实际上它就不可避免地会带上不同程度的本科生的个人色彩。当然,如果本科生的评教能力很"完美",理论上该主观评价就会无限接近本科教学质量的客观特征,不过,对此无从准确判断。① 即便如此,研究本科教学质量评价的个体差异也具有重要的理论和实践意义。再优质的本科教学,作用在不同属性的本科生个体身上,也会产生质量高低不同的多样化教学效果,研究者称之为条件效果。② 再通俗一点地说,即使教学资源无比优越的高校和专业,同时配备了大量的优秀师资,甚至所有教师均无比优秀,也未必会产生理想的本科教学效果。预期的教学效果能否最终实现,还受到受教者个体属性的高度制约。因此,把握本科教学的条件效果的质与量就是按照因材施教的教学原则,进行本科有效教学的基础和出发点。从这一点来看,学生评教是观察本科教学的条件效果的最佳途径之一。

　　本章以下分析三方面的主要内容。首先,确定教学质量个体差异的主要来源和重要性;在此基础上,确定自变量的操作指标、选择分析程序和进行统计分析;然后,分别分析和解释本科生的不同个体属性对本科教学质量不同侧

---

① 首先,学者对是否存在客观真实或唯一真相存在争论。后现代主义对此持否定态度。本章不采取这种后现代主义的立场。但在承认客观存在的前提下,客观真实也只能无限逼近而不可能100%认识。也就是说,在经典的量化研究中,研究者只能利用各种科学手段尽可能逼近客观。客观真实=测量值+误差。从这个角度来看,我们无法真正知道本科生的评教能力是否非常"完美"。
② Matthew J. Mayhew, Alyssa N. Rockenbach, Nicholas A. Bowman, et al. How college affects students (Vol. 3), 21st century evidence that higher education works[M]. San Francisco: Jossey-Bass, 2016: 1-20.

面的统计影响。①

第一节 教学质量个体差异性的来源及认识价值

一、教学质量个体差异的来源

在技术上通过本科生调查来把握本科教学质量,这就是学生评教。在这点上,本章的教学质量与教学管理实践中的学生评教没有任何区别,二者的区别在于评价结果的使用目的。学生评教是把握本科教学质量的重要工具②,目前,在高校的教学管理实践中,学生评教不仅在国际上广泛使用,③在我国高校中也普遍使用。调查结果表明,在我国,本科段尚未导入学生评教措施的高校几乎不存在。但是,长期以来,对学生评教的客观性及使用,我国学术界多有微词。④ 批评的核心在于,学生评教结果具有明显的个体差异性,即缺乏客观性。

学生评教的个体差异性有两个主要来源:一方面,同一性质的教学行为或活动在不同特质的个体本科生身上产生的客观效果确实不尽相同;另一方面,具有不同特质的个体本科生对同一性质的教学行为或活动的主观评价存在着明显差异。两个方面互相影响,互相影响的结果缠绕或叠加。实际上,目前的技术手段

---

① 在本章中,"本科教学质量""学生评教"和"本科教学质量评价"三个词语为同义词。根据语境,交互使用。为了保持与全书风格统一,在本章的章节标题中使用"本科教学质量";为了与本章的风格统一,在分析时使用"本科教学质量评价""质量评价"或"评价";在本章开头和第一节也使用了"学生评教",其他地方也会根据行文需要,偶尔使用"学生评教"。
② Ronald A. Berk. Beyond student ratings: 14 other sources of evidence to evaluate teaching [A]. Handbook of quality assurance for university teaching[C]. Eedited by Roger Ellis and Elaine Hogard. Abingdon, Oxon: Routledge, Taylor & Francis Group, 2019: 317 - 344.
③ Marsh, H W. Students' evaluation of university teaching: Research findings, methodological issues, and directions for future research[J]. International Journal of Educational Research, 1987,11(1): 253 - 388.
④ 韩映雄,周林芝.学生评教的信度、效度、影响因素及应用风险[J].复旦教育论坛,2018(6): 74 - 81.

尚不能在研究过程中有效地分离二者的影响。

另外,也有不少研究者认为,即使在同一高校的同一个专业,不同特质的本科生得到的客观教学资源或受到的教育影响确实不同。这个差异主要体现在,高校和教师在教育和教学活动过程中可能会更多地关注某些特殊群体。一般而言,社会优势群体学生受到的积极关注程度会超过社会不利群体受到的积极关注程度。[①] 即,形式上,不同群体面对着同样的教学资源;但实际上,不同群体得到的教学资源却存在差异。这最终造成教学过程中的不公平,有学者称之为高等教育的知识公平。[②] 这是本科教学质量的个体差异的第三个来源。但这个本科教学过程质量不公平的原因则更为复杂。其中,也有弱势群体个体自身因素的明显影响,比如,有些个体不愿意或不会使用本来公平面向所有学生的客观存在的教学资源。[③]

尽管难以分离学生评价的本科教学质量的差异来源,但对其差异程度进行测量的技术手段目前却大量存在。所以,对其进行测量也有如下所述的多方面的客观必要性。

二、教学质量个体差异分析的理论和实践价值

把握本科生对本科教学质量评价的个体差异具有多个侧面的重要意义,主要三点如下。

第一,优质的学生评教是本科教学改进和质量提升的基础和起点。虽然学生评教有多种缺陷,但是比较而言,学生评教仍然是优质教学质量评价工具。[④] 学术

[①] Corbin M. Campbell, Marisol Jimenez, Christine Arlene N. Arrozal. Prestige or education: college teaching and rigor of courses in prestigious and non-prestigious institutions in the U.S. [J]. High Education, 2019(3): 717-738.
[②] 叶赋桂.高等教育公平:人的平等和知识的平等[J].北京教育(高教),2021(1):16-22.
[③] Lindsay C. Page, Judith Scott-Clayton. Improving college access in the United States: Barriers and policy responses[J]. 2016, 51(1): 4-22.
[④] 韩映雄,周林芝.学生评教的信度、效度、影响因素及应用风险[J].复旦教育论坛,2018(6):74-81.

界对学生评教反对最激烈的是,把学生评教的结果作为教师教学能力评估和晋升的人事评价的工具来使用。[①] 但是,当学生评教针对某专业或高校而非个体教师时,这样的危险就不存在了。这主要是因为,作为组织的集合指标使用时,其中的来自个体的主观或客观差异会被一定程度地中和。[②]

第二,通过学生评教,发现本科教学中隐蔽的弱点,促进教学过程公平。相比较于高等教育公平的其他侧面而言,教学过程的不公平最为隐蔽。学生评教是最有效的教学过程公平评价的技术手段,能够发现并及时监测为何同样的教学资源、方式和形式却产生教学效果的个体差异性。然后针对该个体差异,构建对策并进行因材施教,最终实现本科教学过程的公平。

第三,提升学生评教的有效性。既然学生评教在教学质量保障中如此重要,那么教会本科生如何合理地评教就变得异常重要。这既是高校的义务,也是责任,更是提升质量的有效途径。为此,就需要首先把握学生评教的现状特征和其中存在的突出问题。

第二节 指标确定和分析程序选择

(一)个体属性的概念界定和操作指标选择

本章选用的个体属性变量分为个体先天属性和个体后天属性。

个体先天属性仅仅使用性别。本章的性别包括"男"与"女"两种属性。[③] 在统

[①] 徐国兴.我国高校学生评教实践的若干误区[J].上海教育评估研究,2012(2):10-15.
[②] 徐国兴.我国本科教学质量提升策略探析[J].教育发展研究,2017(5):10-17.
[③] 据国外研究,在普及化阶段的高校中,实际上学生的性别呈现多元化。双性人,变性人和同性恋者大量存在。目前,我国在这个领域的研究尚未启动,故具体情况尚不得而知。具体分析参见,Matthew J. Mayhew, Alyssa N. Rockenbach, Nicholas A. Bowman, et al. How college affects students(Vol. 3), 21st century evidence that higher education works[M]. San Francisco:Jossey-Bass, 2016.

计分析时,女性赋值为"1",男性赋值为"0",以男性为参照群体。①

本章选用的个体后天属性有家庭背景和入学前学业准备。

家庭背景。既有研究所使用的家庭背景的指标多种多样。本章根据我国实际、数据特征和统计分析需要,选择以下三个指标:父亲职业(专业技术管理/非专业技术管理)、父亲学历(高等教育/非高等教育)和家庭居住地(城市/乡镇·村)。在统计分析时,选择非专业技术管理、非高等教育、乡镇·村、东部地区为参照对象。参照群体赋值为"0",其余为"1"。

入学前学业准备。入学前学业准备选取两个指标:高考分数和就读高中类型(重点/非重点)。高考分数各省市自治区不同,本文化为百分制,为连续变量。在统计分析时,选择重点高中为参照对象。参照群体赋值为"0",其余为"1"。

另外,统计分析需要控制高教结构和社会结构的影响。②

高教结构变量包括高校类型、专业类型和在学年级三个指标。高校类型分为一流大学和"一流学科"建设高校,专业类型分为理工农医类和人文社科类,在学年级分为一、二、三和四年级,以上均为分类变量。在统计分析时,选择"一流学科"建设高校、人文社科类、一年级为参照对象。参照群体赋值为"0",其余为"1"。

社会结构包括家庭居住地所在地区和入学类型。如前所述,本研究的家庭居住地所在地区(东部/中部/西部)的数据并非纯粹的社会结构指标,而是个体属性和社会结构互动结果的指标。所以,本研究按照习惯做法来分析,把它与其他家庭背景指标归为一个组类。我国高校的本科入学类型多种多样,具体分类参见第三章。本章主要关注本科生的专项生身份对本科教学质量评价的影响,故以下选择城市统招生、农村统招生和专项生三分类。在统计分析时,选择农村统招生作为参照对象。参照群体赋值为"0",其余为"1"。

---

① 鉴于性别对大部分教学质量的统计影响不显著,本章在以下的分析中略去了对性别的统计影响的解释。
② 如前所述,本研究的社会结构和高教结构的操作指标实际上是个体和结构互动的结果。从个体角度来看,这些指标可以被认为是个体属性的结构侧面。因此,在以下分析时,本章不再把社会结构和高教结构的指标单列,而是与其他个体属性指标的影响一并分析。

(二) 模型设定和分析程序选择

根据数据特征和研究目的,使用分层多变量线性回归(B-GLM),设定二个方程式。

$$y = \beta_0 + \sum \beta_1 C + \beta_2 SEX + \beta_3 ER + \varepsilon \quad ①$$

$$y = \beta_0 + \sum \beta_1 C + \beta_2 SEX + \beta_3 ER + \sum \beta_4 SES + \sum \beta_5 AP + \varepsilon \quad ②$$

方程①考察在不考虑家庭背景和入学前学业准备两个因素的前提下,性别、高等教育类型和入学类型对本科教学质量评价的影响。方程②考察当添加了家庭背景和入学前学业准备等因素后,各因素对本科教学质量评价的影响。从对现实的拟合的实际意义而言,两个方程相比较,方程①比较接近日常观念中的教学质量认识,而方程②相对更接近理论认识。

在方程①和方程②中,y 为本科教学质量评价的各变量,C 为高等教育类型因素(高校类型、学科类型和年级等),SEX 为性别,ER 为入学类型,SES 为父亲职业、父亲学历、家庭所在地区和家庭居住地等家庭背景变量,AP 为高中类型和高考分数等入学前学业准备变量,β_0 为常数,β_1 至 β_5 为各自变量的回归系数,ε 为误差(此项一般略去)。在统计处理时,2 个方程共用一个程序,分两层(Block1→Block2)投入自变量。分层线性回归优于经典线性回归之处是:既可观察添加新变量后的原变量的效应变化,也可以观察原变量控制后的新添加变量的独立效应。以专项生的影响为例,既可以比较其回归系数在模型①和模型②中的大小;也可以在模型②中,比较其回归系数与其他自变量(如父亲学历)的大小。[1]

(三) 统计分析结果的基本特征

以个体属性为自变量,本科生对本科教学质量的评价的各具体指标为因变量,分别进行分层线性回归统计分析。分析结果如表 7-1 至表 7-2 所示。

---

[1] 徐国兴.资优本科生学术志趣发展的类型、成因及效应——基于九所"双一流"建设高校的调查分析[J].高等教育研究,2020(11):81-89.

表 7-1 专业课堂教学质量个体差异的统计分析结果

	专业课堂教学		知能传授		学程调控		志趣唤醒	
	模型①	模型②	模型①	模型②	模型①	模型②	模型①	模型②
性别(以男性为参照)	.004	.009	.036**	.038**	.020	.024	−.034*	−.030*
高校类型(以"一流学科"为参照)	−.013	−.011	−.016	−.011	−.027	−.033*	.003	.006
专业类型(以人文社科为参照)	−.060***	−.046**	−.064***	−.053*	−.026	−.013	−.043*	−.033
大二(以大一为参照,下同)	−.092****	−.090****	−.100****	−.098****	−.045***	−.044***	−.063****	−.061****
大三	−.020	−.022	−.061****	−.064****	.035**	.035**	−.003	−.005
大四	−.007	−.007	−.076****	−.075****	.084****	.085****	.007	.007
城市统招生(以农村统招生为参照,下同)	−.026*	−.006	−.030**	−.020	−.034**	−.012	−.006	.012
专项生	−.042****	−.009	−.044***	−.025	−.046***	−.007	−.016	.009
父亲学历(以非高等教育为参照)		.021		.014		.005		.025
父亲职业(以非专业技术管理为参照)		−.001		.004		.011		−.011
中部(以东部为参照,下同)		−.041***		−.029**		−.077****		−.012
西部		−.078****		−.060****		−.076****		−.054****
城乡(以农村为参照)		.002		−.007		.010		.005
高中类型(以重点高中为参照)		−.022		−.002		−.026*		−.026*
高考分数(百分制)		−.028**		−.041***		.011		−.023*

续 表

	专业课堂教学		知能传授		学程调控		志趣唤醒	
	模型①	模型②	模型①	模型②	模型①	模型②	模型①	模型②
F	10.489	8.225	16.632	10.73	12.550	10.009	4.135	3.749
显著性	****	****	****	****	****	****	****	****
R^2	.015	.022	.023	.028	.018	.026	.006	.010
调整 R^2	.013	.019	.022	.025	.016	.024	.004	.007

表7-2 专业学习支持个体差异的统计分析结果

	专业学习支持		学习资源丰富性		学习支持体系完善性		学习共同体建设	
	模型①	模型②	模型①	模型②	模型①	模型②	模型①	模型②
性别(以男性为参照)	.025	.025	.025	.025	.012	.012	.031**	.033**
高校类型(以"一流学科"为参照)	.058***	.056***	.073****	.072****	.038*	.037*	.047**	.045**
专业类型(以人文社科为参照)	.020	.023	.050**	.052**	.010	.014	−.005	−.002
大二(以大一为参照,下同)	−.080****	−.080****	−.061****	−.061****	−.076****	−.076****	−.081****	−.082****
大三	−.029*	−.028*	.002	.002	−.037**	−.037**	−.042***	−.041***
大四	−.035**	−.034**	−.003	−.002	−.051***	−.050***	−.040***	−.039***
城市统招生(以农村统招生为参照,下同)	.012	.003	.009	.002	.010	−.002	.013	.009
专项生	−.004	−.001	.000	.002	−.001	−.001	−.009	−.003
父亲学历(以非高等教育为参照)		−.011		−.007		−.007		−.015
父亲职业(以非专业技术管理为参照)		−.010		−.010		−.013		−.003

续 表

	专业学习支持		学习资源丰富性		学习支持体系完善性		学习共同体建设	
	模型①	模型②	模型①	模型②	模型①	模型②	模型①	模型②
中部(以东部为参照,下同)		−.032**		−.025*		−.033**		−.030**
西部		−.031**		−.025*		−.027*		−.033**
城乡(以农村为参照)		−.005		−.001		−.016		.003
高中类型(以重点高中为参照)		.000		.008		−.007		−.002
高考分数(百分制)		.000		.002		−.009		.007
F	7.227	4.404	11.235	6.357	5.013	3.294	5.631	3.547
显著性	****	****	****	****	****	****	****	****
R^2	.010	.012	.016	.017	.007	.009	.008	.009
调整 R^2	.009	.009	.014	.014	.006	.006	.007	.007

首先,综合判断 B-GLM 方程的统计效力。模型①和模型②的各回归方程的所有 F 值均呈高度的统计显著性($P<.001$),这说明方程统计成立。所有方程的 R^2 和调整 R^2 高度接近,这说明所用数据符合统计拟合要求。在专业课堂教学质量分析的各个方程中,R^2 从模型①到模型②有微弱增加,说明逐步增加自变量使解释效力增高。在专业学习支持质量分析的各个方程中,R^2 从模型①到模型②几乎没有增加,说明逐步增加自变量并没有使解释效力增高。而且,各方程各模型的 R^2 值相对较小,说明该方程对因果关系的统计解释力相对较弱。[①] 所有自变量的 VIF 值均远小于 5(表中未显示 VIP),这说明自变量之间的共线性程度较低。

其次,简要说明高校类型和学科类型的影响。在第六章中,笔者已经把高校

---

① Matthew J. Mayhew, Alyssa N. Rockenbach, Nicholas A. Bowman, et al. How college affects students (Vol. 3), 21st century evidence that higher education works [M]. San Francisco: Jossey-Bass, 2016: 13-21.

类型和学科类型作为结构因素,分析了二者作为单一的自变量,对本科教学质量(评价)的影响。如上所述,调查数据中的高校类型和学科类型与一般意义上的二者的客观类型有所不同,它们实际上是高等教育结构与学生个体互动的结果。所以,对这两个因素,既可以从结构角度也可以从个体角度进行统计分析。为了避免混淆,本章仅在此综述高校类型和学科类型对本科教学质量(评价)的影响,而没有在下述各节与其他的个体属性的统计影响放在一起分析。

表7-1和表7-2显示,即使控制了其他的个体属性因素的统计影响,本章的分析结果也与第六章的分析结果高度类似。即,一流学科建设高校的本科专业教学质量高于一流大学,而后者的本科专业学习支持质量则高于前者;人文社科类的本科专业教学质量高于理工农医类,而后者的本科专业学习支持质量则高于前者。

第三节 专业课堂教学质量的个体差异性

本节分析入学类型、年级、入学前学业准备和家庭背景对专业课堂教学质量评价的影响。

一、专业课堂教学质量的入学类型差异

在整体上,在模型①中,与农村统招生相比,城市统招生的评价较低,专项生的评价也较低。但在模型②中,当增加了家庭背景和入学前学业准备等变量后,城市统招生和专项生的回归系数的统计显著性消失,即三者之间变得不存在显著统计差异。

在知能传授质量上,在模型①中,与农村统招生相比,城市统招生与专项生的评价均较低。但在模型②中,当增加了家庭背景和入学前学业准备等变量后,二者的回归系数均变得无统计显著性。这与专业课堂教学整体质量上的趋势高度

类似。

在学程调控质量上,在模型①中,与农村统招生相比,城市统招生与专项生的评价均较低。但在模型②中,当增加了家庭背景和入学前学业准备等变量后,二者的回归系数均变得无统计显著性。这与专业课堂教学整体质量及知能传授质量上的趋势高度类似。

在志趣唤醒质量上,不管是在模型①还是在模型②中,尽管与农村统招生相比,城市统招生与专项生的评价均较低,但是,二者的回归系数均无统计显著性。

总之,入学类型对本科专业课堂教学质量评价无显著影响。

二、专业课堂教学质量的年级差异

在整体上,在模型①中,与大一学生相比,大二和大四学生的评价较低。但在模型②中,当增加了家庭背景和入学前学业准备等变量后,大二和大四学生的回归系数的统计显著性消失。大三学生的回归系数在①和②两个模型中均无统计显著性

在知能传授质量上,在模型①中,与大一学生相比,大二、大三和大四学生的评价均较低,而且,其降低程度呈现波动趋势。在模型②中,在增加了家庭背景和入学前学业准备等变量后,三者的回归系数的统计显著性仍然存在,而且影响降低的程度不明显。

在学程调控质量上,在模型①中,与大一学生相比,大二学生的评价较低。与此相反,大三和大四学生的评价均较高。在模型②中,增加了家庭背景和入学前学业准备等变量后,三者的回归系数的统计显著性仍然存在,而且相对大小没有明显变化。

在志趣唤醒质量上,在模型①和②中,除去大二之外,其他年级的系数均无统计显著性。

总之,在专业课堂教学质量与年级的关系上,有两点特征非常明显。第一,大二低谷现象明显;第二,知能传授的评价较低且随年级升高降低的程度较大。

三、入学前学业准备对专业课堂教学质量的影响

在专业课堂教学整体质量上,高中类型的回归系数为无统计显著性。高考分数的回归系数为具有统计显著性的负数,即,高考分数越高,本科生的课堂教学质量整体评价越低。

在知能传授质量上,高中类型的回归系数为无统计显著性。高考分数的回归系数为具有统计显著性的负数,即,高考分数越高,本科生的知能质量评价越低。

在学程调控质量上,高中类型的回归系数为具有统计显著性的负数,即来自于重点高中的本科生对学程调控质量的评价较低。高考分数的回归系数为无统计显著性的负数。

在志趣唤醒质量上,高中类型的回归系数为具有统计显著性的负数,即来自于重点高中的本科生对学程调控质量的评价较低。高考分数的回归系数也为具有无统计显著性的负数,即,高考分数越高,本科生的志趣唤醒质量整体评价越低。

总之,入学前学业准备质量越高的本科生,对专业课堂教学质量的评价就越低。这预示着本科生的入学前学业准备质量与本科教学质量之间可能存在着不匹配。

四、家庭背景对专业课堂教学质量的影响

不管是在整体上还是在各个具体维度上,父亲学历、父亲职业和家庭居住地的回归系数均无统计显著性,这一点与大众认识明显不同。但地区的影响差异显著,具体如下:

在专业课堂教学整体质量上,与东部学生相比,西部学生和中部学生的评价均较低,而且该差异具有统计显著性;在知能传授质量上,与东部学生相比,西部学生和中部学生的评价均较低,而且该差异具有统计显著性;在学程调控质量上,

与东部学生相比,西部学生和中部学生的评价均较低,而且该差异具有统计显著性;在志趣唤醒质量上,与东部学生相比,西部学生的评价均较低,而且该差异具有统计显著性,但中部的回归系数无统计显著性。

总之,所在地区之外,其他家庭背景指标对专业课堂教学质量评价并无明显影响。

第四节 专业学习支持质量的个体差异性

本节分析入学类型、年级、入学前学业准备和家庭背景对专业学习支持质量评价的影响。

一、专业学习支持质量的入学类型差异

不管是在整体还是在各个维度的质量上,在模型①和模型②中,与农村统招生相比,城市统招生与专项生的评价差异均无统计显著性。

二、专业学习支持质量的年级差异

在专业学习支持的整体质量上,在模型①中,与大一学生相比,大二、大三和大四学生的评价均较低。在模型②中,在增加了家庭背景和入学前学业准备等变量后,大二、大三和大四年级的回归系数的统计显著性仍然存在。

在学习资源丰富性上,在模型①中,与大一学生相比,大二学生的评价均较低。在模型②中,在增加了家庭背景和入学前学业准备等变量后,大二年级的回归系数的统计显著性仍然存在。但大三与大四年级的回归的系数在模型①和模型②中,均无统计显著性。

在学习支持体系完善性上,在模型①中,与大一学生相比,大二、大三和大四

学生的评价较低。在模型②中,在增加了家庭背景和入学前学业准备等变量后,三者的年级的回归系数的统计显著性仍然存在。而且,不同年级影响大小的相对程度没有明显变化。

在学习共同体建设上,在模型①中,与大一学生相比,大二、大三和大四学生的评价较低。在模型②中,在增加了家庭背景和入学前学业准备等变量后,三者的年级的回归系数的统计显著性仍然存在。而且,不同年级影响大小的相对程度没有明显变化。

总之,年级是影响专业学习支持质量评价的重要因素,这一点与专业课堂教学质量类似。

三、入学前学业准备对专业学习支持质量的影响

不管是在整体上还是各个具体维度上,高中类型和高考分数的回归系数均无统计显著性。

四、家庭背景对专业学习支持质量的影响

不管是在整体上还是在各个维度上,父亲学历、父亲职业和家庭居住地的回归系数均无统计显著性。但在整体及各个维度上,与东部学生相比,西部和中部学生的评价均比较低。

第五节 小 结

本章的主要研究结果如下。

专业课堂教学质量的个体差异性。入学类型对本科专业课堂教学质量的整体及各个维度均无显著统计影响。在学年级对本科专业课堂教学质量的评价有

显著统计影响，但在不同维度上对质量评价的影响稍有不同。与大一学生相比，在整体教学上，大二学生的质量评价明显较低。在知能传授和学程调控上，大二、大三和大四学生的质量评价均较低。在志趣唤醒上，大二学生的质量评价较低。重点高中毕业的本科生的学程调控和志趣唤醒的质量评价均较低。本科生入学时的高考分数越高，其对本科教学质量整体和所有维度的评价越低。父亲学历、父亲职业和家庭居住地对本科教学质量评价无显著统计影响。但家庭居住地所在地区的影响显著。与东部学生相比，在本科教学的整体以及知能传授和学程调控维度上，西部学生和中部学生的质量评价均较低。在志趣唤醒上，西部学生的质量评价较低。

专业学习支持质量的个体差异性。入学类型对专业学习支持质量的整体及各个维度的评价均无显著统计影响。在学年级对本科专业学习支持的质量评价有显著统计影响，但在不同维度上的影响稍有不同。与大一学生相比，在专业学习支持整体、学习支持体系完善性和学习共同体建设上，大二、大三和大四学生的评价均较低。在学习资源丰富性上，仅有大二学生的评价比较低。高中类型、高考分数、父亲学历、父亲职业和家庭居住地均无显著统计影响。但家庭居住地所在地区的影响显著。与东部学生相比，西部和中部学生对专业学习支持的评价比较低。

根据个体属性对本科教学质量评价的影响方向和统计显著性，把模型②中的分析结果整理成表7-3。在表7-3中，个体属性具有积极或正向影响的表示为"＋"，个体属性具有消极或负向影响表示为"－"。同时，仅显示有统计显著性的影响，无统计显著性的影响为空白。

表7-3 个体属性对本科教学质量影响的分析结果总结

	专业课堂教学	知能传授	学程调控	志趣唤醒	专业学习支持	学习资源丰富性	学习支持体系完善性	学习共同体建设
性别(以男性为参照)			＋	－				＋
高校类型(以"一流学科"为参照)		－		＋	＋	＋		＋

续表

	专业课堂教学	知能传授	学程调控	志趣唤醒	专业学习支持	学习资源丰富性	学习支持体系完善性	学习共同体建设
专业类型(以人文社科为参照)	−	−				+		
大二(以大一为参照,下同)	−	−	−	−	−	−		
大三		−	+	−			−	−
大四		−	+	−				−
城市统招生(以农村统招生为参照,下同)								
专项生								
父亲学历(以非高等教育为参照)								
父亲职业(以非专业技术管理为参照)								
中部(以东部为参照,下同)	−	−			−			
西部								
城乡(以农村为参照)								
高中类型(以重点高中为参照)			−	−				
高考分数(百分制)	−	−		−				

很显然,本研究的结果与既有研究结果略有不同。如前所述,本科教学的最终效果因受教者个体属性不同而明显变化,这被研究者称为教学质量的条件效果。本研究也发现本科教学的条件效果的存在,但是,本研究的本科教学的条件效果的性质与既有研究的条件效果的性质略有不同。大部分既有研究的结果均表明,本科教学效果会随着家庭背景和入学前学业准备而变化。[①] 但在本研究中,因家庭背景而产生的条件效果几乎不存在,入学前学业准备对不同侧面的教学效果大都具有负面影响。如果从丁托的文化统合论[②]的基本观点来看,这些结果可以解释为样本本科生对所在高校和专业的认可和信仰以及忠诚度均比较高。如

[①] Matthew J. Mayhew, Alyssa N. Rockenbach, Nicholas A. Bowman, et al. How college affects students (Vol. 3), 21st century evidence that higher education works [M]. San Francisco: Jossey-Bass, 2016: 1-20.

[②] Tinto, V. Dropouts from higher education: A theoretical synthesis of the recent literature[J]. Review of Educational Research, 1975, 45(1): 89-125; Tinto, V. Leaving college: Rethinking the causes and cures of student attrition(2nd ed.)[M]. Chicago: University of Chicago Press. 1993.

果从佩斯的学习努力理论[①]来看,这些结果可以解释为样本本科生的学习努力获得了相应的教学效果回报。但是,研究结果中的这些特殊性及其实践意义尚需要更多数据的支撑和深入分析。

本研究的结果与我国当前的很多常识性认识也多有不同,比如,一般认为,一流大学的本科教学质量优于"一流学科"建设高校,但本研究的结果并不支持这个社会常识,一流大学在专业学习支持质量的各项指标上确实明显优于"一流学科"建设高校。不过,在专业课堂教学质量的各项指标上,两类高校之间并不存在任何明显的统计差异。一般认为,理工农医类专业的教学质量优于人文社科类专业,本研究的结果同样也不支持这个常识。但是,一流大学的财政经费比"一流学科"建设高校明显高出很多;[②]在同一所高校内,理工农医类学科专业所获得的财政经费也远远高于人文社科类。尽管"双一流"高校的财政经费流向科研活动的比例相对较大,但是肯定仍有相当比例投入到本科教学之中。在"双一流"建设高校中,如果高校类型或专业类型对本科教学没有显著的统计影响则可能意味着差异化财政投资没有产生预期效果。这在理论或实践上均是较难解释的现象。

对此现象,一个直观的推理是教学经费使用效率较低。但是,访谈调查的结果表明,还存在着另外几种可能的解释。第一,我国中央政府对不同类型"双一流"高校的本科教学质量设定了相对统一的国家标准,并根据这个标准进行经常性检查与督促。政府对本科教学进行宏观管理的压力促使不同高校和不同专业的本科教学质量趋于同质化。第二,政府调控、国家标准和教学经费相对不足的综合效果导致整体质量水平偏低。第三,尽管大部分"双一流"高校的大部分本科生在专业课程学习上也很努力,但是这种学习努力存在着明显的心理上限。它取决于专业学习的目标追求——达标即可,达标即是尽量不"挂科"、按时修完学分

[①] Pace, C R. Measuring the quality of student effort[J]. Current Issues in Higher Education, 1980, 2(1): 10-16; Pace, C R. Achievement and the quality of student effort[M]. Washington DC: National Commission on Excellence in Education, 1982.

[②] 搜狐网.预算超百亿! 教育部直属高校公布 2021 年预算_经费[EB/OL].(2021-04-13)[2021-06-17].https://www.sohu.com/a/460583156_350650.

和顺利毕业。所以,本科生评价出的教学质量也与其个体属性几乎毫无关联。

但是,若要对此现象进行更为明确的价值判断则似乎非常困难。一方面,"双一流"建设高校的本科教学质量的效果评价几乎并不随着高校结构和大部分个体属性特征而变化,是本科教学质量公平的有力表征之一,这是值得肯定的现状特征。但是,另一方面,如果把这种公平与本科教学质量水平整体相对较低联系起来,则可得出目前处于"低质量水平+公平"的基本状态,这又是值得担忧的现状特征。毫无疑问,改变"低质量水平+公平"现状,并争取达到"高质量水平+公平"状态是本科教学改革的核心使命。那么,如何才能从"低质量水平+公平"状态顺利走向"高质量水平+公平"状态呢?从经验可知,这将是一个漫长而曲折的过程。在从低质量向高质量的发展过程中,不公平程度往往有所扩大。

第 三 部 分

第三部分仅有第八章,分析"双一流"建设高校本科教学质量对本科生学习质量的影响。

本章首先根据前几章的研究结果,进一步对奥斯汀IEO修正模型(图1-2)进行修订。然后,以再次修正后的奥斯汀IEO模型作为理论分析框架,选择适合数据特征的统计分析方法。具体是采用分层多元回归程序来分析教学质量对学习质量的影响。

◆ 第八章
教学质量对学习质量的影响

首先,本章根据前几章的研究结果,对奥斯汀的 IEO 模型进一步修订。然后,以奥斯汀 IEO 修正模型作为理论框架,分析本科教学质量对学习质量的影响。具体分析方式采用分层多元回归程序,共计分为三层。按照因变量本科生学习的种类,分析结果从以下五节依次呈现出来:第二节,分析教学质量对学习参与的影响;第三节,分析教学质量对学习方式的影响;第四节,分析教学质量对学业成绩的影响;第五节,分析教学质量对资格考取的影响;第六节,分析教学质量对学习满意度的影响。

第一节 理论分析框架、指标界定和统计程序选择

一、理论分析框架的选择和修正

如第一章所述,本研究的实证和理论分析主要建立在奥斯汀的 IEO 模型基础之上,[①]并根据我国实际情况,预先对该理论模型进行了一定程度的修正。修正主要体现在:第一,考虑宏观环境对教育环境因素的制约与影响。第二,在教育环境因素中,分离出本科教学因素,在尽可能控制其他因素的影响的前提下,重点分析教学因素对学习质量的影响。

但是,上几章的分析结果表明,第一章的修正模型仍需要若干的修正才能够完全适用于本数据的统计分析。上几章的分析结果表明,本数据中的个人属性与

---

① Astin A. W. Student involvement: A developmental theory for higher education[J]. Journal of College Student Development, 1984, 25(4): 297-308.

本科教学质量之间的关系相对独立，①而且，本数据中的有些个人属性实际上是本科生个人与社会结构或高等教育结构之间互动的结果。比如，高校类型就是个体学生属性和高校属性配对的自然结果。为此，可以把高校类型完全视作高等教育结构的变量。家庭背景中的所在地区实际上就是社会结构属性影响家庭背景属性的具体体现，本质上就是社会结构的属性。所以，家庭居住地所在地区可视为社会结构属性。本科生的年级也可以直接视作就学人口的结构变量。

修正后的 IEO 模型的各因素的关系图如下图 8-1。其中，实线箭头表示本研究中比较确定的关系，虚线箭头表示本研究中相对未知的关系。

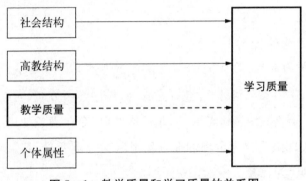

图 8-1　教学质量和学习质量的关系图

二、指标选择和操作性界定

（一）控制变量的操作指标界定

根据图 8-1，本章把个体属性、高教结构和社会结构作为控制变量。其中，个

---

① 这可能与本研究使用数据的样本来源的特殊性有关。本研究的样本完全来自于"双一流"高校。"双一流"高校的本科生在入学时经历过严格的考试选拔。经过严格选拔后，学生的个人属性高度均质化。所以就看不出或者很难看出在其他研究中经常看到的教育环境发挥影响的个体属性的依存性。这样一来，本样本的研究结果可能就很难推广至一般高校。对入学选拔对高等教育不公平的"隐藏"功能的详细分析，参见[法] P.布尔迪厄，[法] J. C.帕斯隆.继承人：大学生与文化[M].邢克超，译.北京：商务印书馆，2002.

体属性变量有性别、父亲职业、父亲学历、家庭居住地、高考分数和就读高中类型；高教结构变量有高校类型、学科类型和年级；社会结构变量有家庭居住地所在地区和入学类型。除高考分数为连续变量之外，其余控制变量均为分类变量。各变量的操作性定义参见第四章和第七章。

（二）自变量的操作性界定

自变量有专业课堂教学整体的质量及各个维度的质量、专业学习支持整体的质量及各个维度的质量，自变量均为连续变量。各变量的操作性定义参见第六章。

（三）因变量的操作性界定

因变量有学习参与、学习方式、学业成绩、资格考取和学习满意度五类。具体的变量分别是，学习参与整体、专业课堂参与、深层学习方式、表层学习方式、"挂科"数量、GPA、英语四级资格考取、职业资格考取、专业满意度、专业课程满意度等。其中，英语四级资格考取和职业资格考取为分类变量，其余均为连续变量。各变量定义参见第四章。

三、模型设定、分析程序的选择和效力判断

（一）模型设定和分析程序选择

根据数据特征和研究目的，设定五个模型，分别用五个方程来表示。

$$y = \beta_0 + \beta_1 SEX + \sum \beta_2 HS + \beta_3 SS + \sum \beta_4 SES + \sum \beta_5 AP + \varepsilon \quad ①$$

$$y = \beta_0 + \beta_1 SEX + \sum \beta_2 HS + \beta_3 SS + \sum \beta_4 SES \\ + \sum \beta_5 AP + \beta_6 TQ + \varepsilon \quad ②$$

$$y = \beta_0 + \beta_1 SEX + \sum \beta_2 HS + \beta_3 SS + \sum \beta_4 SES$$
$$+ \sum \beta_5 AP + \beta_6 TQ + \beta_7 LQ + \varepsilon \quad \text{③}$$

$$y = \beta_0 + \beta_1 SEX + \sum \beta_2 HS + \beta_3 SS + \sum \beta_4 SES$$
$$+ \sum \beta_5 AP + \sum \beta_6 TQ + \varepsilon \quad \text{④}$$

$$y = \beta_0 + \beta_1 SEX + \sum \beta_2 HS + \beta_3 SS + \sum \beta_4 SES$$
$$+ \sum \beta_5 AP + \sum \beta_6 TQ + \sum \beta_7 LQ + \varepsilon \quad \text{⑤}$$

方程①考察在不考虑教学质量的前提下,个体属性、高教结构和社会结构等因素对学习质量的影响。本质上是第三章统计结果的重现。[①] 方程②考察在控制了个体属性、高教结构和社会结构对学习质量的影响后,专业课堂教学整体质量对学习质量的统计影响。方程③考察在控制了个体属性、高教结构和社会结构对学习质量的影响后,专业课堂教学整体质量和专业学习支持整体质量各自对学习质量的相对影响。方程④考察在控制了个体属性、高教结构和社会结构对学习质量的影响后,本科课堂教学的各个维度的质量对学习质量的相对影响。方程⑤考察在控制了个体属性、高教结构和社会结构对学习质量的影响后,本科课堂教学的各个维度的质量和专业学习支持的各个维度的质量对学习质量的相对影响。

在方程①至方程⑤中,y 为因变量,指学习质量的各变量,[②]SEX 为性别,HS 为高等教育类型因素(高校类型、学科类型和年级等),SS 为社会结构(入学类型和家庭所在地区),SES 为父亲职业和父亲学历,AP 为高中类型和高考分数等入学前学业准备变量,β_0 为常数,β_1 至 β_7 为各自变量的回归系数,ε 为误差(此项一般略去)。

---

① 由于这里是作为分层回归的第一层来进行统计分析,各变量的回归系数就会与第三章稍微有些不同。

② 当因变量为资格考取时,由于资格考取为二分变量,$y = \log \dfrac{P}{1-P}$。其中,P 为资格考取的概率。

使用分层多变量线性回归(B-GLM)或逻辑回归处理数据。① 在统计时,方程①、②和③共用一个程序,Block1 对应方程①,Block2 对应方程②,Block3 对应方程③。方程①、④和⑤共用一个程序,同样分三层(Block1→Block2→Block3)投入自变量。Block1 对应方程①,Block2 对应方程④,Block3 对应方程⑤。② 如前所述,分层线性回归优于经典线性回归之处是:既可观察添加变量后原变量的效应变化,也可观察原变量控制后新添加变量的独立效应。③

(二)方程的统计效力判断

分析结果如本章稍后的表 8-1 至表 8-10 所示。首先,判断 B-GLM 方程的统计效力。统计效力判断分两次进行:模型①、②和③的 B-GLM 统计效力以及模型①、④和⑤的 B-GLM 统计效力。④

在模型①、模型②和模型③的 B-GLM 分析中,各回归方程的 F 值均呈高度统计显著性($P<.001$),这说明方程统计成立。所有方程的 R^2 和调整 R^2 高度接近,这说明所用数据符合统计拟合要求。在教学质量整体影响分析的各方程中,R^2 从模型①经模型②到模型③统计效力明显增加,说明逐步增加自变量使解释效力增高。所有自变量的 VIF 值均远小于 5(表中未显示 VIP),这说明自变量之间的共线性程度较低。模型①、④和⑤的 B-GLM 的统计效力与此近似。

---

① 理论上,结构方程模型是最为合适的分析程序。但是,由于以下三个原因,本章没有选择结构方程模型,而选择了经典的线性回归分析(当因变量为连续变量时)和逻辑回归分析(当因变量为二分变量时)。第一,如果选择结构方程模型进行分析,分类变量就需要连续变量化。本数据分类变量较多,而且有些变量较难合理地连续变量化。第二,前几章的分析研究已经发现,个体属性与本科教学质量之间的相关性较弱。这就大大降低了使用结构方程模型进行深入分析的必要性。第三,本章的核心研究目的更倾向于对教学实践的把握与指导,而非严格地测量教学质量与学习质量之间的统计关系的数量程度。分层线性回归模型更贴近人们的日常思维逻辑。
② 严格地说,两个统计程序中的方程①中的各自变量的回归系数并不完全相同。以下表 8-1 至表 8-10 中的方程①的回归系数为方程①、②和③一起统计分析的结果。由于本章没有对方程①中的回归系数进行分析,所以两个统计程序中的回归系数的微小差异并不影响最终的分析结果。
③ 徐国兴.资优本科生学术志趣发展的类型、成因及效应——基于九所"双一流"建设高校的调查分析[J].高等教育研究,2020(11):81-89.
④ 在资格考取为因变量时,使用的统计程序为逻辑回归分析。统计效力值为考克斯-斯奈尔 R 方。其效力检查方法与程序和线性回归分析类似。

第二节　教学质量对学习参与的影响

一、教学质量对学习参与整体的影响

（一）专业课堂教学质量对学习参与整体的影响

专业课堂教学的整体质量对学习参与整体的积极影响具有统计显著性。具体如下：在模型②中，专业课堂教学整体的回归系数为 0.463，在 $P<.001$ 水平上具有统计显著性。在模型③中，当方程中添加了专业学习支持整体作为自变量后，专业课堂教学整体仍然在 $P<.001$ 水平上具有统计显著性，尽管其回归系数从 0.463 降低为 0.368。

专业课堂教学不同维度的质量对学习参与整体的影响均呈现统计显著。具体如下：在模型④中，知能传授的回归系数为 0.289，在 $P<.001$ 水平上具有统计显著性；学程调控的回归系数为 -0.128，在 $P<.001$ 水平上具有统计显著性；志趣唤醒的回归系数为 0.333，在 $P<.001$ 水平上具有统计显著性。在模型⑤中，当方程中添加了专业学习支持的各维度作为自变量后，知能传授仍然在 $P<.001$ 水平上具有统计显著性，但回归系数从 0.289 降低为 0.257；学程调控仍然在 $P<.001$ 水平上具有统计显著性，但回归系数从 -0.128 降低为 -0.126。[①] 志趣唤醒仍然在 $P<.001$ 水平上具有统计显著性，尽管其回归系数从 0.33 降低为 0.295。

（二）专业学习支持质量对学习参与整体的影响

专业学习支持的整体质量对学习参与整体的积极影响具有统计显著性。具体如下：在模型③中，专业学习支持整体的回归系数为 0.157，在 $P<.001$ 水平上具有统计显著性。

---

① "-"号仅表示影响的方向。在同一模型中比较回归系数的大小时，需要取绝对值。

专业学习支持的不同维度的质量对学习参与整体的影响呈现差异性。具体如下：在模型⑤中，学习资源丰富性的回归系数为 0.029，但在 $P<.1$ 水平不具有统计显著性；支持体系完善性的回归系数为 0.092，在 $P<.01$ 水平上具有统计显著性；学习共同体建设的回归系数为 -0.015，但在 $P<.1$ 水平上不具有统计显著性。

本科教学整体及不同维度的质量对学习参与整体的影响大小（绝对值）的比较。在模型③中，专业课堂教学的影响大于专业学习支持的影响；在模型⑤中，各维度的影响从大到小为：志趣唤醒、知能传授、学程调控和支持体系完善性。

二、教学质量对课堂学习参与的影响

（一）专业课堂教学质量对课堂学习参与的影响

专业课堂教学的整体质量对课堂学习参与整体的积极影响具有统计显著性。具体如下：在模型②中，专业课堂教学整体的回归系数为 0.501，在 $P<.001$ 水平上具有统计显著性。在模型③中，当方程中添加了专业学习支持整体作为自变量后，专业课堂教学整体仍然在 $P<.001$ 水平上具有统计显著性，尽管其回归系数从 0.501 降低为 0.452。

专业课堂教学不同维度的质量对课堂学习参与整体的影响均呈现统计显著性。具体如下：在模型④中，知能传授的回归系数为 0.347，在 $P<.001$ 水平上具有统计显著性；学程调控的回归系数为 -0.047，在 $P<.001$ 水平上具有统计显著性；志趣唤醒的回归系数为 0.272，在 $P<.001$ 水平上具有统计显著性。在模型⑤中，当方程中添加了专业学习支持各维度作为自变量后，知能传授仍然在 $P<.001$ 水平上具有统计显著性，但回归系数从 0.347 降低为 0.337；学程调控仍然在 $P<.001$ 水平上具有统计显著性，且回归系数从 -0.047 升至 -0.048。志趣唤醒仍然在 $P<.001$ 水平上具有统计显著性，但回归系数从 0.272 降低为 0.262。

（二）专业学习支持对课堂学习参与的影响

专业学习支持的整体质量对课堂学习参与整体的积极影响具有统计显著性。

具体如下：在模型③中，专业学习支持整体的回归系数为 0.081，在 P<.001 水平上具有统计显著性。

表 8-1 学习参与整体的影响因素分析

	模型①	模型②	模型③	模型④	模型⑤
性别(以男性为参照)	-.024	-.028**	-.031**	-.022*	-023*
高校类型(以"一流学科"为参照)	-.003	.002	-.008	-.006	-.011
专业类型(以人文社科为参照)	-.067***	-.045**	-.053**	-.042**	-.048***
大二(以大一为参照,下同)	.009	.050***	.054***	.052***	.054***
大三	.082***	.093***	.095***	.107***	.107***
大四	.070***	.073***	.078***	.100***	.102***
城市统招生(以农村统招生为参照,下同)	.016	.012	.014	.015	.015
专项生	-.022	-.021	-.021	-.019	-.020
父亲学历(以非高等教育为参照)	.021	.011	.015	.010	.012
父亲职业(以非专业技术管理为参照)	.033**	.033**	.035**	.037**	.038**
中部(以东部为参照,下同)	.018	.037**	.038**	.020	.022*
西部	.041***	-.005	-.007	-.015	-.016
城乡(以农村为参照)	-.007	-.008	-.007	-.005	-.004
高中类型(以重点高中为参照)	-.030**	-.020	-.022*	-.024**	-.025**
高考分数(百分制)	-.031**	-.018	-.020*	-.009	-.011
专业课堂教学		.463***	.368***		
专业学习支持			.157***		
知能传授				.289***	.257***
学程调控				-.128***	-.126***
志趣唤醒				.333***	.295***
学习资源丰富性					.029
支持体系完善性					.092***
学习共同体建设					-.015
F	9.418	106.747	109.292	131.566	116.441
显著性	****	****	****	****	****
R²	0.025	0.235	0.25	.298	.305
调整 R²	0.022	0.232	0.248	.296	.302

专业学习支持不同维度的质量对课堂学习参与整体的影响呈现差异性。具体如下：在模型⑤中，学习资源丰富性的回归系数为 0.045，但在 P<.05 水平具有统计显著性；支持体系完善性的回归系数为 −0.017，但在 P<.1 水平上不具有统计显著性；学习共同体建设的回归系数为 −0.005，但在 P<.1 水平上不具有统计显著性。

本科教学整体及不同维度的质量对课堂学习参与的影响大小（绝对值）的比较。在模型③中，专业课堂教学的影响大于专业学习支持的影响；在模型⑤中，具有统计显著性的不同维度的影响从大到小为：知能传授、志趣唤醒、学程调控和支持体系完善性。

表 8-2 课堂学习参与的影响因素的统计分析

	模型①	模型②	模型③	模型④	模型⑤
性别(以男性为参照)	.017	.013	.011	.013	.012
高校类型(以"一流学科"为参照)	−.001	.005	.000	.000	−.003
专业类型(以人文社科为参照)	−.140****	−.117****	−.122****	−.114****	−.117****
大二(以大一为参照，下同)	.027*	.018	.020	.022*	.022*
大三	.051***	.062****	.063****	.076****	.075****
大四	.053****	.056***	.059****	.081****	.080****
城市统招生(以农村统招生为参照，下同)	.023	.019	.020	.019	.020
专项生	−.028*	−.027*	−.026*	−.025*	−.025*
父亲学历(以非高等教育为参照)	.040**	.030*	.032**	.029*	.030**
父亲职业(以非专业技术管理为参照)	.006	.006	.007	.008	.008
中部(以东部为参照，下同)	−.011	.010	.011	−.001	−.001
西部	−.061****	−.022*	−.023*	−.029**	−.029**
城乡(以农村为参照)	−.002	−.003	−.002	.000	.000
高中类型(以重点高中为参照)	−.039***	−.028**	−.029**	−.032***	−.033****
高考分数(百分制)	−.040***	−.026**	−.027**	−.019*	−.020*
专业课堂教学		.501****	.452****		
专业学习支持			.081****		
知能传授				.347****	.337****
学程调控				−.047****	−.048****

续 表

	模型①	模型②	模型③	模型④	模型⑤
志趣唤醒				.272****	.262****
学习资源丰富性					.045**
支持体系完善性					−.017
学习共同体建设					.009
F	19.587	146.319	140.443	154.297	132.870
显著性	****	****	****	****	****
R^2	.050	.296	.300	.333	.334
调整 R^2	.047	.294	.298	.330	.331

第三节 教学质量对学习方式的影响

一、教学质量对深层学习方式的影响

（一）专业课堂教学对深层学习方式的影响

专业课堂教学的整体质量对深层学习方式的积极影响呈现统计显著性。具体如下：在模型②中，专业课堂教学整体的回归系数为 0.486，在 P<.001 水平上具有统计显著性。在模型③中，当方程中添加了专业学习支持整体作为自变量后，专业课堂教学整体仍然在 P<.001 水平上具有统计显著性，尽管其回归系数从 0.486 降低为 0.447。

专业课堂教学的不同维度的质量对深层方式的影响均呈现统计显著性。具体如下：在模型④中，知能传授的回归系数为 0.213，在 P<.001 水平上具有统计显著性；学程调控的回归系数为 −0.047，在 P<.001 水平上具有统计显著性；志趣唤醒的回归系数为 0.382，在 P<.001 水平上具有统计显著性。在模型⑤中，当方程中添加了专业学习支持的各维度作为自变量后，知能传授的回归系数从 0.213

降低为 0.206;学程调控的回归系数从 －0.047 降低为 －0.044;志趣唤醒的回归系数从 0.382 降低为 0.372,但三者在 P＜.001 水平上仍具有统计显著性。

(二) 专业学习支持对深层学习方式的影响

专业学习支持整体质量对深层学习方式的积极影响呈现统计显著性。具体如下：在模型③中,专业学习支持整体的回归系数为 0.064,在 P＜.001 水平上具有统计显著性。

专业学习支持不同维度的质量对深层学习方式的影响呈现差异性。具体如下：在模型⑤中,学习资源丰富性的回归系数为 0.011,但在 P＜.1 水平不具有统计显著性;支持体系完善性的回归系数为 0.069,在 P＜.01 水平上具有统计显著性;学习共同体建设的回归系数为 －0.059,但在 P＜.1 水平上不具有统计显著性。

本科教学整体及不同维度的质量对深层学习方式的影响大小(绝对值)的比较。在模型③中,专业课堂教学的影响大于专业学习支持的影响;在模型⑤中,具有统计显著性影响的不同维度从大到小为：志趣唤醒、知能传授、支持体系完善性、学习共同体建设和学程调控。

表 8-3　深层学习方式的影响因素的统计分析

	模型①	模型②	模型③	模型④	模型⑤
性别(以男性为参照)	－.090****	－.094****	－.095****	－.086****	－.085****
高校类型(以"一流学科"为参照)	－.007	－.002	－.006	－.009	－.009
专业类型(以人文社科为参照)	－.051**	－.029	－.032*	－.028	－.030*
大二(以大一为参照,下同)	－.067****	－.024*	－.022*	－.025*	－.025**
大三	－.018	－.007	－.006	－.001	－.001
大四	.016	.019	.021*	.033***	.034***
城市统招生(以农村统招生为参照,下同)	－.012	－.015	－.015	－.011	－.011
专项生	－.017	－.015	－.015	－.014	－.015
父亲学历(以非高等教育为参照)	.013	.002	.004	.000	.000
父亲职业(以非专业技术管理为参照)	.009	.009	.010	.013	.013

续 表

	模型①	模型②	模型③	模型④	模型⑤
中部(以东部为参照,下同)	.018	.038***	.038***	.025**	.026**
西部	−.026*	.011	.010	.003	.003
城乡(以农村为参照)	−.029*	−.030**	−.030**	−.029**	−.028**
高中类型(以重点高中为参照)	−.028*	−.017	−.018	−.019	−.019
高考分数(百分制)	−.024*	−.010	−.011	−.005	−.005
专业课堂教学		.486****	.447****		
专业学习支持			.064****		
知能传授				.213****	.206****
学程调控				−.047****	−.044****
志趣唤醒				.382****	.372****
学习资源丰富性					.011
支持体系完善性					.069***
学习共同体建设					−.059***
F	6.053	114.207	108.947	121.904	105.658
显著性	****	****	****	****	****
R^2	.016	.247	.249	.283	.285
调整 R^2	.013	.245	.247	.280	.282

二、教学质量对表层学习方式的影响

(一)专业课堂教学对表层学习方式的影响

专业课堂教学的整体质量对表层学习方式的消极影响呈现统计显著性。具体如下:在模型②中,专业课堂教学整体的回归系数为−0.043,在 P<.001 水平上具有统计显著性。在模型③中,当方程中添加了专业学习支持整体作为自变量后,专业课堂教学整体仍然在 P<.001 水平上具有统计显著性,而且其回归系数从−0.043 降低为−0.125。

专业课堂教学不同维度的质量对表层学习方式的影响均呈现统计显著性。具体如下:在模型④中,知能传授的回归系数为 0.137,在 P<.001 水平上具有统

计显著性;学程调控的回归系数为-0.365,在 P<.001 水平上具有统计显著性;志趣唤醒的回归系数为 0.046,在 P<.01 水平上具有统计显著性。在模型⑤中,当方程中添加了专业学习支持的各维度作为自变量后,知能传授仍然在 P<.001 水平上具有统计显著性,尽管其回归系数从 0.213 降低为 0.206;学程调控仍然在 P<.001 水平上具有统计显著性,尽管其回归系数从-0.365 降低为-0.361;志趣唤醒在 P<.01 水平上不具统计显著性,而且回归系数从 0.046 降低为 0.022。

(二)专业学习支持对表层学习方式的影响

专业学习支持的整体质量对表层学习方式的积极影响具有统计显著性。具体如下:在模型③中,专业学习支持整体的回归系数为 0.136,在 P<.001 水平上具有统计显著性。

表 8-4 表层学习方式的影响因素的统计分析

	模型①	模型②	模型③	模型④	模型⑤
性别(以男性为参照)	-.090****	-.090****	-.093****	-.085****	-.084****
高校类型(以"一流学科"为参照)	-.044**	-.045**	-.054***	-.055***	-.056***
专业类型(以人文社科为参照)	.050**	.048**	.041**	.054***	.051***
大二(以大一为参照,下同)	.021	.017	.020	.021	.022
大三	.001	.000	.002	.022	.023*
大四	-.002	-.002	.002	.039***	.042***
城市统招生(以农村统招生为参照,下同)	-.004	-.003	-.002	-.001	-.002
专项生	-.028	-.028	-.027	-.025	-.026*
父亲学历(以非高等教育为参照)	.005	.006	.009	.004	.004
父亲职业(以非专业技术管理为参照)	-.005	-.005	-.004	-.001	.000
中部(以东部为参照,下同)	.008	.007	.008	-.015	-.014
西部	-.013	-.017	-.019	-.030**	-.031**
城乡(以农村为参照)	.019	.019	.020	.023	.026
高中类型(以重点高中为参照)	.015	.014	.012	.007	.007
高考分数(百分制)	-.013	-.014	-.016	-.002	-.001
专业课堂教学		-.043***	-.125****		
专业学习支持			.136****		

续 表

	模型①	模型②	模型③	模型④	模型⑤
知能传授				.137****	.120****
学程调控				−.365****	−.361****
志趣唤醒				.046***	.022
学习资源丰富性					−.019
支持体系完善性					.140****
学习共同体建设					−.068***
F	4.772	5.110	8.793	48.804	44.289
显著性	****	****	****	****	****
R^2	.013	.014	.026	.136	.143
调整 R^2	.010	.012	.023	.133	.140

专业学习支持不同维度的质量对学习参与整体的影响呈现差异性。具体如下：在模型⑤中，学习资源丰富性的回归系数为−0.019，但在 P<.1 水平不具有统计显著性；支持体系完善性的回归系数为 0.140，在 P<.001 水平上具有统计显著性；学习共同体建设的回归系数为−0.068，在 P<.01 水平上具有统计显著性。

本科教学整体及不同维度的质量对表层学习方式的影响大小（绝对值）的比较。在模型③中，专业课堂教学的影响小于专业学习支持的影响。在模型⑤中，具有统计显著性的不同维度的影响从大到小为：学程调控、支持体系完善性、知能传授、学习共同体建设。

第四节 教学质量对学业成绩的影响

一、教学质量对"挂科"数量的影响

（一）专业课堂教学对"挂科"数量的影响

专业课堂教学的整体质量对降低"挂科"数量的积极影响呈现统计显著性。

具体如下：在模型②中，专业课堂教学整体的回归系数为－0.096，在 P＜.001 水平上具有统计显著性。在模型③中，当方程中添加了专业学习支持整体作为自变量后，专业课堂教学整体仍然在 P＜.001 水平上具有统计显著性，而且其回归系数从－0.096 升高至－0.131。

专业课堂教学的不同维度的质量对"挂科"数量的影响均呈现统计显著性。具体如下：在模型④中，知能传授的回归系数为 0.012，但在 P＜.1 水平上不具有统计显著性；学程调控的回归系数为－0.29，在 P＜.05 水平上具有统计显著性；志趣唤醒的回归系数为－0.056，在 P＜.001 水平上具有统计显著性。在模型⑤中，当方程中添加了专业学习支持的各维度作为自变量后，知能传授仍然在 P＜.1 水平上不具有统计显著性，而且回归系数从 0.213 降低为接近 0；学程调控仍然在 P＜.05 水平上具有统计显著性，而且其回归系数保持在－0.029；志趣唤醒在 P＜.001 水平上具有统计显著性，而且回归系数从－0.056 升高至－0.067。

（二）专业学习支持对"挂科"数量的影响

专业学习支持的整体质量对"挂科"数量降低的消极影响呈现统计显著性。具体如下：在模型③中，专业学习支持整体的回归系数为 0.056，在 P＜.001 水平上具有统计显著性。

专业学习支持的不同维度的质量对降低"挂科"数量无显著影响。具体如下：在模型⑤中，学习资源丰富性的回归系数为－0.009，但在 P＜.1 水平不具有统计显著性；支持体系完善性的回归系数为 0.017，在 P＜.1 水平上不具有统计显著性；学习共同体建设的回归系数为－0.012，在 P＜.1 水平上不具有统计显著性。

本科教学整体及不同维度的质量对"挂科"数量的影响大小（绝对值）的比较。在模型③中，专业课堂教学的影响小于专业学习支持的影响。在模型⑤中，具有统计显著性的不同维度的影响从大到小为：志趣唤醒和学程调控。

表 8-5 "挂科"数量的影响因素的统计分析

	模型①	模型②	模型③	模型④	模型⑤
性别(以男性为参照)	-.068****	-.067****	-.069****	-.065****	-.066****
高校类型(以"一流学科"为参照)	-.016	-.017	-.021	-.015	-.017
专业类型(以人文社科为参照)	.071****	.067****	.064****	.061****	.058****
大二(以大一为参照,下同)	.041***	.032**	.034**	.036**	.038**
大三	-.069****	-.071****	-.070****	-.070****	-.069****
大四	-.109****	-.109****	-.108****	-.126****	-.125****
城市统招生(以农村统招生为参照,下同)	-.025	-.024	-.024	-.025	-.025
专项生	.006	.006	.006	.007	.008
父亲学历(以非高等教育为参照)	-.023	-.021	-.020	-.018	-.017
父亲职业(以非专业技术管理为参照)	.004	.004	.004	.003	.003
中部(以东部为参照,下同)	-.007	-.011	-.010	-.010	-.009
西部	.126****	.118****	.118****	.123****	.122****
城乡(以农村为参照)	-.043***	-.043***	-.042***	-.049***	-.049***
高中类型(以重点高中为参照)	.049***	.047***	.046***	.040***	.040***
高考分数(百分制)	-.056****	-.059****	-.060****	-.002****	-.002****
专业课堂教学		-.096****	-.131****		
专业学习支持			.056***		
知能传授				.012	.000
学程调控				-.029**	-.029**
志趣唤醒				-.056****	-.067****
学习资源丰富性					.009
支持体系完善性					.017
学习共同体建设					.012
F	23.572	25.712	24.957	24.029	21.198
显著性	****	****	****	****	****
R^2	.060	.069	.071	.072	.074
调整 R^2	.057	.066	.068	.069	.071

二、教学质量对 GPA 的影响

(一)专业课堂教学对 GPA 的影响

专业课堂教学的整体质量对 GPA 具有统计显著性的积极影响。具体如下:

在模型②中,专业课堂教学整体的回归系数为 0.169,在 P<.001 水平上具有统计显著性。在模型③中,当方程中添加了专业学习支持整体作为自变量后,专业课堂教学整体仍然在 P<.001 水平上具有统计显著性,而且回归系数从 0.169 升高至为 0.222。

专业课堂教学的不同维度的质量对 GPA 的影响呈现差异性。具体如下:在模型④中,知能传授的回归系数为 0.008,但在 P<.1 水平上不具有统计显著性;学程调控的回归系数为 0.243,在 P<.001 水平上具有统计显著性;志趣唤醒的回归系数为 0.135,在 P<.001 水平上具有统计显著性。在模型⑤中,当方程中添加了专业学习支持的各维度作为自变量后,知能传授变得在 P<.05 水平上具有统计显著性,而且回归系数从 0.008 升高至 0.043;学程调控仍然在 P<.001 水平上具有统计显著性,但回归系数从 0.243 降低为 0.239,志趣唤醒仍然在 P<.001 水平上具有统计显著性,而且回归系数从 0.135 升高至 0.169。

(二)专业学习支持对 GPA 数量的影响

专业学习支持的整体质量对 GPA 具有统计显著性的消极影响。具体如下:在模型③中,专业学习支持整体的回归系数为 −0.087,在 P<.001 水平上具有统计显著性。

专业学习支持的不同维度的质量对学习参与的整体质量的影响呈现差异性。具体如下:在模型⑤中,学习资源丰富性的回归系数为 0.011,但在 P<.1 水平不具有统计显著性;支持体系完善性的回归系数为 −0.100,在 P<.001 水平上具有统计显著性;学习共同体建设的回归系数为 −0.017,但在 P<.1 水平上不具有统计显著性。

本科教学整体及不同维度的质量对 GPA 的影响大小(绝对值)的比较。在模型③中,专业课堂教学的影响大于专业学习支持的影响;在模型⑤中,具有统计显著性的维度的影响从大到小为:志趣唤醒、支持体系完善性和学程调控。

表 8-6 GPA 的影响因素的统计分析

	模型①	模型②	模型③	模型④	模型⑤
性别(以男性为参照)	.088****	.086****	.088****	.179****	.181****
高校类型(以"一流学科"为参照)	−.107****	−.106****	−.100****	−.210****	−.204****
专业类型(以人文社科为参照)	−.057***	−.049*	−.045**	−.103***	−.098**
大二(以大一为参照,下同)	.028**	.044***	.041***	.097***	.093***
大三	.108****	.111****	.110****	.245****	.242****
大四	.100****	.101****	.099****	.248****	.241****
城市统招生(以农村统招生为参照,下同)	.079****	.078****	.077****	.167****	.167****
专项生	−.011	−.010	−.011	−.031	−.030
父亲学历(以非高等教育为参照)	.018	.015	.013	.029	.026
父亲职业(以非专业技术管理为参照)	.013	.013	.012	.027	.025
中部(以东部为参照,下同)	−.046***	−.039***	−.039***	−.081***	−.085***
西部	−.171****	−.158****	−.157****	−.364****	−.362****
城乡(以农村为参照)	.027*	.027*	.026*	.067	.064
高中类型(以重点高中为参照)	−.086****	−.083****	−.082****	−.162****	−.162****
高考分数(百分制)	.080****	.085****	.086****	.005****	.005****
专业课堂教学	.000	.169****	.222****		
专业学习支持			−.087****		
知能传授				.008	.043**
学程调控				.243****	.239****
志趣唤醒				.135****	.169****
学习资源丰富性					.011
支持体系完善性					−.100****
学习共同体建设					−.017
F	50.750	60.575	59.176	56.488	49.918
显著性	****	****	****	****	****
R^2	.120	.148	.153	.154	.158
调整 R^2	.118	.146	.150	.152	.155

第五节 教学质量对资格考取的影响

一、教学质量对英语资格考取的影响

(一) 专业课堂教学对英语资格考取的影响

专业课堂教学的整体质量对英语资格考取的影响无统计显著性。

专业课堂教学不同维度的质量对英语资格考取的影响呈现差异性。具体如下：在模型④中，知能传授的回归系数为-0.179，在 $P<.05$ 水平上具有统计显著性；学程调控的回归系数为 0.063，在 $P<.1$ 水平上不具有统计显著性；志趣唤醒的回归系数为 0.063，在 $P<.1$ 水平上无统计显著性。在模型⑤中，当方程中添加了专业学习支持的各维度作为自变量后，知能传授仍然在 $P<.05$ 水平上具有统计显著性，但回归系数从-0.179 降低为-0.149；学程调控的回归系数为 0.058，志趣唤醒的回归系数为 0.092，但二者在 $P<.1$ 水平上不具有统计显著性。

(二) 专业学习支持对英语资格考取的影响

专业学习支持的整体和各个维度均对英语资格考取呈现无统计显著性的影响。

本科教学整体及不同维度的质量对英语资格考取的影响大小（绝对值）的比较。在模型③中，专业课堂教学和专业学习支持的影响均无统计显著性；在模型⑤中，只有知能传授这一个维度具有统计显著性的影响。

表 8-7 英语资格考取的影响因素的统计分析

	模型①	模型②	模型③	模型④	模型⑤
性别(以男性为参照)	-.104	-.102	-.099	-.086	-.084
高校类型(以"一流学科"为参照)	.439****	.438****	.449****	.440****	.449****
专业类型(以人文社科为参照)	1.092****	1.089****	1.097****	1.087****	1.097****

续　表

	模型①	模型②	模型③	模型④	模型⑤
大二(以大一为参照,下同)	3.468****	3.460****	3.456****	3.456****	3.456****
大三	4.553****	4.552****	4.554****	4.542****	4.550****
大四	4.572****	4.574****	4.571****	4.544****	4.548****
城市统招生(以农村统招生为参照,下同)	.032	.035	.035	.042	.042
专项生	.180	.183	.184	.183	.183
父亲学历(以非高等教育为参照)	−.106	−.104	−.108	−.108	−.111
父亲职业(以非专业技术管理为参照)	.037	.036	.036	.038	.037
中部(以东部为参照,下同)	.059	.053	.048	.056	.048
西部	−.359***	−.367****	−.364***	−.362***	−.361***
城乡(以农村为参照)	.225*	.225*	.223*	.222*	.219
高中类型(以重点高中为参照)	−.356****	−.358****	−.355****	−.355****	−.352****
高考分数(百分制)	.011	.011****	.011****		
专业课堂教学		.081	.002		
专业学习支持			.116		
知能传授				−.179**	−.149**
学程调控				.063	.058
志趣唤醒				.063	.092
学习资源丰富性					−.053
支持体系完善性					−.117
学习共同体建设					.082
−2 对数似然	3 799.08	3 797.98	3 795.8	3 792.42	3 789.18
考克斯-斯奈尔 R 方	.454	.454	.454	.454	.455

二、教学质量对职业资格考取的影响

(一)专业课堂教学对职业资格考取的影响

专业课堂教学的整体质量对职业资格考取具有统计显著性的积极影响。具体如下:在模型②中,专业课堂教学整体的回归系数为 0.155,在 P<.05 水平上具有统计显著性。在模型③中,当方程中添加了专业学习支持整体作为自变量后,专业课堂教学整体仍然在 P<.01 水平上具有统计显著性,而且回归系数从 0.155 升高至为 0.319。

专业课堂教学不同维度的质量对职业资格考取的影响呈现差异性。具体如下:在模型④中,知能传授、学程调控和志趣唤醒的回归均在 P<.1 水平上不具有统计显著性。在模型⑤中,当方程中添加了专业学习支持各维度作为自变量后,知能传授和学程调控仍在 P<.1 水平上不具有统计显著性,但志趣唤醒变得在 P<.1 水平上具有统计显著性,回归系数为 0.127。

(二)专业学习支持对职业资格考取的影响

专业学习支持的整体质量对职业资格考取具有统计显著性的消极影响。具体如下:在模型③中,专业学习支持整体的回归系数为 −0.215,在 P<.01 水平上具有统计显著性。

专业学习支持的不同维度的质量对职业资格考取的影响均无统计显著性。

本科教学整体及不同维度对职业资格考取的影响大小(绝对值)的比较。在模型③中,专业课堂教学的影响大于专业学习支持的影响;在模型⑤中,只有志趣唤醒具有统计影响。

表 8-8 职业资格考试的影响因素的统计分析

	模型①	模型②	模型③	模型④	模型⑤
性别(以男性为参照)	.523****	.520****	.527****	.520****	.529****
高校类型(以"一流学科"为参照)	.557****	.561****	.577****	.560****	.576****
专业类型(以人文社科为参照)	−.956****	−.947****	−.932****	−.947****	−.930****
大二(以大一为参照,下同)	1.060****	1.078****	1.068****	1.076****	1.067****
大三	2.206****	2.210****	2.208****	2.204****	2.207****
大四	2.303****	2.303****	2.294****	2.291****	2.292****
城市统招生(以农村统招生为参照,下同)	−.060	−.058	−.061	−.057	−.059

续　表

	模型①	模型②	模型③	模型④	模型⑤
专项生	−.401***	−.397***	−.399***	−.399***	−.398***
父亲学历(以非高等教育为参照)	−.283**	−.287**	−.296**	−.286**	−.295**
父亲职业(以非专业技术管理为参照)	.090	.089	.090	.089	.090
中部(以东部为参照,下同)	−.004	.003	.002	.006	.001
西部	.119	.132	.136	.134	.135
城乡(以农村为参照)	−.094	−.092	−.097	−.093	−.097
高中类型(以重点高中为参照)	.057	.060	.066	.063	.066
高考分数(百分制)	−.008****	−.008****	−.008****	−.008****	−.008****
专业课堂教学		.155**	.319***		
专业学习支持			−.215***		
知能传授				.017	.080
学程调控				.106	.106
志趣唤醒				.063	.127*
学习资源丰富性					−.109
支持体系完善性					−.062
学习共同体建设					−.044
−2 对数似然	3 884.51	3 880.36	3 872.45	3 879.85	3 872.08
考克斯-斯奈尔 R 方	.106	.107	.108	.107	.108

第六节　教学质量对学习满意度的影响

一、教学质量对专业整体满意度的影响

(一)专业课堂教学对专业整体满意度的影响

专业课堂教学的整体质量对专业整体满意度具有统计显著性的积极影响。具体如下：在模型②中,专业课堂教学整体的回归系数为 0.096,在 P<.001 水平

上具有统计显著性。在模型③中,当方程中添加了专业学习支持整体作为自变量后,专业课堂教学整体仍然在 $P<.001$ 水平上具有统计显著性,而且回归系数从 0.096 升高至为 0.099。

专业课堂教学的不同维度的质量对专业整体满意度的影响均呈现统计显著性。具体如下:在模型④中,知能传授的回归系数为 0.046,但在 $P<.01$ 水平上具有统计显著性;学程调控的回归系数为 0.034,在 $P<.001$ 水平上具有统计显著性;志趣唤醒的回归系数为 0.045,在 $P<.001$ 水平上具有统计显著性。在模型⑤中,当方程中添加了专业学习支持的各维度作为自变量后,知能传授仍然在 $P<.01$ 水平上具有统计显著性,而且回归系数从 0.046 升高至 0.047;学程调控仍然在 $P<.05$ 水平上具有统计显著性,而且回归系数从 0.034 升高至 0.035,志趣唤醒在 $P<.01$ 水平上具有统计显著性,回归系数保持为 0.045。

(二) 专业学习支持对专业整体满意度的影响

专业学习支持的整体质量对 GPA 呈现不具有统计显著性的消极影响。

专业学习支持不同维度的质量对专业整体满意度的影响呈现差异性。具体如下:在模型⑤中,学习资源丰富性的回归系数为 0.011,支持体系完善性的回归系数为 0.022,但二者均在 $P<.1$ 水平上不具有统计显著性;学习共同体建设的回归系数为 -0.037,在 $P<.1$ 水平上具有统计显著性。

本科教学整体即不同维度对专业整体满意度的影响大小(绝对值)的比较。在模型③中,只有专业课堂教学的影响具有统计显著性;在模型⑤中,具有统计显著性的各维度的影响从大到小依次为:知能传授、志趣唤醒、学习共同体建设和学程调控。

表 8-9 专业整体满意度的影响因素的统计分析

	模型①	模型②	模型③	模型④	模型⑤
性别(以男性为参照)	-.018	-.019	-.019	-.019	-.019
高校类型(以"一流学科"为参照)	-.097****	-.096****	-.096****	-.096****	-.096****

续　表

	模型①	模型②	模型③	模型④	模型⑤
专业类型(以人文社科为参照)	−.032	−.027	−.027	−.027	−.028
大二(以大一为参照,下同)	.012	.020	.020	.020	.020
大三	.010	.012	.012	.012	.011
大四	−.032**	−.031**	−.031**	−.031**	−.032**
城市统招生(以农村统招生为参照,下同)	.010	.010	.010	.009	.009
专项生	−.016	−.015	−.015	−.015	−.016
父亲学历(以非高等教育为参照)	−.003	−.005	−.006	−.005	−.006
父亲职业(以非专业技术管理为参照)	−.023	−.022	−.023	−.023	−.022
中部(以东部为参照,下同)	−.023	−.019	−.019	−.018	−.018
西部	−.006	.002	.002	.002	.002
城乡(以农村为参照)	−.015	−.015	−.015	−.015	−.015
高中类型(以重点高中为参照)	.000	.002	.002	.002	.002
高考分数(百分制)	−.025*	−.023*	−.023*	−.023*	−.022
专业课堂教学		.096****	.099****		
专业学习支持			−.005		
知能传授				.046***	.047***
学程调控				.034**	.035**
志趣唤醒				.045***	.045*
学习资源丰富性					.011
支持体系完善性					.022
学习共同体建设					−.037*
F	7.132	9.967	9.385	8.878	7.764
显著性	****	****	****	****	****
R^2	.019	.028	.028	.028	.028
调整 R^2	.016	.025	.025	.025	.025

二、教学质量对课程学习满意度的影响

(一)专业课堂教学对课程学习满意度的影响

专业课堂教学整体质量对专业课程满意度具有统计显著性的积极影响。具

体如下：在模型②中，专业课堂教学整体的回归系数为 0.741，在 $P<.001$ 水平上具有统计显著性。在模型③中，当方程中添加了专业学习支持整体作为自变量后，专业课堂教学整体仍然在 $P<.001$ 水平上具有统计显著性，但回归系数从 0.741 降低为 0.601。

专业课堂教学的不同维度的质量对专业整体满意度的影响均呈现统计显著性。具体如下：在模型④中，知能传授的回归系数为 0.305，在 $P<.001$ 水平上具有统计显著性；学程调控的回归系数为 0.038，在 $P<.001$ 水平上具有统计显著性；志趣唤醒的回归系数为 0.534，在 $P<.001$ 水平上具有统计显著性。在模型⑤中，当方程中添加了专业学习支持的各维度作为自变量后，知能传授仍然在 $P<.001$ 水平上具有统计显著性，但回归系数从 0.305 降低为 0.237；学程调控仍然在 $P<.001$ 水平上具有统计显著性，但回归系数从 0.038 降低为 0.037。志趣唤醒仍然在 $P<.01$ 水平上具有统计显著性，但回归系数保持为 0.534 降低至 0.462。

（二）专业学习支持对专业课程满意度的影响

专业学习支持的整体质量对专业课程满意度呈现具有统计显著性的积极影响。具体如下：在模型③中，专业课堂教学整体仍然在 $P<.001$ 水平上具有统计显著性，回归系数为 0.232。

专业学习支持的不同维度的质量对专业课程满意度的影响均呈现统计显著性。具体如下：在模型⑤中，学习资源丰富性的回归系数为 0.053，在 $P<.001$ 水平具有统计显著性；支持体系完善性的回归系数为 0.070，在 $P<.1$ 水平上具有统计显著性；学习共同体建设的回归系数为 0.097，在 $P<.001$ 水平上具有统计显著性。

本科教学整体及各维度的质量对专业课程满意度的影响大小（绝对值）的比较。在模型③中，专业课堂教学的影响大于专业学习支持的影响；在模型⑤中，具有统计显著性的各维度的影响从大到小依次为：志趣唤醒、知能传授、学习共同体建设、支持体系完善性、学习资源丰富和学程调控。

表8-10 专业课程满意度的影响因素的统计分析

	模型①	模型②	模型③	模型④	模型⑤
性别(以男性为参照)	−.002	−.008	−.013	.002	−.003
高校类型(以"一流学科"为参照)	.036*	.044***	.030**	.037***	.026**
专业类型(以人文社科为参照)	−.011	.023*	.011	.024*	.014
大二(以大一为参照,下同)	−.086****	−.019*	−.013	−.021**	−.016*
大三	−.043***	−.027***	−.023**	−.022**	−.021**
大四	−.056****	−.051****	−.044****	−.040***	−.037****
城市统招生(以农村统招生为参照,下同)	−.019	−.024*	−.022*	−.019	−.017
专项生	−.006	−.003	−.003	−.003	−.002
父亲学历(以非高等教育为参照)	.000	−.015	−.010	−.017	−.012
父亲职业(以非专业技术管理为参照)	.003	.004	.006	.007	.008
中部(以东部为参照,下同)	−.037**	−.006	−.004	−.019*	−.015
西部	−.056****	.002	−.002	−.006	−.008
城乡(以农村为参照)	.004	.002	.003	.003	.004
高中类型(以重点高中为参照)	−.031**	−.015	−.018*	−.016*	−.017*
高考分数(百分制)	−.017	.004	.000	.007	.003
专业课堂教学		.741****	.601****		
专业学习支持			.232****		
知能传授				.305****	.237****
学程调控				.038****	.037****
志趣唤醒				.534****	.462****
学习资源丰富性					.053****
支持体系完善性					.070****
学习共同体建设					.097****
F	4.407	425.229	459.632	433.702	410.742
显著性	****	****	****	****	****
R^2	.012	.550	.584	.583	.608
调整 R^2	.009	.548	.582	.582	.606

第七节 小　　结

依据模型③和模型⑤的分析结果进行总结,本章分析的主要结果如下。

教学质量对学习参与的影响。(1)对学习参与整体的影响。专业课堂教学和专业学习支持的影响均为正,而且专业课堂教学的影响大于专业学习支持的影响。志趣唤醒、知能传授和支持体系完善性的影响为正,学程调控的影响为负,四者的影响力度从大到小依次为志趣唤醒、知能传授、学程调控和支持体系完善性。(2)对课堂学习参与的影响。专业课堂教学和专业学习支持的影响均为正,而且专业课堂教学的影响大于专业学习支持。知能传授、志趣唤醒和支持体系完善性的影响为正,学程调控的影响为负,四者的影响力度从大到小依次为:知能传授、志趣唤醒、学程调控和支持体系完善性。由此可见,教学质量整体和不同维度对本科生学习参与整体和不同维度的影响在方向及力度上略有不同。

教学质量对学习方式的影响。(1)对深层学习方式的影响。专业课堂教学和专业学习支持的影响均为正,专业课堂教学的影响大于专业学习支持的影响。志趣唤醒、知能传授和支持体系完善性的影响为正,学习共同体建设和学程调控的影响为正,影响力度从大到小依次为志趣唤醒、知能传授、支持体系完善性、学习共同体建设和学程调控。(2)对表层学习方式的影响。专业课堂教学的影响为负,专业学习支持的影响为正,专业课堂教学的影响小于专业学习支持的影响。支持体系完善性和知能传授的影响为正,学程调控和学习共同体建设的影响为负,影响力度从大到小依次为学程调控、支持体系完善性、知能传授、学习共同体建设。由此可见,教学质量整体和不同维度对本科生两种学习方式的影响在方向和力度上明显不同。

教学质量对学习成绩的影响。(1)对"挂科"数量的影响。专业课堂教学的影响为负,专业学习支持的影响为正,专业课堂教学的影响小于专业学习支持的影响。志趣唤醒和学程调控的影响均为负,志趣唤醒的影响大于学程调控的影响。(2)对 GPA 的影响。专业课堂教学的影响和专业学习支持的影响均为正,专业课堂教学的影响大于专业学习支持的影响。志趣唤醒和学程调控的影响为正,支持体系完善性的影响为负,影响力度从大到小为:志趣唤醒、支持体系完善性和学程调控。由此可见,教学质量对学习成绩不同侧面的影响几乎完全不同。

教学质量对资格考取的影响。(1)对英语四级资格考取的影响。专业课堂教学和专业学习支持对四级资格考取的影响均无统计显著性。在各维度上只有知能传授具有正向影响。(2)对职业资格考取的影响。专业课堂教学的影响为正,专业学习支持的影响为负,专业课堂教学的影响大于专业学习支持的影响。只有志趣唤醒具有正向影响。由此可见,教育质量整体及各维度对不同资格考取的影响略有不同,而且影响因素相对较少。

教学质量对学习满意度的影响。(1)对专业满意度的影响。专业课堂教学质量具有正向影响,但专业学习支持质量无显著统计影响。知能传授、志趣唤醒和学程调控的影响为正,学习共同体建设的影响为负,四者的影响力度从大到小依次为:知能传授、志趣唤醒、学习共同体建设和学程调控。(2)对专业课程满意度的影响。专业课堂教学和专业学习支持的影响均为正,专业课堂教学的影响大于专业学习支持的影响。知能传授、学程调控、志趣唤醒、学习共同体建设、支持体系完善性和学习资源丰富的影响均为正,影响力度从大到小依次为:志趣唤醒、知能传授、学习共同体建设、支持体系完善性、学习资源丰富和学程调控。由此可见,教育质量整体及各维度对学习满意度的不同侧面的影响明显不同。

总之,本科教学的整体及不同侧面的质量对学习质量不同侧面的影响在方向和力度上不尽相同,呈现多样性特征。该影响路径的差异性总结如表8-11所示。

表8-11 教学质量整体及不同维度对学习质量的影响比较

		学习质量									
		学习参与整体	课堂学习参与	深层学习参与	表层学习参与	"挂科"数量	GPA	英语资格考取	职业资格考取	专业满意度	专业课程满意度
本科教学质量	专业课堂教学整体	+	+	+	−	−	+		+	+	+
	专业学习支持整体	+	+	+	+	+	−		−		+
	二者比较	>	>	>	<	>	>				

续 表

		学 习 质 量								
		学习参与整体	课堂学习参与	深层学习参与	表层学习参与	"挂科"数量	GPA	英语资格考取	职业资格考取	专业满意度	专业课程满意度
本科教学质量	知能传授	＋	＋	＋	＋		＋	－		＋	＋
	学程调控	－	－	－			＋			＋	＋
	志趣唤醒	＋	＋	＋	－		＋	＋		＋	＋
	学习资源丰富性		＋								＋
	支持体系完善性	＋		＋	＋					＋	
	学习共同体建设			－	－					－	＋
	六者比较	ZQ＞ZN＞XC＞WS	ZN＞ZQ＞XC＞FF	ZQ＞ZN＞WS＞JS＞XC	XC＞WS＞ZN＞JS	ZQ＞XC＞WS＞ZN	XC＞ZQ		ZN＞ZQ＞JS＞XC	ZQ＞ZN＞JS＞WS＞FF＞XC

注：① 在"二者比较"栏中，"＞"代表专业课堂教学整体影响大于专业学习支持整体。"＜"反之。
② ZN 代表知能传授，XC 代表学程调控，ZQ 代表志趣唤醒，FF 代表学习资源丰富性，WS 代表支持体系完善性，JS 代表学习共同体建设。

本章的研究结果与既有研究的结果存在较多的明显不同之处，其中，值得进一步仔细分析和理论探讨之处甚多，以下仅讨论一个关键点：知能传授对本科生学习质量的显著正向影响。在主流学术的语境文脉中，高等教育尤其是研究型大学中的知能传授似乎总是以一种负面的形象出现。整体上，长期以来，知能传授及与其相关联的讲授课、讲授法和教师中心均被认为不利于本科生学习质量的提升。① 但本研究表明，知能传授对本科生学习质量存在全方位的积极而显著的影响，这一点需要我国决策者、高等教育管理者和实践者高度注意。其实，国外和国

---

① Robert B. Barr, John Tagg. From Teaching to Learning: A New Paradigm for Undergraduate Education[J]. Change, 1995, 27(6): 12-25；洪志忠,别敦荣.学习素养视域下的大学教学改革[J].高等教育研究,2020(6): 64-71；吴立保.论本科教育从"教学范式"向"学习范式"的整体性变革——以知识范式转换为视角[J].中国高教研究,2019(6): 65-71.与此同时,既有研究者哲学层次上完全肯定讲授的积极作用(丛立新.讲授法的合理与合法[J].教育研究,2008(7): 64-70),也有研究者提倡辩证地现实看待讲授法并加以改善(陈振华.讲授法的危机与出路[J].中国教育学刊,2011(6): 41-44).

内高等研究者已经开始反思知能传授是否对本科生学习质量的提升只有负面作用。① 当然,本研究结论未必可以推广到本科生综合素质相对较低的普通高等院校中。

---

① [美] 詹姆斯·R·戴维斯,[美] 布里奇特·D·阿伦德.高效能教学的七种方法[M].陈定刚,译.广州:华南理工大学出版社,2014:33-200;阎光才.讲授与板书为代表的传统教学已经过时?——不同方法与技术在本科课堂教学中的有效性评价[J].教育发展研究,2019(23):1-9;徐国兴.资优本科生学术志趣发展的类型、成因及效应——基于九所"双一流"建设高校的调查分析[J].高等教育研究,2020(11):81-89.

◆ 第九章
结语

作为结束部分,本章的主要内容有:对以上各章的定量分析的结果进行归纳(第一节);从研究结果出发,对照理论框架,概括结论要点,并提出若干实践改进的政策建议(第二节);从对本研究的方法和结果的反思出发,提出今后深化研究的若干方向(第三节)。

第一节 主 要 结 果

一、本科学习质量的基本特征与影响因素

(一)本科学习质量的基本特征

本专著从学习参与、学习方式和学习成果三个角度,定量地把握本科学习质量。而且,三个维度上又分别设定了数量不等的操作指标。全体共计有23个学习质量指标。

1. 学习参与的基本特征。学习参与设定课堂学习、课外专业学习、积极求助和信息利用四个维度,四维度得分合成整体指标。与理想状态相比,学习参与整体及各个维度的得分水平均较低。在不同维度上,本科生表现差异明显。各具体维度对学习参与的总体的贡献度不同,从大至小依次为:课外专业学习、积极求助、课堂学习和信息利用。课堂学习是本科生专业学习的核心形式,不同形式的本科生学习与课堂学习的亲疏关系不同。各形式与课堂学习的亲密度从高至低依次为:课外专业学习、积极求助和信息利用。另外,其他三种学习形式之间的相关也不尽相同,积极求助与课外专业学习之间的相关较高。

2. 学习方式的基本特征。学习方式分为深层学习方式和表层学习方式两类。与理想状态相比,深层学习方式整体得分相对较低。深层学习方式由深层动机和

深层策略构成,其中,深层动机和深层策略的得分均与深层学习方式整体得分的特征类似。与深层学习方式相比,表层学习方式整体得分明显更低。表层学习方式由表层动机和表层策略构成,其中,表层动机和表层策略的得分均与表层学习方式整体得分的特征类似。深层学习方式与表层学习方式之间的统计相关较低,但却为正相关。深层动机和深层策略均与深层学习方式高度正相关,表层动机和表层策略均与表层学习方式高度正相关。深层学习方式中的深层动机、深层策略与表层学习方式中的表层动机、表层策略之间均呈现低度正相关。

3. 学习成果的基本特征。学习成果分为四类:知识获得、能力提升、资格考取和学习满意度,在每一类型上又各选取数量不同的操作指标。① 知识获得的基本特征。知识获得选取"挂科"数量、GPA、专业成绩年级排名和奖学金获得四个操作指标。"挂科"数量人均较低,且个体差异较大;GPA、专业成绩年级排名和奖学金获得的均值都较高。"挂科"数量与 GPA、排名和奖学金获得均呈负相关,其他三者之间呈正相关。② 能力提升的基本特征。这里把能力分为认知、操作、问题解决、分析、团队合作、专业判断、书面沟通和规划八个侧面。各项能力提升的自评得分的均值都相对较高,而且非常接近。③ 资格考取的基本特征。在样本本科生中,资格考取率从高到低依次为:大学英语四级考试、大学英语六级考试、普通话水平等级考试、全国计算机等级水平考试、与专业相关的职业资格考试及与专业无关的职业资格考试。这与高教制度及劳动力市场对相关知识技能的重视程度密切相关。④ 学习满意度。学习满意度分为专业整体满意度、学习环境满意度和专业课程满意度三类。专业整体满意度最高,其次为学习环境满意度,专业课程满意度最低,三者为中度或低度相关。⑤ 不同类型的学习质量的指标之间的相关程度呈现多样化趋势。比较而言,知识获得与能力提升为极低相关,知识获得与学习满意度为低相关,能力提升与学习满意度为中偏低相关。

(二)本科学习质量的影响因素

在学习质量的 23 个指标中,本专著集中分析不同因素对十个核心指标的影响。这十个核心指标来自五个类型,分别是:学习参与整体和课程学习参与、深层学习方式和表层学习方式、"挂科"数量和 GPA、英语资格考取(英语四级考试通过)和职业资格考取(与专业相关的职业资格考试通过)以及专业整体满意度和课程学习满意度。

1. 性别的影响。与男性相比,女性在深层学习方式上的得分相对较低,但在职业资格考取上的比例较高。在学习参与的两个指标、表层学习方式、学业成绩、英语资格考取和学习满意度的两个指标上,男女之间均不存在具有统计意义的差异。

2. 社会结构的影响。① 入学类型的影响。在学习质量的所有指标上,农村统招生与城市统招生之间均不存在统计意义上的差异。与农村统招生相比,专项生在课程学习参与、GPA 和职业资格考取比例上的得分较低。但在其他的指标上,二者之间不存在统计意义上的差异。整体而言,入学类型对本科生学习质量的影响程度相对不高。② 家庭居住地所在地区的影响。与来自东部地区的本科生相比,来自中部地区的本科生在课程学习满意度上的得分较低。在其他指标上,二者之间不存在统计意义上的差异。与来自东部地区的本科生相比,来自西部地区的本科生在学习参与整体、课程学习参与、GPA、英语资格考取、课程学习满意度等指标上的得分均较低。但是,来自西部地区的本科生反而在深层学习方式上的得分相对高一些;与此同时,"挂科"数量也相对明显少一些。整体而言,家庭居住地所在地区对本科生学习质量的影响程度比较明显。尽管对这个既定的社会结构因素,政策完全无能为力,但是政府可以通过其他形式"对冲"来一定程度地消解社会结构的负面影响。

3. 高校结构的影响。① 高校类型的影响。与"一流学科"建设高校相比,一流大学的本科生在两种学习方式上的得分都比较低;在两种资格考取的比例上都比较高;专业整体满意度较低,但课程学习满意度较高。在其他指标上,两类高校的本科生之间不存在统计意义上的差异。② 专业类型的影响。与人文社科类相比,理工农医类本科生在学习参与整体、课程学习参与、"挂科"数量、GPA、职业资格考取比例等指标上的得分均较低,但在深层学习方式、表层学习方式、英语资格考取比例上的得分均比较高。在学习满意度的两个指标上,二者之间均不存在有统计意义的差异。③ 在学年级的影响。在学习参与整体和课程学习参与上,与大一学生相比,大二学生的得分均相对较低;大三学生呈现出急剧增加趋势;大四学生尽管比大一学生高一些，但却明显低于大三学生。在深层学习方式上，与大一学生相比，大二学生得分较高；大三学生得分急剧下降，明显低于大一和大二学生；大四学生虽有所回升，得分高于大三学生，但仍然远远低于大二学生。在表层学习方式上，不同年级之间无统计差异。在"挂科"数量上，从大一学生至大四学生之间呈现一路增加趋势。在 GPA 上，与大一学生相比，大二学生得分明显降低，大三学生迅速回复至略高于大一学生水平，大四学生基本与大三学生持平。英语资格考取和职业资格考取比例呈现随学年的递增而明显上升的趋势。专业整体满意度大二学生急剧增加，大三学生略有增加，大四学生明显下降。专业课程满意度则是从大一学生至大四学生呈现直线下降趋势。在不同指标上，在学年级差异不尽相同。很多研究者曾归纳出"大二低谷"现象。① 其实，该现象并非出现在学习质量的所有指标上。

4. 家庭背景的影响。① 父亲学历的影响。与父亲不具有高等教育学历者相比，父亲具有高等教育学历的本科生在课程学习参与和 GPA 两个指标上的得分较高，在职业资格考取上的得分比较低。在其他指标上，二者之间不存在有统计意义的差异。② 父亲职业的影响。与父亲职业为非专业技术管理者相比，父亲职业为专业技术管理的本科生在学习参与整体和"挂科"数量上的得分较高。在其他指标上，二者之间均不存在有统计意义的差异。③ 家庭居住地的影响。与农村出身的本科生比较，城市出身的本科生的深层学习方式得分较低，但英语资格考取比例较高。在其他指标上，二者之间均不存在有统计意义的差异。总之，家庭背景并没有像既有大部分研究中的结论那样，对本科生学习质量呈现出全面而显著的影响。

5. 入学前学业准备的影响。① 高中类型的影响。与重点高中毕业的本科生相比，非重点高中毕业的本科生在深层学习方式上得分较高，在学习参与整体、课

---

① Lemons L J, Rrchmond D R. A developmental perspective of sofhomore slump [J]. Naspalournal, 1987, 24(3)：15-19；吕素香.大二低潮现象原因与对策[J].中国高等教育，2015(10)：56-58；杨钋,范皑皑,管蕾."转折"：二年级学生发展的主题词——基于北京高校学生发展调查数据的实证分析[J].清华大学教育研究,2013,34(3)：108-117；陆伟.聚焦"大二病"——高校二年级学生现象的探讨与应对[J].中国成人教育,2015(13)：66-68；郑雅君,李晓,牛新春."大二低谷"现象探究[J].高教发展与评估,2018(5)：46-59.

程学习参与、"挂科"数量、GPA、英语资格考取比例、课程学习满意度等指标上的得分较低。② 高考分数的影响。高考分数越高,本科生的学习参与整体、课程学习参与、深层学习方式、表层学习方式、"挂科"数量、GPA 职业资格考取和专业整体满意度等指标上的得分越低,但英语资格考取比例越高。在表层学习方式和课程学习满意度上,二者之间不存在统计意义的差异。整体上,入学前学业准备对本科生学习质量的影响在方向上与研究预期基本相反。

二、本科教学质量的基本特征与影响因素

(一)本科教学质量的基本特征

从内容来看,本科教学分为专业课堂教学和专业学习支持两种类型。以下,就从这两个侧面总结本科教学质量的基本特征。

1. 专业课堂教学质量的基本特征。专业课堂教学选取三个操作指标:知能传授、志趣唤醒和学程调控,三个指标的得分合成为专业课堂教学的整体得分。专业课堂教学整体得分较低,三个不同维度上指标的得分也均相对不高。专业课堂教学在不同维度上存在着明显差异,其中,志趣唤醒的得分最高,而且,志趣唤醒对专业课堂教学整体的影响最大。

2. 专业学习支持质量的基本特征。专业学习支持选取三个操作指标:学习资源丰富性、支持体系完善性和学习共同体建设,三个指标的得分合成为专业学习支持的整体得分。专业学习支持的整体得分尽管高于专业课堂教学整体,但是仍然相对较低,三个维度上的得分均也相对不高。专业学习支持的三个具体维度上的得分存在明显差异,其中,学习共同体建设的均值最高,而且学习共同体建设对专业学习支持整体得分的影响最大。

3. 专业课堂教学和专业学习支持之间的相关性。二者相关性通过相关系数来表示,专业课堂教学整体和专业学习支持整体之间呈中度正相关。除去学程调控之外,专业课堂教学的各个维度与专业学习支持的各个维度之间呈现中度正相关。

(二) 本科教学质量的影响因素

在本研究中,本科教学质量通过本科生评教而获取数据。这种数据从其内在性质而言,是同一本科专业教学在不同属性本科生身上产生的教学效果,故具有个体差异性。

1. 性别的影响。专业课堂教学、专业学习支持以及二者相关上的性别差异均不明显。

2. 社会结构的影响。① 入学类型的影响。入学类型对本科专业课堂教学质量的整体及各个维度均无显著统计影响;入学类型对专业学习支持质量的整体及各个维度的评价也均无显著影响。这其实意味着,我国优质高等教育过程的不公平程度明显比较低,具有重要的政策意义。② 家庭居住地所在地区的影响。家庭居住地所在地区的影响显著,与东部学生相比,在本科教学的整体以及知能传授和学程调控维度上,西部学生和中部学生的质量评价均较低;在志趣唤醒上,西部学生的质量评价较低,中部学生与东部学生无统计意义差异。与东部学生相比,西部学生和中部学生对专业学习支持的评价均比较低。

3. 高教结构的影响。① 高校类型的影响。与"一流学科"建设高校相比,一流大学的本科生对学程调控的评价得分比较低,在整体和其他维度上,二者无统计意义的差异。与"一流学科"建设高校相比,一流大学的本科生对专业学习支持整体和所有维度的评价得分都比较高。② 专业类型的影响。与人文社科类本科生相比,理工农医类本科生对专业课堂教学整体、知能传授和志趣唤醒的评价得分均比较低;在学程调控上,二者无统计意义的差异。与人文社科类本科生相比,理工农医类本科生对学习资源丰富性的评价得分比较高;在专业学习支持整体和其他维度上,二者无统计意义的差异。③ 在学年级的影响。在学年级对本科专业课堂教学质量的评价有显著统计影响,但在不同维度上对质量评价的影响稍有不同。与大一学生相比,在整体教学上,大二学生的质量评价明显较低。在知能传授和学程调控上,大二、大三和大四学生的质量评价均较低。在志趣唤醒上,大二学生的质量评价较低;大三、大四学生与大一学生无统计差异。与大一学生相比,在专业学习支持整体、学习支持体系完善性和学习共同体建设上,大二、大三和大四学生的评价均较低。在学习资源丰富性上,仅有大二学生的评价比较低;大三、大四学生与大一学生无统计意义差异。

4. 家庭背景的影响。父亲学历、父亲职业和家庭居住地均无显著统计影响。

5. 入学前学业准备的影响。① 高中类型的影响。与非重点高中毕业的本科生相比,重点高中毕业的本科生的学程调控和志趣唤醒的质量评价均较低。在专业课堂教学整体和知能传授上,二者无统计意义的差异。对专业学习支持整体和各个维度,高中类型均无显著统计影响。② 高考分数的影响。入学时的高考分数越高,本科生的专业课堂教学整体、知能传授和志趣唤醒的质量评价越低,但高考分数对学程调控无统计影响。入学时的高考分数对专业学习支持整体和所有维度均无显著的统计影响。

三、本科教学质量对学习质量的影响

在控制了其他因素的可能影响之后,本科教学质量对学习质量的统计影响如下。

(一) 本科教学质量对学习参与的影响

1. 本科教学质量对学习参与整体的影响。① 本科教学整体对学习参与整体的影响。本科教学专业课堂教学和专业学习支持的影响均为正,而且专业课堂教学的影响大于专业学习支持的影响。② 本科教学各维度对学习参与整体的影响。志趣唤醒、知能传授和支持体系完善性的影响为正,学程调控的影响为负,四者的影响力度从大到小依次为志趣唤醒、知能传授、学程调控和支持体系完善性。学习资源丰富性和学习共同体建设的影响无统计意义。

2. 本科教学质量对课堂学习参与的影响。① 本科教学整体对课堂学习参与的影响。专业课堂教学和专业学习支持的影响均为正,而且专业课堂教学的影响大于专业学习支持。② 本科教学各维度对课堂学习参与的影响。知能传授、志趣唤醒和支持体系完善性的影响为正,学程调控的影响为负,四者的影响力度从大到小依次为：知能传授、志趣唤醒、学程调控和学习资源丰富性。支持体系完善性和学习共同体建设的影响无统计意义。

（二）本科教学质量对学习方式的影响

1. 本科教学质量对深层学习方式的影响。① 本科教学整体对深层学习方式的影响。专业课堂教学和专业学习支持的影响均为正，专业课堂教学的影响大于专业学习支持的影响。② 本科教学各维度对深层学习方式的影响。志趣唤醒、知能传授和支持体系完善性的影响为正，学习共同体建设和学程调控的影响为负，影响力度从大到小为依次为志趣唤醒、知能传授、支持体系完善性、学习共同体建设和学程调控。学习资源丰富的影响无统计意义。

2. 本科教学质量对表层学习方式的影响。① 本科教学整体对表层学习方式的影响。专业课堂教学的影响为负，专业学习支持的影响为正，专业课堂教学的影响小于专业学习支持的影响。② 本科教学各维度对表层学习方式的影响。支持体系完善性和知能传授的影响为正，学程调控和学习共同体建设的影响为负，影响力度从大到小依次为学程调控、支持体系完善性、知能传授、学习共同体建设。志趣唤醒和学习资源丰富性的影响无统计意义。

（三）本科教学质量对学习成绩的影响

1. 本科教学质量对"挂科"数量的影响。① 本科教学整体对"挂科"数量的影响。专业课堂教学的影响为负，专业学习支持的影响为正，专业课堂教学的影响小于专业学习支持的影响。② 本科教学各维度对"挂科"数量的影响。志趣唤醒和学程调控的影响均为负，志趣唤醒的影响大于学程调控的影响。其他各维度的影响无统计意义。

2. 本科教学质量对 GPA 的影响。① 本科教学整体对 GPA 的影响。专业课堂教学和专业学习支持的影响均为正，专业课堂教学的影响大于专业学习支持的影响。② 本科教学各维度对 GPA 的影响。志趣唤醒和学程调控的影响为正，支持体系完善性的影响为负，影响力度从大到小为：志趣唤醒、支持体系完善性和学程调控。其他各维度的影响无统计意义。

（四）教学质量对资格考取的影响

1. 本科教学质量对英语资格考取的影响。① 本科教学整体对英语资格考取的影响。专业课堂教学和专业学习支持对英语资格考取的影响均无统计显著性。② 本科教学各维度对英语资格考取的影响。只有知能传授具有正向影响。其他各维度的影响无统计意义。

2. 本科教学质量对职业资格考取的影响。① 本科教学整体对职业资格考取的影响。专业课堂教学的影响为正，专业学习支持的影响为负，专业课堂教学的影响大于专业学习支持的影响。② 本科教学各维度对职业资格考取的影响。只有专业课堂教学中的志趣唤醒这一维度具有正向影响。其他各维度的影响无统计意义。

（五）教学质量对学习满意度的影响

1. 本科教学质量对专业整体满意度的影响。① 本科教学整体对专业整体满意度的影响。专业课堂教学具有正向影响，专业学习支持无显著影响。② 本科教学各维度对专业整体满意度的影响。知能传授、志趣唤醒和学程调控影响为正，学习共同体建设影响为负，影响力度从大到小为：知能传授、志趣唤醒、学习共同体建设和学程调控。其他各维度的影响无统计意义。

2. 本科教学质量对专业课程满意度的影响。① 本科教学整体对专业课程满意度的影响。专业课堂教学和专业学习支持的影响均为正，专业课堂教学的影响大于专业学习支持的影响。② 本科教学各维度对专业课程满意度的影响。知能传授、学程调控、志趣唤醒、学习共同体建设、支持体系完善性和学习资源丰富的影响均为正，影响力度从大到小依次为：志趣唤醒、知能传授、学习共同体建设、支持体系完善性、学习资源丰富和学程调控。

总之，本科教学的整体及不同侧面对学习质量不同侧面的影响在方向和力度上不尽相同。其中，本科专业课堂教学对所有学习质量指标的影响均积极而显著。而且,专业课堂教学中的知能传授这一维度也对大部分学习质量指标呈现积极而显著的影响。

第二节 基本结论和相关政策建议

一、基本结论

依据上述研究结果,可得出如下几条基本结论。

在"双一流"高校样本本科生学习质量上,得出如下基本结论。第一,从学习质量不同维度上的指标的统计特征来看,本研究中的"双一流"高校样本本科生的整体学习质量水平相对较低,这样的整体状态与我国高等教育发展战略对"双一流"高校的定位极不匹配。这说明,今后迫切需要大幅度和全面地提高"双一流"高校本科生的整体学习质量水平。第二,"双一流"高校样本本科生的学习质量水平具有高度多样性。即,在有些学习维度的质量上,质量水平相对高一些;而在另外一些学习维度的质量上,质量水平却相对低一些;与此同时,不同学习维度的质量的影响因素和该影响形成的路径也不尽相同。本科生学习质量的多样性特征增加了促进学习质量提升的应对措施操作上的实际难度。第三,整体上"双一流"高校样本本科生的学习质量的大部分指标均受到社会结构、高教结构和本科生个体属性的显著影响。但是,对这些外部和既定的学习质量的影响因素,相关政策无法加以根本性改变,有时候甚至连施加短期影响的可能性也微乎其微。因此,本科生学习质量整体的实际形成机制的高度复杂性,进一步增加了促进学习质量提升的应对措施操作上的实际难度。

在本科教学质量对本科生学习质量的统计影响上,得出如下基本结论。第一,整体上,本科教学质量对符合教育预期的本科生学习质量的诸维度均有积极而显著的统计影响。第二,本科教学质量的不同维度对符合教育预期的本科生学习质量诸维度的影响力度和方向不尽相同,但是,整体上,本科教学的大部分维度呈现积极而显著的统计影响。第三，比较而言，专业课堂教学，尤其是其中的知能传授是影响本科生学习质量诸维度中的重要因素。与社会结构、高教结构和本科生个体属性等因素相比，本科教学改革相对较为容易。

二、相关政策建议

毫无疑问，同时提升本科生学习质量和本科教学质量是"双一流"建设高校本科教育改革的理想目标，且该理想目标具有长期性。从当前现实来看，距离完全实现该目标明显还有很长的一段路要走。所以，最大程度地实现"学"与"教"的"双一流"是今后必须锲而不舍追求的教育目标。为此，就需要坚持全面提升和强调重点相结合的基本原则。

全面提升和强调重点相结合体现在本科生学习质量提升上，就具体化为以下几个策略。第一，充分认识全面提升本科生学习质量的重要性。全面促进全体本科生学习质量提升是"双一流"建设高校的所有本科工作的基石和出发点。第二，为了有效地全面提升本科生学习质量，就必须制定分阶段实施计划和明确划定当前工作的重点。从实施的难易度和紧迫性来看，当前阶段的工作重点依次是：提升专业课程满意度，以增强本科生对所学专业和所在高校的忠诚度和学习信仰；降低"挂科"数量，以提高实际的学业达标率，从而大面积地保障本科生群体的学习质量符合基本标准；鼓励和提升本科生的课堂学习参与的水平，提高专业知识技能学习的积极性和学习兴趣；大力培养深层学习方式，提升专业知识的学习效率，在此基础上培养高阶思维能力。第三，进一步重视、强调和充分发挥本科教学在本科生学习质量提升中的重要作用，认识到优质的本科专业教学在本科生学习质量提升中的不可替代性。在过去的很长一段时间内，我们对"双一流"高校本科生的学习质量存在着盲目乐观的态度，同时又对本科教学中学习质量提升的重要作用存在着不同程度的忽视、无视或误认。本研究的结果表明，即使在"双一流"高校里，我国当前本科生群体的整体学习质量也很难称善；但是，本研究同时也发现，与我国社会中广泛流行的常识性认识有所不同，本科的专业课堂教学质量对本科生学习质量提升具有较大且稳定的促进作用。因此,本研究的结果既提出了本科学习质量改善的必要性和紧迫性,也为本科生学习质量的有效改善提供了对症下药的高度可能性。也就是说,一旦决策者和高校管理者圈定了当前需要提升的"双一流"建设高校本科学习质量的重点侧面之后,就能依据本研究的分析结果,迅速而精准地定位到对应的本科教学质量的若干维度,并在相应的教学质量的维度上针对性地增加投入和提升改革力度,即可自然地得到本科生学习质量提升的理想效果。

全面提升和强调重点相结合体现在充分发挥教学在学习质量提升中的关键作用上,具体划为以下几个策略。第一,"双一流"建设高校本科"教"与"学"观念的要彻底更新。其核心是反思本科专业课堂教学、尤其是知能传授的重要作用,尽可能摆正或者说回归二者原本在本科生学习质量提升和全面发展中的基础地位。第二,全面发挥本科教学的重要作用。今后尤其需要在突出重点的基础上,通过全面和大幅度提升本科教学质量,进而从根本上促进本科生学习质量提升。千万不能舍弃本科专业教学改革这条既富有效率也具有效果的路径,而另外徒劳无功地去寻找所谓的最佳途径。第三,有意识和针对性地发挥本科教学的某些基本侧面的重要作用。全面和大幅度提升本科生学习质量是"双一流"高校本科教育改革的长期而根本的任务。因此在今后较长的阶段里,本科教学改革的首要任务应当是,在对本科生学习质量影响较大的那些本科教学的维度上进行重点和针对性的教学改革。所以,当务之急是,尽快改变本科教学改革的整体思路,重新规划改革路径,调整本科教学改革工作的重点,集中有限的物质资源,把改革政策的核心目标明确于提升"双一流"建设高校本科专业课程教学尤其是其中的知能传授这一维度的质量上。

第三节 补 充 议 题

本专著充其量只是长期学术研究过程的中期成果的一个初步总结而已,因此,肯定会存在着一些明显的不足与局限。当然,这些不足和局限存在本身自然也预示着今后需要深化研究的基本方向。立足在专著的主要结论的基础上,未来研究至少存在以下三个基本方向。

一、现有数据深化分析

实际上,现有数据深化分析也存在着多种可能性。比如,拓展本科生学习质量分析对象范围就是其中之一。本专著仅仅分析了本科生专业课程学习诸侧面的质量。但是,本科生的校园生活丰富多彩,绝不仅仅只是专业课程学习一个内容,还包括诸如恋爱婚姻、价值观养成和道德水平提升等多样化侧面。这些侧面的发展也是本科教育不可或缺的基本内容,而且,现有数据库之中也确实包含了这些相关侧面的调查数据。当然,在多种可能性之中,一个兼具较强时代意义的理论研究领域是政策倾斜与精英高等教育过程公平的复杂关系。

如专著第三章所述,如果把统招生分为城市统招生和农村统招生,然后以农村统招生为比较对象,各类专项生在本科学习质量的大部分维度上并未显现出任何明显的劣势,其后的各章运用更为复杂的统计技术也基本得出了类似的分析结果。从政策价值和实践意义的角度来说,这个研究结果具有一定程度的相关理论上的颠覆性,因为它与同类型的大部分既有研究的主要结果存在着本质上的差异。既有研究一般均认为,与统招生相比,专项生在校期间的学业成绩明显相对较低。[1] 如果本研究的结果更为符合客观实际,那么,其对相关领域的宏观政策制定的实际影响将会异常巨大。从此研究结果自然就可以推出相应的宏观政策的核心措施。这也就是说,既然指向"公平"的各种专项生政策在高级人才培养的

---

[1] 王小虎,潘昆峰,吴秋翔.高水平大学农村和贫困地区专项计划学生的学业表现研究——以 A 大学为例[J].国家教育行政学院学 报,2017(5).66 - 75;牛新春.招生倾斜政策下重点大学农村学生的学业准备和初期学业表现——基于 X 大学的实证案例研究[J].复旦教育论坛,2017(4): 52 - 61.

"效率"上不存在明显劣势,自然就可以适当扩大"双一流"建设高校的专项生政策的适用范围了。①

不过,在专项生政策的实施范围进一步大规模扩大之前,还有两项相关的实证研究必须进行。第一,对本研究进行重复研究,以证实本研究结果的客观真实性和普遍规律性。最低限度也需要两次以上的重复研究。第二,本科专项生学习质量的形成过程和影响机制的系统分析。如果专项生学习质量与农村统招生持平,这背后必然存在着某种特殊的本科教育教学的机制。② 同时,彻底明了该影响机制也有利于发现我国高等教育运行机制在微观层次上的特殊性,总结我国"双一流"高校建设的经验,向世界展示我国高等教育改革成果和高等教育大国形象。如果进行类似的验证性研究,就要求对现有数据进行一定程度的合理扩张。

二、现有数据扩张

本专著分析所依据的现有数据仅仅包括我国9所"双一流"建设高校的本科生样本。因此,即使样本抽取方法比较合理,调查程度有序适切,这些样本具有高度的代表性,也无法无限制地把本专著的研究结论推广到我国所有"双一流"高校本科生群体之中。而且,现有数据属于典型的截面数据,尽管从其中的不同学年本科生群体的特征差异可以近似地推测本科生群体在校期间的历时发展与变化,但这种模拟推理总是具有逻辑上的先天缺陷,时时会受到来自严格研究者的理论质疑。为此,现有数据需要扩张。可能的扩张包括以下两类。

第一类数据扩张。把样本扩大到更多"双一流"建设高校本科生群体中去,我国现有"双一流"建设高校140所(含异地办学分校)。本专著现有数据库仅包含

---

① 徐国兴.就学类型如何影响读研计划?——九所"双一流"高校本科生抽样调查的结果分析[J].研究生教育研究,2020(6):46-52.
② 徐国兴.後進地域出身学生への優遇政策[J].IDE高等教育,2018(6):46-51.

一地(省级行政区)的 9 所高校,今后的本科生样本应该包括更多地区的更多"双一流"建设高校。为了进行不同地区间比较,样本高校应以三个地区以上为宜;与此同时,样本高校扩张至 30 所("双一流"建设高校的 20%)左右为宜。

第二类数据扩张。增加跟踪调查设计,抽取"双一流"建设高校的部分一年级本科生,进行跟踪调查,以发现本科生在学期间学习质量诸维度的实际变化过程。跟踪调查的数据的样本未必需要很多,只要能够覆盖高校类型(2 类型)、专业类型(2 类型)、在学年级(4 年级)、性别(2 类型)和地区(3 类型)即可。这样一来,样本的基础数量就为 $2×2×4×2×3=96$。考虑到研究过程中的样本损耗,样本量只要在 150 左右就能够基本符合要求。

三、"教"与"学"研究的多重理论框架与借鉴

即使按照上述的深化研究的思路,按照预期收取了相应的扩张数据,但是如果今后的研究仍然沿着本专著既有的理论分析框架,那么,接下来的深化研究也极有可能不过是把现有的研究结论进一步细化和精确化而已。因此,今后有必要考虑采取多重分析思路,来合理深化在"双一流"建设高校中,如何以优质之"教"促进优质之"学"而产生的紧迫的政策和实践课题。在接下来的实证研究中,应当首先考虑以下三个"相结合"的原则。

第一,因果分析与互动分析相结合。本专著采取 IEO 模型作为基本的理论分析框架,IEO 模型的本质是探索自变量与因变量之间的线性因果关系。但是,最近若干年,本科的"教"与"学"的互动模型逐渐兴起。[1] 在多样化的互动模型中,有些研究者认为"教"与"学"即使存在因果关系,该因果关系也具有双向、动态和复杂性;[2]有些研究者认为"教"与"学"的互动具有高度的社会符号性,是师生产生自

---

[1] Paul Aswin. Conceptualising Teaching and Learning Interactions in Researching Higher Education[A]. In Malcolm Tight[et al.]. The Routledge international handbook of higher education[C]. New York: Routledge, 2009: 37-46.

[2] Trigwell Keith, Prosser Michael. Exploring University Teaching and Learning Experience and Context[M]. Cham: Springer International Publishing, 2020: 1-14.

我身份认同和职业感确立的社会过程;有些研究者认为"教"与"学"互动是双方意义建构的过程,只有通过意义建构共享才能实现专业知识的传授和学习,才是真正的教学过程。① 教学互动模型在近距离和动态地观察"教"与"学"关系上的理论贡献颇大,所以今后仍然把因果关系模型作为基本的分析框架,但是,适当吸取或借鉴活动模型中的一些关键的理论因素也非常必要。

第二,抽象分析与现实分析相结合。迄今为止,本专著首先选择某个理论模型作为分析框架。然后在该理论模型指导下收集数据,并进行系统的实证研究。这样的研究思路本质上仍然是抽象分析,其研究核心更多关注高等教育本科教学的普遍性和共同规律。但是,任何时代和国家的高等教育制度和机构的存在和发展都具有文脉性,是一定历史发展阶段和某种空间环境的特殊产物。随着高等教育普及化时代的来临,我国社会各界对自我国高等教育制度现实问题的核心特征和问题解决对策的探索的关心程度逐渐升高。相应地,反映在理论研究中,对策性的循证研究也就越来越受到重视。与实证研究不同,循证研究本质上是对现实的定量分析,②它基本沿着问题发现、原因析出和对策建构的研究路径。所以,吸纳循证研究之长,尽量把抽象分析和现实分析有机结合起来也是今后的实证研究的深化方向之一。

第三,集体分析和个体分析相结合。迄今为止,本科"教"与"学"的实证分析大都在样本群体的层次上进行,本专著也是如此。但是,优质人才培养活动中的"教"与"学"的具体行为发生都是在个体层次上。在现实中,优质的"教"与"学"的个体的行为和活动不仅千差万别,还可能因环境不同而显著地变化。因此,对一流"教"与"学"的行为活动的特征及其之间关系进行系统的实证研究,就要求必须尽可能地深入到个体层次进行观察和资料收集,并以活动个体作为数据分析和理论建构的基本单位。但是,迄今为止的个体层次"教"与"学"研究

---

① Paul Aswin. Conceptualising Teaching and Learning Interactions in Researching Higher Education[A]. In Malcolm Tight[et al.]. The Routledge international handbook of higher education[C]. New York: Routledge, 2009: 37 - 46.
② 邓敏杰,张一春,范文翔.美国循证教育的发展脉络、应用与主要经验[J].比较教育研究,2019(4): 91 - 97.

一般采取行动研究范式,[①]很少采取定量路径。这就要求今后必须开发出适合在个体层次进行定量分析并针对"双一流"建设高校本科"教"与"学"现实研究的有效方法论。

---

① 刘隽颖.大学教师教学学术能力及其提升策略[J].黑龙江高教研究,2018(2): 5-7.

◆ 附录
样本本科生的基本统计特征

1. 性别(N=5 792)①　　　　　　① 男(n=2 443,%=42.2)

　　　　　　　　　　　　　　② 女(n=3 349,%=57.8)

2. 家庭背景②

(1) 父亲职业(N=5 792)③　　　① 专业技术管理(n=2 223,%=38.4)

　　　　　　　　　　　　　　② 非专业技术管理(n=3 569,%=61.6)

(2) 父亲学历(N=5 792)④　　　① 高等教育(n=2 862,%=49.4)

---

① 先天个人属性是影响本科生学业发展的重要因素。一般说来，研究者主要从性别、年龄、民族/种族和智力四个维度来把握先天个人属性。鉴于对智力尚存在较大争论，我国研究者一般较少考虑智力因素，故在本研究的调查问卷中就没有设计有关智力测量的量表。与此同时，调查问卷虽然设计了年龄和民族/种族相关的问题条目，但在本研究中，基本没有涉及对这类问题的详细的统计分析。所以，这里仅仅给出样本的性别的统计特征。

② 所有中外研究者都知道家庭背景是影响本科生学业发展的最重要因素之一。但在如何选取家庭背景的具体指标上却存在明显的分歧。仅仅讨论家庭背景指标选取的合理性恐怕也需要一本厚厚的专著。为此，本研究略去对各个指标选取理由的具体讨论，而是根据自己的研究经验，主要选取父亲学历、父亲职业、家庭居住地和家庭所在地区四个指标作为本科生家庭背景的操作性指标。

③ 在调查问卷中，父亲职业分为20类：政府机关/企事业单位负责人/高级管理人员、政府机关/企事业单位中层管理人员、高级/中级专/初级专业技术人员(注：专业技术人员包括如教师、医生、工程师、律师、研究人员等)、办事人员(如办公室普通职员、各类业务人员等)、私营业主(拥有雇工8人以上)、领班/组长/工头/监工、服务人员(如营业员、保安、收银员等)、个体经营(开店/经商/运输)、个体(流动摊贩)、技术工人/维修人员/手工艺人、生产、制造业一般职工、商业、服务业一般职工、建筑、采矿业体力工人、村或居委会的主任、书记、农业/林业/畜牧业/渔业劳动者、自由职业者、军人/警察、其他。鉴于此分类过细，为明晰起见，在具体分析中，就把父亲职业中的政府机关/企事业单位负责人/高级管理人员、政府机关/企事业单位中层管理人员、高级/中级专/初级专业技术人员(注：专业技术人员包括如教师、医生、工程师、律师、研究人员等)、私营业主(拥有雇工8人以上)和自由职业者和军人/警察归为"专业技术管理"一类，把其余职业归为"非专业技术管理"一类。调查问卷同时还使用相同分类调查了母亲职业。父亲职业(2分类)和母亲职业(2分类)之间的皮尔逊 χ^2 系数为1 644.094($p<.001$)。二者呈现高度相关，故分析时仅仅选择了父亲职业作为指标。

④ 在调查问卷中，父亲学历分为七类：文盲、小学毕业、初中毕业、高中/中专/技校毕业、专科毕业、本科毕业和研究生毕业。由于本研究以高等教育为中心，故在具体分析中，把文盲、小学毕业、初中毕业和高中/中专/技校毕业归为"非高等教育"一类，把专科毕业、本科毕业和研究生毕业归为"高等教育"一类。调查问卷同时还使用相同分类调查了母亲的学历。父亲学历(七分类)和母亲学历(七分类)之间的斯皮尔曼相关系数为.755($p<.01$)；父亲学历(2分类)和母亲学历(2分类)之间的皮尔逊 χ^2 系数为2 477.125($p<.001$)。二者高度相关，故分析时仅仅选择了父亲学历作为指标。

② 非高等教育(n=2 930,%=50.6)

(3) 家庭居住地(N=5 792)①　① 城市(n=4 766,%=82.3)

② 农村(n=1 026,%=17.7)

(4) 家庭所在地区(N=5 792)②　① 东部(n=2 848,%=49.2)

② 中部(n=1 513,%=26.1)

③ 西部(n=1 431,%=24.7)

3. 入学前学业准备③

(1) 高考成绩(N=5 792,满分100)④　① 保送生(n=209,%=3.6)

② 其他(n=5 383,m=81.737,σ=6.290)

---

① 这里的家庭居住地指高三时的家庭居住地。在调查问卷中,家庭居住地分为:直辖市的市区、直辖市市区的近郊、直辖市的远郊区县政府所在地街道、直辖市的农村、省会城市的市区、省会城市市区的近郊、省会城市的远郊区县政府所在地街道、省会城市的农村、计划单列市(指大连、青岛、宁波、厦门、深圳)的市区、计划单列市市区的近郊、计划单列市的远郊区县政府所在地街道、计划单列市的农村、地级城市的市区、地级城市市区的近郊、地级城市的远郊镇、地级城市的农村、县(县级市)的城区、县(县级市)城区的近郊、县(县级市)的远郊镇、县(县级市)的农村。调查条目中的各类农村归为"农村"一类,其他的均归为"城市"一类。

② 东中西部有三种划分角度。第一种是地理上的划分,即分别位于我国大陆的东中西部;第二种是经济发展水平的划分,从东至西,依次降低;还有一种是国家发改委的政策划分,东部指最早实行沿海开放政策并且经济发展水平较高的省市;中部是指经济次发达地区,而西部则是指经济欠发达的西部地区。不管哪一种划分,其基本单位都是省/直辖市/自治区。国家统计局的统计依据政策划分,这个划分方法常为研究者采用。东部地区(11)包括北京、天津、河北、辽宁、上海、江苏、浙江、福建、山东、广东和海南,中部地区(8)包括江西、山西、吉林、黑龙江、安徽、河南、湖北和湖南,西部地区(12)包括内蒙古、重庆、四川、贵州、云南、西藏、陕西、甘肃、青海、宁夏、新疆和广西。很显然,这个划分并不完全依据地理位置和经济发展水平,还包括地区开发等国家政策和战略的指向性在内。

③ 在调查问卷中,采用了高中学校类型、校内年级成绩排名、参加各种竞赛获奖、是否党员和高考成绩五个指标来考察入学前学业准备。在我国现行的招生考试制度中,高考成绩是这五个指标中与大学入学可能性的关系最紧密的指标。所以,本研究仅仅选择高考成绩作为入学前学业准备的指标。

④ 目前,我国有四种高考类型:全国卷、上海卷、江苏卷和浙江卷。总分可不相同。为了使之具有可比性,本研究把上述不同类型的高考的总分全部化为100分。

4. 入学类型（N=5 792）①   ① 统招生(n=4 917,%=84.8)

② 国家专项(n=280,%=4.9)

③ 高校专项(n=574,%=9.4)

④ 地方专项(n=51,%=.9)

5. 高校类型（N=5 792）②   ① "一流大学"高校(n=2 992,%=51.7)

② "一流学科"高校(n=2 880,%=48.3)

6. 学科类型（N=5 792）③   ① 理学(n=1 875,%=32.4)

② 工学(n=815,%=14.1)

③ 医学(n=133,%=2.3)

④ 农学(n=7,%=.1)

⑤ 教育学(n=286,%=4.9)

⑥ 经济学(n=308,%=5.3)

⑦ 管理学(n=589,%=10.2)

⑧ 哲学(n=3,%=.3)

⑨ 历史学(n=24,%=.4)

⑩ 法学(n=400,%=6.9)

⑪ 文学(n=1 340,%=23.1)

⑫ 艺术学(n=12,%=.2)

---

① 国家专项指国家扶贫定向招生专项计划,面向中西部贫困地区学生;高校专项指高校专项计划,由部分高水平大学实施,专门面向农村学生,如华东师范大学飞翔计划、上海交通大学思源计划、复旦大学腾飞计划、同济大学筑梦计划、华东理工大学励志计划、上海大学启航计划等;地方专项指地方专项计划,由地方重点大学实施,专门面向高校所在地的农村学生。现在,还有其他特殊的招生类型,如高水平运动员招生等。本研究均把这些招生类型归入统招生。

② 在不同时代,我国根据形势需要,对高等学校有不同的类型划分。本研究仅仅调查"双一流"高校。"双一流"高校具体分为一流大学A、一流大学B和一流学科高校。本研究把上述三类高校归为二类:"一流大学"高校和"一流学科"高校。

③ 学科类型指学科门类,根据国务院学位办的最新分类(2018)。

7. 在学年级(N=5 792)[1]
　　① 大一(n=2 091,%=36.1)
　　② 大二(n=1 367,%=23.6)
　　③ 大三(n=1 404,%=24.2)
　　④ 大四(n=930,%=16.1)

---

[1] 样本中最初包含少量5年级及以上者,主要是医学院的本科生。在统计时,已经把这部分学生剔除。

参考文献

（一）中文
1. 论文及专著类

[1] [澳]迈克尔·普洛瑟,[澳]基思·特里格维尔.如何提高学生学习质量[M].潘红,陈锵明,译.北京：北京大学出版社,2013：1-31.

[2] [美]艾尔·巴比.社会研究方法(第十一版)[M].邱泽奇,译.北京：华夏出版社,2010：103.

[3] [英]安东尼·吉登斯,等.社会学基本概念[M].王修晓,译.北京：北京大学出版社,2019：33-37.

[4] [瑞典]T.胡森,[德]T.N.波斯尔斯韦特.教育大百科全书：教育研究方法(上)[M].石中英,译.重庆：西南师范大学出版社,2011：102-106.

[5] 别敦荣.大学课堂革命的主要任务、重点、难点和突破口[J].中国高教研究,2019(6)：1-7.

[6] [法]皮埃尔·布尔迪厄,[法]J.-C.帕斯隆.继承人：大学生与文化[M].刑克超,译.北京：商务印书馆,2002.

[7] [法]布尔迪厄.国家精英：名牌大学与群体精神[M].杨亚平,译.北京：商务印书馆,2018.

[8] 常桐善.美国大学本科教育：学习成果评估[M].北京：科学出版社,2020：1-99.

[9] 陈振华.讲授法的危机与出路[J].中国教育学刊,2011(6)：41-44.

[10] 丛立新.讲授法的合理与合法[J].教育研究,2008(7)：64-70.

[11] 邓敏杰,张一春,范文翔.美国循证教育的发展脉络、应用与主要经验[J].比较教育研究,2019(4)：91-97.

[12] 杜智敏.抽样调查与SPSS应用[M].北京：电子工业出版社,2010：530-545.

[13] 段桂江,徐世新.基于专业课程设计平台提升学生团队协作能力[J].高等工程教育研究,2012(1)：132-137.

[14] 韩映雄,周林芝.学生评教的信度、效度、影响因素及应用风险[J].复旦教育论坛,2018(6)：74-81.

[15] 洪玉管,谢冬平.我国高等教育重点建设政策的历程与省思[J].中国教育科学,2020(3):95-105.

[16] 洪志忠,别敦荣.学习素养视域下的大学教学改革[J].高等教育研究,2020(6):64-71.

[17] 胡建华.现代中国大学制度的原点:50年代初期的大学改革[M].南京:南京师范大学出版社,2001.

[18] 黄海涛.美国高校"学生学习成果评估"的特点与启示[J].教育研究,2013(4):138-146.

[19] 雷洪波,刘卫华."六十分万岁"的原因及行为表现的调查报告[J].青年研究,1992(1):15-21.

[20] 李春玲.教育不平等的年代变化趋势(1940—2010)——对城乡教育机会不平等的再考察[J].社会学研究,2014(2):65-90.

[21] 李薇,黑新宏,王磊.学习成果监控与评价机制的探索与实践[J].高等工程教育研究,2020(2):169-176.

[22] 李湘萍.回归"人"的教育:论本科教育的使命与核心任务[J].高教探索,2021(4):48-54.

[23] 李雪,钱晓烨,迟巍.职业资格认证能提高就业者的工资收入吗?——对职业资格认证收入效应的实证分析[J].管理世界,2012(9):100-111.

[24] 李志辉,罗平.Statistics 统计分析教程(第三版)[M].北京:电子工业出版社,2010:174-201.

[25] 梁晨,董浩,任韵竹,李中清.江山代有才人出——中国教育精英的来源与转变(1865—2014)[J].社会学研究,2017(3):48-71.

[26] 梁晨.无声的革命:北京大学、苏州大学学生社会来源研究 1949—2002[M].北京:生活·读书·新知三联书店,2013.

[27] 梁竹梅,祁银杉,岑逾豪."以学生为中心"教学方式量表的建构——信效度检验及其应用[J].中国大学教学,2020(11):73-80.

[28] 刘海峰."双一流"建设的继承、创新与推进[J].高等教育研究,2021(1):1-7.

[29] 刘隽颖.大学教师教学学术能力及其提升策略[J].黑龙江高教研究,2018(2):5-7.

[30] 刘占风.苏格拉底式教学法的现代应用[J].高教发展与评估,2008(3):98-103.

[31] 陆溯.大学生网络信息搜索行为实证研究——基于搜索引擎的利用[J].图书馆理论与实践,2018(1)79-82.

[32] 陆伟.聚焦"大二病"——高校二年级学生现象的探讨与应对[J].中国成人教育,2015(13):66-68.

[33] 吕素香.大二低潮现象原因与对策[J].中国高等教育,2015(10):56-58.

[34] 马廷奇."双万计划"与高等教育内涵式发展[J].江苏高教,2019(9):15-20.

[35] 牛新春.迎头赶上:来自不同地域学生的大学学业表现的实证案例研究[J].清华大学教育研究,2018,39(1):91-101,124.

[36] 牛新春.招生倾斜政策下重点大学农村学生的学业准备和初期学业表现——基于X大学的实证案例研究[J].复旦教育论坛,2017(4):52-61.

[37] 庞维国.自主学习:学与教的原理和策略[M].上海:华东师范大学出版社,2003.

[38] 孙建荣.美国大学最新分类标准及对中国高等教育的启示[J].中国高教研究,2006(3):38-39.
[39] 孙汭睿,丁小浩.大学生课外参与投入的适度性研究[J].大学教育科学,2010(6):53-61.
[40] 汪洋,沈红.我国本科生批判性思维能力增值的性别差异研究[J/OL].[2021-06-16].重庆高教研究.https://kns.cnki.net/kcms/detail/50.1028.G4.20210216.1321.002.html.
[41] 王卉,周序.虚无的对立与事实上的统一——论"教师中心"与"学生中心"的关系[J].现代大学教育,2019(3):40-46.
[42] 王建华.关于一流本科专业建设的思考——兼评"双万计划"[J].重庆高教研究,2019(4):122-128.
[43] 王流火.对大学英语四六级考试的反思[J].陕西师范大学学报(哲学社会科学版),2005(4):325-329.
[44] 王小虎,潘昆峰,吴秋翔.高水平大学农村和贫困地区专项计划学生的学业表现研究——以 A 大学为例[J].国家教育行政学院学报,2017(5):66-75.
[45] 王严淞,马莉萍."双一流"大学招生倾斜政策下弱势学生发展的追踪研究[J].复旦教育论坛,2021(1):89-96.
[46] 文雯,初静,史静寰."985"高校高影响力教育活动初探[J].高等教育研究,2014(8):92-98.
[47] 吴立保.论本科教育从"教学范式"向"学习范式"的整体性变革——以知识范式转换为视角[J].中国高教研究,2019(6):65-71.
[48] 吴愈晓.中国城乡居民的教育机会不平等及其演变(1978—2008)[J].中国社会科学,2013(3):4-22.
[49] 徐国兴.跟跑也不易:"双一流"高校专项生学业表现与发展研究[J].教育发展研究,2019(19):8-17.
[50] 徐国兴.国家奖助学金政策和高等教育机会均等[J].现代大学教育,2008(4):86-92.
[51] 徐国兴.就学类型如何影响读研计划?——九所"双一流"高校本科生抽样调查的结果分析[J].研究生教育研究,2020(6):46-52.
[52] 徐国兴.美国本科生学习成果评估的主要特征探析:以 CLA 为例[J].上海教育评估研究,2016(2):31-36.
[53] 徐国兴.我国本科教学质量提升策略探析[J].教育发展研究,2017(5):10-17.
[54] 徐国兴.我国高校学生评教实践的若干误区[J].上海教育评估研究,2012,1(2):10-14,21.
[55] 徐国兴.资优本科生学术志趣发展的类型、成因及效应——基于九所"双一流"建设高校的调查分析[J].高等教育研究,2020,41(11):81-89.
[56] 阎光才.讲授与板书为代表的传统教学已经过时?——不同方法与技术在本科课堂教学中的有效性评价[J].教育发展研究,2019(23):1-9.
[57] 杨帆,许庆豫."教师中心"与"学生中心"教学理念辨析——基于中小学教师的问卷调查[J].高等教育研究,2015(12):78-86.
[58] 杨钋,范皑皑,管蕾."转折":二年级学生发展的主题词——基于北京高校学生发展调查

数据的实证分析[J].清华大学教育研究,2013,34(3):108-117.
[59] 叶赋桂.高等教育公平:人的平等和知识的平等[J].北京教育(高教),2021(1):16-22.
[60] 应一也.学习成果的内涵:嬗变与启示[J].开放教育研究,2019(5):57-63.
[61] [美]詹姆斯·R·戴维斯,[美]布里奇特·D·阿伦德.高效能教学的七种方法[M].陈定刚,译.广州:华南理工大学出版社,2014:33-200.
[62] 张俊超,刘茹.不同类型大学生自主学习能力差异及其影响机制——基于 H 大学本科生学习与发展调查[J].大学教育科学,2020(5):58-65.
[63] 张庆玲.世界一流学科建设背景下人文学科的生长困局分析[J].大学教育科学,2021(1):44-52.
[64] 张炜.美国学科专业分类目录 2020 版的新变化及中美比较分析[J].学位与研究生教育2020(1):59-64.
[65] 赵传兵.从唯量化走向多维优化——发展性评价观对教师教育评价的影响[J].黑龙江高教研究,2014(7):7-9.
[66] 赵炬明.论新三中心:概念与历史——美国 SC 本科教学改革研究之一[J].高等工程教育研究,2016(3):35-56.
[67] 郑雅君,李晓,牛新春."大二低谷"现象探究[J].高教发展与评估,2018(5):46-59.
[68] 祝方林,王文兵.大学生利用图书馆资源的信息行为[J].当代青年研究,2016(3):109-113.

2. 网站类
[1] 阳光高考[EB/OL].[2020-08-20].https://gaokao.chsi.com.cn/.
[2] 陈浩,徐瑞慧,唐滔,高宏.关于我国人口转型的认识和应对之策[EB/OL].[2021-04-30]. http://www.pbc.gov.cn/yanjiuju/124427/133100/4214199/4215384/2021032618390757190.pdf.
[3] 国务院.国务院关于印发统筹推进世界一流大学和一流学科建设总体方案的通知(国发〔2015〕64号)[EB/OL].(2015-10-24)[2021-05-29].http://www.gov.cn/zhengce/content/2015-11/05/content_10269.htm.
[4] 韩少功.谁一手制造了"文科误国论"[EB/OL].[2021-04-30].https://mp.weixin.qq.com/s/buCjIw7lR848675i0PN9oQ.
[5] 教育部.教育部关于印发《普通高等学校本科专业目录(2012年)》《普通高等学校本科专业设置管理规定》等文件的通知[EB/OL].(2012-09-18)[2021-04-27].http://www.moe.gov.cn/srcsite/A08/moe_1034/s3882/201209/t20120918_143152.html.
[6] 陆铭.澄清一下关于文科生的偏见[EB/OL].[2021-04-30].http://column.caijing.com.cn/20210416/4756952.shtml.
[7] 搜狐网.预算超百亿!教育部直属高校公布 2021 年预算_经费[EB/OL].(2021-04-13)[2021-06-17].https://www.sohu.com/a/460583156_350650.
[8] 中华人民共和国教育部.教育部办公厅关于实施一流本科专业建设"双万计划"的通知[EB/OL].(2019-04-04)[2021-05-29].http://www.moe.gov.cn/srcsite/A08/s7056/201904/t20190409_377216.html.

(二) 英文

1. 论文及专著类

[1] Ashwin P. Conceptualising teaching and learning interactions in researching higher education[J]. M. Tight et alii, The Routledge International Handbook of Higher Education. London: Routledge, 2009: 37-46.

[2] Astin A W. Student involvement: A developmental theory for higher education[J]. Journal of College Student Development, 1984, 25(4): 297-308.

[3] Astin A W. The methodology of research on college impact, part one[J]. Sociology of education, 1970, 43(3): 223-254.

[4] Astin A W. The methodology of research on college impact, part two[J]. Sociology of education, 1970, 43(4): 437-450.

[5] Barr R B, Tagg J. From Teaching to Learning: A New Paradigm for Undergraduate Education[J]. Change: The magazine of higher learning, 1995, 27(6): 12-25.

[6] Batho G R, Husen T, Postlethwaite T N. The International Encyclopedia of Education[J]. British Journal of Educational Studies, 1994, 42(4): 617-630.

[7] Berk R A. Beyond student ratings: Fourteen other sources of evidence to evaluate teaching[M] //Handbook of quality assurance for university teaching. Routledge, 2018: 317-344.

[8] Biggs J B. Individual and group difference in study processes[J]. British Journal of Educational Psychology, 1978, 48(2): 266-279.

[9] Biggs J B. Teaching for quality learning at university: what the student does[M]. Philadelphia: Open University Press, 2011: 16-33.

[10] Biggs J B. The Study Process Questionnaire(SPQ): Manual[M]. Hawthorn: Australian Council for Educational Research, 1987.

[11] Biggs J, Kember D, Leung D Y P. The revised two-factor study process questionnaire: R-SPQ-2F[J]. British journal of educational psychology, 2001, 71(1): 133-149.

[12] Biggs J. Teaching for quality learning at university: what the student does(4th Ed)[M]. McGraw-Hill/Society for Research into Higher Education & Open University Press, 2011: 16-33.

[13] Brown G, Edmunds S. Effective Teaching? [M] //Handbook of Quality Assurance for University Teaching. New York: Routledge, 2018: 247-272.

[14] Buch K, Barron K E. Discipline-Centered Learning Communities: Creating Connections Among Students, Faculty, and Curricula: New Directions for Teaching and Learning, Number 132[M]. New Jersey: John Wiley & Sons, 2012.

[15] Case J M, Marshall D. Approaches to learning[J]. The Routledge internacional handbook of higher education, 2009: 9-22.

[16] Chickering A W, Gamson Z F. Seven principles for good practice in undergraduate education[J]. AAHE Bulletin, 1987(3): 3-7.

[17] Cleary J L, Kerrigan M R, Van Noy M. Towards a new understanding of labor market alignment [M] //Higher education: Handbook of theory and research. Cham: Springer, 2017: 577-629.

[18] Corbin M. Campbell, Marisol Jimenez, Christine Arlene N. Arrozal. Prestige or education: college teaching and rigor of courses in prestigious and non-prestigious institutions in the U.S.[J]. High Education, 2019(3): 717-738.

[19] Feldman K A, Newcomb T M. The impact of college on students[M]. San Francisco: Jossey-Bass Publishers, 1969.

[20] Halsey A H, Floud J E, Anderson C A. Education, Economy and Society: A Reader in the Sociology of Education[M]. New York: Free Press, 1961.

[21] Halsey A H, Lauder H, Brown P, et al. Education, culture, economy and society[M]. Oxford New York: Oxford University Press, 1997.

[22] Karabel J. Halsey. Power and ideology in education[M]. New York: Oxford University Press, 1977.

[23] Kember D. Nurturing generic capabilities through a teaching and learning environment which provides practice in their use[J]. Higher Education, 2009, 57(1): 37-55.

[24] Knight W E. Learning communities and first-year programs: Lessons for planners[J]. Planning for Higher Education, 2003, 31(4): 5-12.

[25] Kuh G D, Schneider C G. High-impact educational practices: what they are, who has access to them, and why they matter[M]. Washington, D.C: Association of American Colleges and Universities, 2008.

[26] Lattuca L R. Patterns in the Study of Academic Learning in US Higher Education Journals, 2005-2020[M] //Handbook of Theory and Research. , 2021: 323-382.

[27] Lemons L J., Rrchmond D R. A developmental perspective of sofhomore slump[J]. Naspalournal, 1987, 24(3): 15-19.

[28] Love A G. The growth and current state of learning communities in higher education[J]. New Directions for teaching and learning, 2012, 132(132): 5-18.

[29] Mahoney S, Schamber J. Integrative and deep learning through a learning community: a process view of self[J]. The Journal of General Education, 2011, 60(4): 234-247.

[30] Marsh, H W. Students' evaluation of university teaching: Research findings, methodological issues, and directions for future research[J]. International Journal of Educational Research, 1987, 11(1): 253-388.

[31] Marton F, Säljö R. On qualitative differences in learning: I—Outcome and process[J]. British journal of educational psychology, 1976, 46(1): 4-11.

[32] Matthews R S, Smith B L, MacGregor J. The evolution of learning communities: A retrospective[J]. New directions for teaching and learning, 2012, 2012(132): 99-111.

[33] Mayhew M J, Rockenbach A N, Bowman N A, et al. How College Affects Students (Vol. 3): 21st Century Evidence that Higher Education Works[M]. San Francisco: Jossey-Bass, 2016.

[34] McCormick A C, Kinzie J, Gonyea R M. Student engagement: Bridging research and practice to improve the quality of undergraduate education[M] //Higher education: Handbook of theory and research. Springer, Dordrecht, 2013: 47-92.

[35] Miller A L, Rocconi L M, Dumford A D. Focus on the finish line: does high-impact practice participation influence career plans and early job attainment?[J]. Higher Education, 2018, 75(3): 489-506.

[36] Pace C R. Achievement and the quality of student effort[M]. Washington, D.C: National Commission on Excellence in Education, 1982.

[37] Pace C R. Measuring the quality of college student experiences. An account of the development and use of the College Student Experiences Questionnaire[M]. Los Angeles: Higher Education Research Institute, 1984.

[38] Pace C R. Measuring the quality of student effort[J]. Current Issues in Higher Education, 1980, 2(1): 10-16.

[39] Page L C, Scott-Clayton J. Improving college access in the United States: Barriers and policy responses[J]. Economics of Education Review, 2016, 51(1): 4-22.

[40] Pascarella E T, Terenzini P T. How college affects students(Vol.2): A third decade of research[M]. San Francisco: Jossey-Bass Publishers, 2005.

[41] Pascarella E T, Terenzini P T. How college affects students: findings and insights from twenty years of research[M]. San Francisco: Jossey-Bass Publishers, 1991.

[42] Phenix P. Changing Values in College: An Exploratory study of the Impact of college teaching[M]. New York: Harper & Brothers Publishers, 1957.

[43] Prosser M, Trigwell K. Understanding learning and teaching: the experience in higher education[M]. Buckingham: SRHE & Open University Press, 2001: 172-173.

[44] Smith C, Bath D. The role of the learning community in the development of discipline knowledge and generic graduate outcomes[J]. Higher Education, 2006, 51(2): 259-286.

[45] Tinto V. Dropout from higher education: A theoretical synthesis of recent research[J]. Review of Educational Research, 1975, 45(1): 89-125.

[46] Tinto V. Leaving college: Rethinking the causes and cures of student attrition(2nd ed.)[M].Chicago: University of Chicago Press, 1993.

[47] Trigwell K, Prosser M, Waterhouse F. Relations between teachers' approaches to teaching and students' approaches to learning[J]. Higher education, 1999, 37(1): 57-70.

[48] Trigwell K, Prosser M, Waterhouse F. Relations between teachers' approaches to teaching and students' approaches to learning[J]. Higher education, 1999, 37(1):

57-70.
[49] Trigwell K, Prosser M. Exploring University Teaching and Learning Experience and Context[M]. Cham: Springer International Publishing, 2020: 1-14.
[50] Whitt E J, Edison M I, Pascarella E T, et al. Influences on students' openness to diversity and challenge in the second and third years of college[J]. The Journal of Higher Education, 2001, 72(2): 172-204.
[51] You J W. Investigating the effects of achievement goals on team creativity and team achievement in learning communities at a South Korean university[J]. Higher Education, 2021, 81(2): 367-383.
[52] Zusho A. Toward an integrated model of student learning in the college classroom[J]. Educational Psychology Review, 2017, 29(2): 301-324.

2. 网站类
[1] NSSE. Engagement Indicators[EB/OL]. [2020-05-17]. https://nsse.indiana.edu/html/engagement_indicators.cfm.
[2] NSSE. What is student engagement? [EB/OL]. [2020-05-17]. https://nsse.indiana.edu/html/about.cfm.

(三) 日文
[1] 徐国兴.後進地域出身学生への優遇政策[J].IDE 高等教育,2018(6): 46-51.